有一种气质叫军人

心灵之约

党柳灵演员访谈录

党柳灵 / 著

南方日报出版社
NANFANG DAILY PRESS
中国·广州

图书在版编目（CIP）数据

心灵之约：党柳灵演员访谈录 / 党柳灵著. — 广州：南方日报出版社，2017.7

ISBN 978-7-5491-1602-7

Ⅰ. ①心… Ⅱ. ①党… Ⅲ. ①演员－访问记－中国－现代 Ⅳ. ①K825.78

中国版本图书馆 CIP 数据核字（2017）第 084724 号

XINLINGZHIYUE

心灵之约——党柳灵演员访谈录

著　　者：党柳灵
出版发行：南方日报出版社
地　　址：广州市广州大道中 289 号
出 版 人：周洪威
责任编辑：李佳航
装帧设计：莫　仁
责任技编：王　兰
责任校对：阮昌汉
经　　销：全国新华书店
印　　刷：广州市岭美彩印有限公司
开　　本：787mm×1092mm　1/16
印　　张：25.5　**插　页：**0.75
字　　数：350 千字
版　　次：2017 年 7 月第 1 版
印　　次：2017 年 7 月第 1 次印刷
定　　价：58.00 元

投稿热线：（020）87373998-8503　读者热线：（020）87373998-8502

网址：http://www.nanfangdaily.com.cn/press　http://www.southcn.com/ebook

孙 淳

“你说一点来，我就等你一点来。你改作两点来，我也等你两点来。你说三点来，我也等你三点来。我这个下午的时间就是留给你的。”

张国强

“我不复杂，我很单纯，复杂的话就不会走到今天。”

陈思诚

“我的目标很远大，我要做出我自己的作品。”

颜丹晨

“优于别人并不高贵，优于自己才高贵，我愿意把世界想美好。”

序　言
用心采访　用情书写

孙淳

2009年初的某一天，我正在忙着其他的事，电话突然响了，我想都没想拿起就接，而在此之前，我是存有名字的电话才接的。这一接，就接出了我和原广州军区《南疆影视》杂志特约记者党柳灵的缘分。

“孙淳老师您好，您在《人间正道是沧桑》中饰演的瞿恩，周身散发着理想的光芒，非常打动人心，我很想采访您。”

从她的言语中，可以听出她作为一个军人的直率和坦诚，没有拐弯抹角而是开门见山，没有花言巧语而是真诚坦率，我似乎没有拒绝的理由。

我向来对军人充满着敬意，我太太傅丽莉就出身于军人家庭。我的第一部军人戏是陈凯歌导演的《大阅兵》，片子放映时，我太太傅丽莉和另外一个记者去看，那个记者看完后就问我太太：“孙淳当过兵吗？我觉得他当过兵。”我太太说，他没有。她回来告诉我这件事，我很高兴，艺术最能打动人的，是心灵、是心魄，这说明，我有军人的魂。

《人间正道是沧桑》中的瞿恩是我的众多作品中我自己最为喜欢的一个角色。这是一个为理想献身的人物，一个理想化的角色，我很为他而感动。当所有的东西都要用金钱来衡量的时候，我觉得有很多东西是金钱买不来的，比方说精神层面的东西，精神家园的建设，这个精神家园包括情操、理想、品德、情怀。瞿恩就是这么一个人，为了共产主义可以献身，让我们享受到现在丰厚的物质生活。

“我一般是不接受采访的，刚才中央电视台《艺术人生》栏目组来电话说请我上他们的栏目，我都拒绝了，我是把你当作朋友才接受你的采访的。”当党柳灵来到我下榻的宾馆时，我对她如是说，那时是2009年的7月，我刚来到广州拍摄电影《秋喜》。

“看来我的运气真好！我从去年就想采访你，可是打你的电话总是无人接听，或是转到小秘书服务，没想到今年初你却接我的电话了。”果然是军人的作风，见到我依然是直言不讳、诚恳实在。

“我不认为是运气，我认为是缘分，我和你有缘。”

党柳灵的采访显然是精心准备过的，正如她所说，她每采访一个演员，都要拿出差不多一个月的时间，去看演员演过的作品，去贴吧看粉丝对演员的情感，去演员的博客和微博看他们真实的生活和人生的感悟，并和粉丝进行互动，看他们有什么问题要问演员的，然后写出采访提纲。采访前又反复温习提纲，设想演员会就提纲怎样回答，她该怎样提出问题。

在采访我的过程中，她的问题环环相扣、逻辑严密、由近及远、由浅至深、由感性而理性，要回答好她的问题，不是那么容易的。但可以预见的是，回答完她所有的问题，这篇访谈一定是一篇精彩的访谈，毋庸置疑。

她的问题涵盖了演员的演绎生涯、艺术思考、生活态度和个人情趣。全面、客观、真实地反映了演员的艺术人生和为人品格，将一个星光熠熠的演员，还原成一个普通人，呈现在读者面前。

她说，她喜欢进入演员的心灵世界，那种应景式的、表面的、浮浅的采访，她不想做。她说，她喜欢聆听光环闪耀的演员背后的故事，任何一个大名鼎鼎的演员，都不是一蹴而就的，都要经过千辛万苦、千锤百炼。

演员的心灵世界，那是一座多么丰富的宝藏啊，党柳灵感慨道，其中蕴涵的人生哲理、奋斗精神可以受用一生。所以她的名片印着这样一行字：和一个高尚的人谈话，如同读一本好书。这是德国作家歌德说的，原话是：读一本好书，就是和一个品德高尚的人谈话。

有好的问题，还必须得有好的提问。党柳灵首先不怯场，无论名气再大、资格再深的演员坐在她的面前，她都能够从容发问、冷静应答。我这个人很亲切随和，但不了解的人有点怕我，可能外表上有些威严的气势吧。而党柳灵见到我后，却没有丝毫紧张，一副胸有成竹、镇定自若的样子。

这种良好的心态，来源于她父亲曾经跟她说过，理发师地位虽然不高，但众多社会名流、达官贵人却要在他们面前低下头来，这是为什么呢？这是一种职业的使然。所以，即便她采访的是多么星光熠熠、多么名气显赫的演员，她的心中也不会发毛，因为他们只是她工作中的一个对象而已，一个普通的被访者。

其次，党柳灵的提问妙语连珠、幽默风趣，常常逗得被访者开怀大笑，在轻松愉悦中回答她的一个又一个问题。她的采访不是咄咄逼人而是和风细雨，慢慢引导你去回答她想要的答案。有时演员天马行空讲远了，偏离了她问题的主旨，她会轻巧地把你拉回来。

她有一种职业道德，从不问八卦问题，从不去探究演员的隐私，正因为她这种真诚和厚道，演员反而很信任她，愿意跟她谈及个人的生活，家庭的情感，而她听了就听了，绝对不会写进访谈录里。而且她每篇访谈录写完后，都会发给演员先看，演员没什么意见后，她才会发表在杂志上，非常尊重和信任每一个演员。

作为一个知名演员，大家的时间都很宝贵，但他们却愿意拿出三四个小时，面对面地接受党柳灵的采访，这得益于她的敬业精神，她对记者职业的敬畏和尊崇。我相信，中国极少有娱乐记者，能像她这样采访前做大量的、辛苦的准备工作，她对演员的熟悉程度甚至超过了演员本人。她提出的一些问题，我们演员都未必能接上。她自己也说，如果我对演员没有了然于胸，如果我的问题不能让他们若有所思的话，像他们这种有身份、有地位、有名气的人，也许三言两语就会把我打发走。

党柳灵采访演员，都是自掏腰包。她是原广州军区《南疆影视》杂志的特约记者，杂志社没有差旅费，她是凭着兴趣爱好去做自己喜欢的事。从搜集演员资料，到飞往全国各地和演员面谈，再到整理演员录音写出数万字的采访录，这其间的辛劳不是一两百元的稿费所能比拟的。但是她乐此不疲、乐在其中、乐而往之。

她一般不用电话采访，觉得这样进入不到演员的心灵世界，写不出一篇精彩的访谈，如果不能跟演员进行面对面的访谈，她甚至可以放弃对这个演员的采访。只有和演员对坐畅聊，才能捕捉到他们的灵魂、感应到他们的情怀，才能撞击出心灵的火花。正是这种认真和执着，负责和刻苦，党柳灵打动了一个个享有盛名、德艺双馨的好演员。

除我之外，她还采访过吴秀波、张国强、陈思诚、颜丹晨、郭广平、何晟铭、胡亚捷、王斑、吴越、曹磊、王志飞、辛柏青、郭晓冬、陈数、王强等演员，从这些名单可看出，她侧重于采访那些有思想、有品德、有阅历、有才华的优秀演员。和那些演技深厚、才华横溢、品德优良的演员对坐数小时，真的让她如坐春风、如饮琼浆、如沐甘霖、如闻天籁。任何的山珍海味、饕餮盛宴都不如这一份心灵的美食、精神的食粮。

这就使得她这一本书，即便采访的时间久远，可读性依然很强，因为其间满溢着精神的芬芳、思想的醇厚和情感的力度。她用真心的笔墨、真挚的感情、真诚的思考，真实地记录了演员的艺术和生活。读完这一篇篇访谈，你能触摸到每一个演员的心灵深处，感受到他们丰富踏实的艺术和人性之美。毫不夸张地说，这是目前，中国的图书市场上，一本难得的有筋骨、有内涵、有品位、有道德的好书。

而且这本书，突出了一个“军”字。因为《南疆影视》是一本部队杂志，所以采访的都必须是军人演员或演过军人戏的演员。这些演员对军人的感情很深，有着浓厚的军人情结，所以他们的访谈，充满着保家卫国的英雄气概，洋溢着积极向上的正面能量，彰显着坚韧顽强的奋斗精神。绿色的“军人色彩”让这本书生机盎然、朝气蓬勃、青翠挺拔，有着任何一本访谈都难以具备的浩然正气和血性阳刚。

听闻这本书会在2017年的8月1日，也就是建军九十周年纪念日前出版，那更有纪念意义了。不仅向全国的读者朋友们奉献了一本好书，更是献给建军九十周年和广大官兵的一份厚重的礼物。

作为演员，我们要向党柳灵致以深深的敬意和谢意。她以她的勤奋和刻苦、她的辛劳和付出、她的坚韧和担当、她的忠诚和责任，树立了我们演员的好形象和好作风，将我们从高高的舞台上拉下来，让观众和读者朋友们看到，原来我们演员，也是活生生的人，也有自己的喜怒哀乐、自己的酸甜苦辣、自己的爱恨情仇。

她有着做记者的天分和睿智，她有着采访者的沉着和冷静，她有着主持人的口才和机智，她有着文化人的素质和知识。她用她作家的生花妙笔，她用她写诗、写散文、写小说的深情、细致和思辨，用心采访，用情书写，为演员、也为她自己，交出了一份心灵的答卷，正如她的书名《心灵之约——党柳灵演员访谈录》。

祝福党柳灵的明天越来越美好！

是为序。

目　录

孙淳：以天下之淳
释角色之朴

他20世纪80年代初期就已在荧屏大放异彩，至今依然精神抖擞地活跃在影视长河中；他为了梦想甘愿寂寞苦等三四个月，不惜拿自己的身体来创作迅速增肥减肥；他在泛娱乐化越来越趋向严重的今天，始终怀揣艺术家的良心守护着精神家园；他也许还没有达到演艺事业的巅峰，但他坚信他的能量还没有完全释放出来；他把演员职业当作至高无上的荣誉，愿意为之奋斗终生努力做到最好不放弃。

孙淳，一个见证了影视风云变幻的资深演员，一个坚持不懈勇往直前的演艺前辈，一个虽未大红大紫而演技却雄厚沉郁的实力干将，对深爱的演艺事业有着怎样的思索和思考，对饰演的各类角色有着怎样的探索和探讨，对走过的艺术人生有着怎样的回味和回忆？2009年6月17日下午，广州广轩酒店，他对我真诚以见、坦诚相告。以天下之淳、释角色之朴的大家风范如醇酒，馥郁的香气一阵一阵地袭来。

艺术和心灵一样的淳粹而纯净，角色和为人一样的淳厚而个性，艺途和性格一样的淳朴而简单，演技和处世一样的淳良而真挚，事业和生活一样的淳古而坚韧。兼具深刻的哲理思想、深厚的文化内涵、深沉的情感力度。这样一个高山挺拔的艺术家，这样一个静水深流的好男人，作为军人的我们，怎能不为他列队而立，庄严而深情地向他：敬礼！

以淳粹之气　生精神之义

> 艺术最能打动人的，是心灵、是心魄。演员的职能是把这个人的灵魂挖掘出来。精神家园包括情操、理想、品德、情怀，瞿恩就是这么一个人。当一个人信仰和主义充满胸怀的时候，这副肉体就是皮囊了。这就是精神的力量。

你的第一部军人戏是陈凯歌的《大阅兵》，他为何选你去演军人？是看到你身上的军人气质吗？

当时我记得片子放映时，我太太傅丽莉和另外一个记者去看，那个记者看完后就问我太太："孙淳他当过兵吗？我觉得他当过兵。"我太太说他没有。傅丽莉回来告诉我这件事，我觉得很高兴。刚才我看孙红雷《三联生活周刊》的一个访谈，他也说了："早期的时候让我演一个军人，我可能会想我一定要演一个军人，现在我不这么想了。因为我演的是一个人，如果是一个军队里的军人那太简单了。”比如说现在的年轻演员接受能力都很快，只要到军校去看看那些军人是怎么走的、怎么站的，很快就学会了。但是除了这外表之外，艺术最能打动人的，是心灵、是心魄，你还是要归到最根本的东西上来，那就是你要塑造一个什么样的人。你不能说我要演一个军人就演一个军人，你要想演军人你肯定得演砸，因为军人也是从人里面选拔出来的，只不过他穿上了军人的服装而已，就是这样，我觉得没有什么。

你并不在乎自己有没有军人气质？

不在乎，不在乎这个。我给你举一个很简单的道理，比如演员去演一个杀人犯，你生活当中真的杀人吗？不可能的，演员的职业使然。他就要去揣摩，把自己经历过的东西要揣摩到，没经历过的东西也能想象得到，这是演员的职能所在，不应该划分你演军人或什么，这是很概念化的，我认为。

你塑造的人物中，国民党军官也不少？

但他也是人呀，只不过信仰不一样，但都是军人，你还是要塑造这个人。因为军人都是从人里面选拔的，光看军人的外表，你还不如到天安门广场、到中南海前面看那哨兵呢？他们都是军人，可你从那军人身上你看不出思想来，看不出灵魂来。演员的职能是把这个人的灵魂挖掘出来，而不管他是军人还是商人。职业不一样，职业角色在人物性格身上可能就有不同的反映，但本质是一样的，就是要演一个有灵魂的人。

《大阅兵》后你很长时间没演军人戏，直到2006年的《中国近卫军》，为何那么长时间不接演军人戏？

很简单，因为所有那些让我演军人的戏，我觉得没有写得像《大阅兵》那么好，我不愿重复。你要是写得比它好，我去演。你写得不如它好，我干吗要去重复角色，我浪费时间啊。

你觉得孙放这个角色演得很好？

我不能说我演得很好，但那个剧本挺好的，挺极致的，没有哪个人敢把部队阅兵作为一个题材去构置一个半小时的故事展现在荧幕。当时八一厂就说，我是八一厂我都不敢拍。为什么？这里面没故事可拍。没有女人，没有爱情，枯燥的训练，此外就是机场，有什么看头。但是第五代导演崛起的时代就是：不可以的东西，我们可以。所以他们后来崛起了，所以后人给他们一个名称叫第五代。因为他们敢于做别人过去不敢做的事情，这就是第五代。

《中国近卫军》这个剧本也挺好的？

不见得，这个东西也不是像我说的那么绝对的。因为在那个时期，很多剧本拿到我这儿来，我看了一下。相对来讲我觉得我也是一个比较实际的演员，我不会像《走向共和》之前，咬了下牙：如果没有接到一个我喜欢的本子，我就不拍戏了。我一直等了三四个月，我运气挺好的，我等来了。袁世凯演完以后，释放了我对演员的梦想，我觉得不要太贪心了，已经有一个作品证明你的能力了，所以不要再等了。《中国近卫军》就是在这么一种状态下出来的。有了《走向共和》，我作为演员心里已经很释然、很坦然了。因为我做了这么多年演员，没有一个作品能释放我作为一个演员全部的才能，我觉得《走向共和》释放了，我也证明了，别人也承认了，所以我也可以游刃一些了。贺东航这个角色就是在这么一种心境下塑造的。在那一个时期里，在那一个片档里，来了这么一个本子。而且我翻翻其他本子，虽然我对《中国近卫军》不是特别满意，但是相比较另外的一些本子，它要好一些，所以我就接了它。就这么产生了《中国近卫军》里的贺东航。

但《中国近卫军》的反响却不如《人间正道是沧桑》？

那当然，播出的时间段也不一样，一个是中央8套的黄金时期，一个是一套午间新闻以后。《中国近卫军》播完后，我都不知道，我都没有从头到尾看完过。肯定不如《人间正道是沧桑》，肯定不如，从剧本到各方面都不如。

《人间正道是沧桑》中的瞿恩很理想化，你在剧中有一句话：我实现了我的理想，理想通过我得以实现？

我很喜欢这个角色。有一句话叫：读史而明志。我们共产党作为执政党走到今天，是怎么走到这一步的？我觉得在现在泛娱乐化越来越严重的今天，还有一部分人抱着艺术家的良心在做这些应该做的事情，而且他们要是不做别人也不会去责备他们，我对这帮人深表敬意。比方说：活在现时代的年轻人，对这个共和国的成长经历有过了解吗？对近代史有过了解吗？远的不说，夏商周太远了，唐宋也太远了，清以后吧，就从民国到现在吧，他们了解吗？每个人对自己的国家都应该有所了解，我觉得这个片子就是这样出来的。在一个物质化的今天，当人们所有的东西都要金钱来衡量的时候，一个理想化的角色，一个为理想献身的人物摆在我的面前，我很感动。也许中国人穷怕了，所以物质来后一窝蜂地都涌向了金钱，似乎眼下一切都靠金钱来衡量，但我觉得有很多东西是金钱买不来的。比方说精神层面的东西，就是我们说的精神家园的建设，你有吗？现在有吗？在一个物欲横流的社会，有多少人回头去看看自己的精神家园是怎么样的？这个精神家园包括情操、理想、品德、情怀。瞿恩就是这么一个人，我们共产党就是这么走过来的。有一些人为了主义可以献身，让你们今天享受着非常优厚的物质生活，这些物质生活浸透着多少人的心血。

你想通过这个角色告诉世人一些精神上的东西？

肯定。你活在这个世上做着演员这个职业，多少应该有一些责任感。

现在达到目的了吗？

我不知道，我知道现在的人最烦说教，我觉得瞿恩像导演张黎说的，他是一个教职主义者，他是个布道的。但是和以往的共产党形象不一样的是，他除了说教以外，还用自己的身体去殉道，这个就不是理想化的人物，这是可歌可泣可敬佩的人物。当一个人信仰和主义充满胸怀的时候，这副肉体就是皮囊了，可以拿去。为什么？就为了一个信仰，我要实现我的理想。虽然瞿恩在28集就死去了，但是他信仰的光芒笼罩于一个大的氛围里面，而且这种氛围得以在很多人身上延续，才有了红色中国的今天。我们不景仰吗？景仰啊！我觉得今天的社会这种东西太少了，谁会在乎信仰、情怀和品德？有的人道德沦丧，没有这个情怀。情怀多少钱一斤啊？没人说这个，我个人认为这是不对的。所以每每想到这些，瞿恩这个人就非常感动我，就是这些东西促使我一定要把瞿恩展现出来，让人们看看，共产党的昨天是什么样子的！哪些人为了信仰而奋斗？他们有坚强的信念，甚至付出自己的生命。

瞿恩打动你也跟你的性格有关吧，你是个理想主义者？

因为我生长的年代推崇的就是理想主义和浪漫主义的教育，比如苏俄文学，那都是非常浪漫、非常理想化的。可能现代的人对理想化的东西嗤之以鼻。为什么？不实用啊。多少钱一斤呀，你信仰这么崇高，给你多少钱呀！

是否觉得只有你们这些有名有利的人才会去谈理想？

这个世上永远有些东西是用钱买不来的。我认识一个中医，很有名了，他是京城四大名医之后。可是呢，来他那里看病的，都是有钱人。用现在社会的标准来衡量，全是成功者。但是对不起，没有一个是幸福的，这很能说明问题。因为穷怕了，只有金钱能代替一切。一旦有钱了，精神世界却是荒芜不幸福的。这就是精神的力量，我觉得如果讲得稍微崇高一点，这就是艺术家的职责所在，通过你的作品奉献一些精神食粮，给人们传递过去。这个社会可能只是一个过程，我希望不远的将来，人们对精神的需求，更多一些。因为精神的需求在一个人成长的过程中至关重要。金钱也重要，但不是决定因素，千万不要本末倒置。建立一个正确的幸福观和价值观很重要。

也就是信念很重要？

当然！

你如何看待和平年代的军人?

和平年代的军人当然不像战争年代的军人。有一句俗语：一将功成万骨枯，那是多少人牺牲才换来的将领。战争年代是一个特殊的年代，特殊年代的军队的作用是最重要的，因为它是平定天下的主要集中力量，所以战争年代军队的职责、风险也很大。也正因此，那个年代才有一些和平年代想都不敢想的事情。比方林彪20多岁就当了师长、军长，40多岁就是元帅了，新中国后没有哪一个人能企及他，就是说干部年轻化也没有哪一个人42岁就当上将了。没有，没有。为什么？这是特殊的年代造就出的特殊的人。和平时期军队的作用在减退，因为世界需要和平，儒家文化的根基也是和平。儒家文化有一句话叫“仁者爱人”，存在爱就不该杀戮，所以他的功能、职责退却了，只是保卫疆土的作用。但是我认为和平时期的军人更难当，没有硝烟怎么样当？其实《中国近卫军》的作者最想传达的是：硝烟弥漫时我们依靠的是什么？现在和平时期我们又需要哪些东西？是不是可以抛弃战争年代的准则，或者是拿来战争的准则之后再接受今天的东西？这就是：现代军人要处理好上、下级关系，人和人之间的关系，这是最重要的，实际上这种相处比炮火硝烟要难得多。和平时期里军队应该怎么样生长、壮大？这是一个新的课题。和平和军队本来就是相矛盾的，军队就是打仗啊，和平下的军队怎么弄？特别是现在高度物化的社会里面，那种艰苦朴素的作风还被现在的人接受吗？我想有些亘古不变的东西是永远存在的，比方说一个国家元首来访，必有三军仪仗队，必有正步走。无论你的科技再怎么发达，必须用最简单、最朴实的一种形式来展示你的军队。一样的道理，这些东西是无可替代的。不管物质化到今天人们对军队怎么看，但是最基本的东西还是要存留下来。就像中国国粹京剧一样，现在多少人去喜欢呢？甚至不去提它。但它依然留下来了。军队也是一样，魂的东西一定会留下来，那就是：保卫疆土，时刻准备。

和平年代的军人不像战争年代的军人那么信念坚定？

那不一定，我觉得更难坚持。战争虽然严酷但相对简单一些，就是刀枪水火。和平年代这种反差没那么强烈，似乎这些东西都不存在了，但是你要保持军人的素质，这是不容易的事情，我认为。

国民党是不是更难塑造一些？

不难塑造，忠于信仰就行了。杨立仁就是这样的，他再怎么样你能说他吗？他只不过忠于他的信仰罢了。但在忠于他的信仰的同时，你不可以诋毁他的人格。

但国共关系却是对立的？

是对立的，但都有信仰，不同而已。他们信奉的是他们的，共产党信仰共产主义。

国民党很残暴、很反动？

那是两个政党在血雨腥风下，用今天的眼光来看，其实就是信仰的较量。不是刀、枪、剑，是信仰的较量。

他们为信仰可以不择手段？

那怎么办，有王道，还有霸道。《人间正道是沧桑》这个片子里都回答了这个问题。

你有军人情结吗？

应该有。像小时候，你要当什么，我要当警察，我愿抓特务，都有军人情结，这是很朴素的想法。那是20世纪70年代，虽然是非常压抑的年代，但军人在每个年轻人的心里位置多高啊，能出去当兵那简直是大势所趋啊。

你怎么没去当兵？

太小了，我哥哥当兵了，所以不用再去当兵。我哥哥14岁就走了。

心目中的军人形象是怎样的？

没有一定的，我觉得军人只不过是职业使然，还是应该看看他是什么样的人吧。就像中国55年授衔的10个元帅，用元帅这个词来衡量的话，这10个人都是元帅，但是每个元帅的性格完全不一样，你怎么能用一个统一的标准去衡量每一个军人呢？这是不可能的事。罗荣桓为什么做政委不做司令员呢？性格吧，他的组织天分吧。林彪他为什么一定要当司令而不去当政委呢？这都是很好理解的事情。

你的成功经历对部队官兵有何启示？

我主张这样吧，选择是自己的，选择权在自己。比方说像当兵了，当兵之前你可以选择不当兵呀，没人强迫你当兵呀。既然选择了，对不起，就要责任到底，就要做一个好军人。就像做演员，做演员之前你是自由的，你可以放弃，还有很多职业等着你呢。既然你选择了当演员，对不起，好好干吧，结果怎么样，不要去考虑，不要去想它，只为了心里的那份理想、那点梦想，去干吧。不应该从结果看问题，应该问问我努力与否了？我全力以赴过吗？全力以赴过，问心无愧就行了。

对军人作品有何期待？

我也很喜欢军人题材，美国有部片子叫《巴顿将军》，我非常喜欢。像英国拍的《遥远的桥》，还有《雷玛根大桥》，这些战争片我都非常喜欢。包括《诺曼底登陆》《中途岛之战》《啊，海军》，都很喜欢，非常喜欢。

你喜欢大场面的军人戏？

不一定，不一定。和平年代不一定老有大场面吧，和平年代老有大场面，简直是人类的灾难。人类最终的结果是制造一个和平的时代，而不是战争的年代，对吗？

以淳雄之技　立角色之魂

每一部片子都是我的代表作。作为演员我要演绎各种不曾尝试过的角色。我喜欢一些励志的作品。感动我、让我有动力、促使我去演它。演戏和生活应该分得很清。我是个优秀的演员，但演绎风格是别人给我总结的，我没有风格。

刚拍完《内线》，就过来拍《秋喜》，为何不休息一下？

这跟去年是一样的。去年5月拍完《祈望》，我想正好是到5月底6月初，可以躲过一个炎热的夏季，到秋天再接一个戏。但是《祈望》刚拍没多久，张黎就来找我谈《人间正道是沧桑》这个戏。我和他是非常好的朋友，他一般要拍的片子是错不了的，肯定是非常好的东西，他让我演的也是非常好的东西。当时一边拍《祈望》一边读剧本，读完剧本后自己感动得稀里哗啦，哭得不行了，然后自己的安排就算泡汤了。5月26号那天，我结束了《祈望》最后一个镜头的拍摄，从北戴河返回北京，5月27日就进《人间正道是沧桑》剧组造型，28号开机，一干就干到几乎是10月份。今年又是这个样子，原想拍个《内线》，5月份结束后躲过一个夏天，孙周这部戏又来了。孙周这个戏不光是因为他是我哥哥的缘故，也有一份演员对导演认知的存在。他除了是我哥哥，还是一个非常好的导演，他抓的东西也会不错。所以演员不是随便每年哪个机会都能碰到一些你喜欢的角色，或是你如意的导演，所以就是这样又不行了。5月12号晚拍完《内线》，13号坐飞机到这边来，14号造型，16号去开平。

你选剧本有什么标准？

打动我了，非常简单。能感动我，让我有动力、促使我去演他。也有职业使然，比方说这个角色、这种类型我没演过，很想去尝试一下，有新鲜感，有好奇心，也就去了。

哪一部是你的代表作？

我从来不说代表作，每一部片子都是我的代表作，就像我的孩子一样，每一部我都喜欢。比方说哪一部比较成功的话，如果没有前面那几部哪来这一部。问题都不能孤立去看的。我最喜欢哪一部？我都喜欢，都喜欢，哪怕别人说一无是处我也喜欢，那毕竟是我的选择。

就像说“子不嫌母丑”一样？

是的，因为毕竟每一个人物的产生都是自己努力过的，付出过心血的，所以你就不能说我不太喜欢它，只能说在职业的过程当中，有一些作品我非常喜欢，有一些作品不那么喜欢而已。但是就算是不太喜欢，自己决定选择要去上了，都应该全力以赴。

最擅长塑造哪类人物形象？

不一定，不一定。比方说我的《走向共和》演得最好，但是起初这个

角色给我的时候，我并不相信它是对我合适的。随着导演的鼓励，编剧的鼓励，还有你自己的努力，逐渐形成的东西让我大吃一惊。所以谈不上，未必你最喜欢的你就能演得最好，未必你过去不太感兴趣的你就演不好。

你演的小人物也特别好，比如《祈望》中的姜文君？

我真喜欢那个角色，真喜欢，我从来没演过。演完后我在网上看到有人说："哟，真好，孙淳居然能演那么一个人物，没想到。"我觉得：没想到这就对了。我做演员的不能说我演的这个人物成功了，我就把自己定位在这个人物，永远重复这个角色，那不对的。我作为演员我还要演绎各种我没有尝试过的角色。你说追求也好，你说是我的雄心壮志也好，反正我就是这么想的！比如我不会说我的《好想好想谈恋爱》成功了，我就一路演下去了，不一定的。我要颠覆你们的认知，才能显示出我的实力来。你们都喜欢伍岳峰，我突然演了一个窝囊男，网上就评论说真是不可思议，都是他演的，怎么一点伍岳峰的影子都没有啊，怎么他演伍岳峰时他就没有一点窝囊男了，唉呀，我很高兴，那说明我成功了。

你是如何演出来的？

我也不知道我是如何演出来的，反正这个角色我非常喜欢，非常喜欢。

每次拿到剧本都很费功夫去揣摩？

当然啊，那是我自己的选择啊。

你曾因《缉毒英雄》中的反派获金鸡奖最佳男配角，是否觉得自己演反派更具功力？

不是这个意思，因为这个奖是十多年前的事了。其实当时这个戏也是作为男主角的，但是十年之前的这个氛围还不像今天那么宽阔，你没听说金鸡奖把哪个奖颁给哪个演反派的男主角的，不会的，所以只报男配角。但是在那个年代有一个好处，就是在塑造反派的时候笔墨可以稍微自由一些，明白我的意思吗？因为他是坏人，对书写他的笔划就显得自由很多，正面人物反而有很多禁区，这也不能写，那也不能写，但反派人物似乎更人性化一些，人性化的人物又最能打动观众。就是这么一个产物，不是说我喜欢演反派的，不是的。

反面人物比正面人物好演？

那个年代好演。

为什么？

那个年代的坏人可以随便写，好人不能随便写的，好人哪能写缺点，不能的，就是现在的主旋律作品你要塑造一个英雄人物，你想写他的弱点，也是很难的。其实弱点是塑造这个人物的一个方面啊，人若没有弱点的话，都是上帝了，人都是不完善的人。因为有不完善，我们生活中才努力去做一个完善的人，但是只是努力而已，就人本性而言，都是不太完善的，所以那个年代就沾了这个光。现在不一样，作品可以写人性，比如《人间正道是沧桑》中的杨立仁这个角色，可以写他的人格。信仰虽然不一样，但是人格你不能诋毁人家，他在那种信仰之下，觉得他那个人格就是一个完美的人格。你不能说我理解不了的东西都不存在，不可能呀。世界都到了网络信息化的时代，所有东西一点击就能出来了。你应该认清这个时代，不要把自己的认知放在井底之蛙的层面。

你曾经拒演《雍正王朝》，但这部片对你的事业是有提升的？

我并没有从结果来看这个问题，我当时不愿演历史戏。自己的认知还是浅显的，觉得我们活在现在，历史的东西跟我们现实有什么关系呢？但是《走向共和》打开了一扇窗，原来是这样的。所以我逐渐地完善自己，就这样。

后悔过吗？

如果要后悔，后悔的东西可多了，岂止这一部作品呢？还有很多东西。这就是你的选择，没办法的。

性格如此？

是，起码在当时就是那样的。

你曾经发短信跟我说，《相思树》是你最喜欢的电视剧？

是挺喜欢，非常喜欢。我觉得《相思树》在当今社会里是有现实意义的，这个现实意义实际上和刚才跟你谈过的问题有些雷同。就是在一个物化的社会里边，人的情操、人的价值观，应该怎么确立，那个作品就是一个很好的答案。你看并不是说有钱人都是快乐的，并不是所有有钱人感情都是充盈的。但是就是这么一个有钱人，做出的一些举动，令有些人很费解。为什么费解呢？那是个情操高尚的人。我喜欢这样的人，还有一点就是说，我喜欢一些励志的作品。就像生活一样，每个人的生活，如同托尔斯泰说过的一句话：幸福的家庭都是相似的，不幸的家庭各有各的不幸，就是这样的。所以我觉得生活当中肯定不完满，如果完满之后艺术作品不会出来那么多。因为艺术作品都是呼唤人最美的和向往的东西。所以我觉得不管生活当中有多少磨难，人总还是有一些高尚的东西吧，有些作为情操的东西吧，那个作品就是写了这个东西，所以我喜欢。

网上很多人议论说，从原不该放弃萧晓牧？

这是他们的一厢情愿，导演不这么看，导演觉得放弃恐怕更发人深思吧。可能有些人说我有钱了，为什么我不能跟你在一起，我可以强制你。对不起，选择和金钱是没有关系的。现在的人不理解，为什么？因为早傍大款去了，上哪找情操呢？这也是精神家园的建设问题，所以我喜欢。《祈望》中的姜文君也是这样的小人物。但小人物就没有情操吗？小人物就没有担当吗？小人物就没有品德吗？不是这样的。要在理念上扭转这些误区，对吗？人生来是平等的，没有高低之分，没有贵贱之分，精神永远是平等的。这种东西国外18世纪的小说比比皆是，夏洛蒂·勃朗特的《简·爱》其实讲的就是这个问题。不管你再怎么样，精神上都是平等的，所以不是说我的作品在给你什么，而是把我们过去丢失了的东西、淡忘了的东西今天重新再捡回来，是这个问题。

觉得这种提法虚不虚？

一点都不虚，虚吗？所谓古典名著？名著在哪？18世纪的小说，你现在上中文课必读的书啊，为什么过了两三百年还这么引人注目，因为它散发着精神力量。好东西永远时髦，经典的东西永远存在，不因为时代改变就褪去光彩。不是，我觉得在今天这个时代，重读经典是非常重要的，这关乎一个人的建设问题，个人建设的问题。

你怎样理解舒婷的《致橡树》？

舒婷的这首诗当时打动了多少人啊，20世纪70年代末80年代初的时候，可以说是一代年轻人在情爱上的最高的一个境界了，有很多人都在背诵，今天拿出来，依然不过时，成为经典了。仁者见仁，根据你自己不同的经历、不同的认知，你可以读出不同的解答。就像绘画一样，作者从来不给你来个导读，给你解释一下这幅画什么意思，你根据你个人的经历和喜好，你自己的审美品味，你自己得出一个答案来。

你是上戏毕业的却很少见你演话剧？

很遗憾，这是个遗憾，没有时间。再有一个，话剧不是你想演就有的，或者有了话剧以后是不是随你意，你是不是喜欢它，都另当别论。准备吧，准备着接演一出话剧。

你演喜剧也很少？

好的喜剧看上了可以尝试一下。

你如何抽离角色回到正常人的轨道？

说出来就出来了，职业啊。比方说让我演一个杀人犯，我还真杀他了，哪能呢？那被杀的人岂不窝囊死了，为了演一个戏还真挨一刀啊，不可能的。怎么可以忘掉你自己呢？你有你自己的身材。说实话，我考虑那个角色都是用我孙淳的思维去演他，我能脱离我这个人吗，不可能的。

在戏中如此投入地去爱，是否会影响自己的家庭生活？

人生如戏，戏如人生，这是比喻。其实生活和戏、演戏和生活、生活

和自己，应该分得很清的，分不清你会很痛苦的。你想想，比方说我演一个总统成功了，你生活当中就觉得自己是总统了，这不很可笑吗？谁认你啊，人戏不分，这是很滑稽的事情。

你的演绎风格是怎样的？

我不知道，我不敢谈风格，哪能谈风格，风格是别人谈的。我没有形成风格，没有。不敢，哪敢谈风格，了得吗？套路那是别人给我总结的，我自己没有套路。

你不觉得自己也是一个优秀的演员吗？

我承认我自己是个优秀的演员，要是说风格，那是别人给我总结的，我不能说我自己有风格吧，不敢啊，惶恐惶恐啊。

你对演员这个职业是如何认知的？你好像说过一句话“演员职业像个蜗牛在剃刀边缘爬”？

我觉得演员这个职业比较特殊，刚才说了，是人精神层面的东西啊，是非常形而上的。你想一想，演员演戏的时候，一个自我在支配你要这么演，另外一个自我在审视这个自我，看我这样演对不对，你说这个职业像不像个蜗牛在剃刀边缘上爬？其实这个职业是非常非常脆弱的一个职业。你想一想，我去演，这意味着这不是私生活，我必须把它还原成私生活，还原成这个人。你在拍之前要做大量的工作去揣摩它，然后自己认定这样演是对的，但是在演的过程中，你另外一个自我在支配着你自己，你说这工作多悬哪，真的。所以在国外，一说演员就肃然起敬，这个职业是给人精神力量的职业，有高度文化感的国家里，对演员是非常尊重的！那是给我们带来精神层面的东西，干着一个伟大的工作，但这工作就是这样的，两个自我在相互打架。

这是个荣耀的职业，却给你说得有些恐怖？

有的人看事物只是看表面，就像小学生看电视，一看这个人红了就想去干这个职业，他只是看到这个职业的鲜花和掌声啊。事物当中，人世间，各个层面没有十全十美的，只看到鲜花和掌声，他背后意味着什么，你们都看不见啊！我只不过把你当作朋友跟你说了，但那些人看到这个吗？他们不是这样认知的。他们敢于受这种罪吗？敢于三年没有一个好角色在家里苦苦等待吗？这种寂寞忍受得了吗？做好准备没有？所以现在当演员异想天开的人多，踏踏实实的少。

做演员是比较容易出名的？

所以他们只看到鲜花和掌声，没有看到你背后付出的东西。我们有一个比喻，冰山露在上面，只是1/4或是1/3，真正在下面的是2/3。鲜花和掌声也只是1/3，下面是2/3。我承认有李宇春这样的，一个超级选秀就名扬天下了，但这毕竟是少数，只有一个李宇春吧，没有了吧。

还有赵薇的小燕子？

赵薇的小燕子也是这样，这种现象很少见。这也是这个职业的属性，它可以这样存在。但是不是所有的演员都是小燕子呢，这里边个中滋味只有你自己干了演员你才能体会得到。你能坚持吗？当别人红遍天了，你坐冷板凳，你能忍受这种煎熬吗？这就要看追求是不是纯真了。不纯真那就走了。坚持下来了，又怎么样？有的人可能一直默默无闻。但是对不起，这是你的选择，成功的总是少数。为什么有句话叫“一将功成万骨枯”，对吗？我说的实际吧。毕竟十大元帅，那是55年的事了。55年、65年、75年、85年、95年，半个世纪过去了，还是这十大元帅啊。没有元帅了，元帅很少吧，能当元帅的人也很少吧。那你怎么当士兵呢？你的座右铭是“不当元帅的士兵不是好士兵”，说明还是精神力量在支撑你往前走，又回到这个话题上了。

你似乎很喜欢这个话题？

你是演员，你无论干什么职业，都得有这个话题啊。我也说得很实际，这是我的职业，我没有它我吃什么，但仅仅这么单纯吗？没有吧，没有吧。

希望跟什么样的演员和导演合作？

我当然希望和优秀的演员和导演合作。

以淳厚之心　铸坚持之力

演戏是最适合我的，是我人生不可或缺的一部分，我喜欢它，努力把它做到最好。我是一个忠于职守的人，忠实于我的选择，迈向我的梦想。也许我还没有达到顶点，我的能量还没有完全释放出来。但知足者常乐，路还长着哩。

你有偶像吗？

太多偶像了，演艺上太多偶像了。像赵丹啊，像冯喆啊，像石挥啊，太多了。他们过去那些作品或多或少影响了自己的选择，影响了自己作为演员这一行的选择，他们是功不可没的。那时我们的成长期能看什么电影呀？都是红色经典的电影，红色经典里的那些人物，那些饰演者，都是非常优秀的演员。

达到他们那个层次没有？

我努力吧。

有这个希望？

我想每个做演员的都有这个希望，不是我才有，应该是每个人。你们当兵的不也是说：不想做元帅的士兵不是好士兵吗？

你也是这样认为的？

一样的，一样的。

你已经50多岁了，觉得目标难于实现吗？

不一定，不一定，齐白石60多岁才画画呢，我觉得我属于那种演员，除非哪一天我不想演了，如果我想演，我会一直演下去。我就这样子。

你是说自己很有希望？

不是说希望，我觉得这是我的职业啊，这个职业伴随着我的一生，这是我人生不可或缺的一部分。就像人活在社会上，比如说你靠写字来赚取稿酬，我是靠演戏来赚取我的稿酬，每个人都和社会发生某种交换才得到生活费，然后得以在这个位置上生活下去。这没有什么希望不希望的，你必须这样，除非你不想干了，你就退出来。你要是这一天还想干，你就努力把它做到最好。别人认为你好不好那无所谓，你自己得心里有本帐，要努力把它做得最好！

你已经凭《走向共和》证明了自己，但是并没有因这部戏达到自己事业的巅峰？

我是这样看的，像这部作品出来之后，观众给它什么评论，我觉得并不重要，重要的是你自己心里，你对自己有个交待，这样你的后半生就变得很坦然。我为什么反复提《走向共和》这部戏，我觉得我有了它，我后半生没什么遗憾了，所以我活得很坦然。

你为了这部戏付出了很多，又增肥又减肥的？

那没办法啊，演员的身体就是创作的工具啊。你所扮演的这个人物不是空穴来风，是历史上白纸黑字的真有这么一个人。这个人体态长怎么样，你得靠近他啊。不是说我想吃胖，你是不得不吃胖啊。就像我刚才说的，你既然选择这个职业，你就得完成它。这个谈不上牺牲，你是干这个的，你必须得这样，没什么好夸奖的。你像画家一样，他的创作工具是画笔，画笔不好他可以换画笔啊。演员的创作工具就是身体啊，既然接了这个角色就得全力以赴。我还是重复我刚才那个话题。

你演得真好，有一个画面你跪着走得特别快？

那怎么办，当时那个人物就处于那个心态下，你不能不快，不快脑袋就掉下来了。你说你要不快的话，你连命都保不住，你怎么实现角色那个人物理想，当一个总统，当一个至高无上的人，这都是人物使然。

我站在你太太的角度，都心疼你，哈哈。

我自己都心疼我自己，哈哈，那活该谁要你当演员呢？你必须这样，没什么好说的，没什么好商量的。

当初演他有没有信心？

肯定没信心啊，谁想到你能演袁世凯啊。一个帅小生，能演一个胖胖的、大胖子？不可能呀。

你并未因这个角色而获奖？

那一年是这个样子的，这个电视剧上面对它有非议，就没让它参加奖项。如果参加评奖的话，那奖项肯定是我的，毫无疑问是我的。你也没有什么好抱怨的，对吗？给你奖是别人给你一个承认。作为演员，你自己对自己有个什么样的衡量，你自己最有发言权了。别人不给我这个奖，我就没价值吗？不一定吧。我自己认定我就是，这比什么都重要，对吧。所以那个不重要。

你的哥哥孙周捧红了不少人？

孙红雷就是他捧红的。当时他在选《周渔的火车》的演员时，他想让我演梁家辉那个角色。但当时《走向共和》来了，作为演员来讲一衡量，还是《走向共和》吸引力大。可是两个作品在同一时间，你只能做一个选择，那只能放弃了。

他为何不专门为你量身订做一个戏呢？

我想他不会的，他不会为了你是他弟弟就为你量身订做一个戏，他不会这么狭隘啊。兄弟归兄弟，但是作为导演的话，他也有作为导演的追求，对吧。比方说他所喜欢的那个题材里边，并没有你合适的角色，这种情况也是有的。你不能说你和他有血缘关系，你是他的弟弟你就要求他，搞一个不太喜欢的题材，要他去导。作为兄弟，这种要求也是太非分了吧。你不能要求别人的，你不能干涉别人的东西，对吧。你不能干涉别人的那份追求，用血缘去要求一个人，就是作为兄弟那也是不可以的。

他没有这个责任和义务吗？

他没有责任，没有义务，我觉得，他就做他的导演就是了。但你不能说他生活当中不是一个好哥哥，他是个好哥哥。你不能说他是个好哥哥，他不给你做个戏，他就是个坏哥哥了，不一定的，这是悖论的，对吗？

你们个性不太相同？

其实挺像的，骨子里挺像的。过去我认为不太像，但是现在我觉得骨子里挺像的，这只有我自己心里清楚。

你文一些，他豪放一些？

可能是他的职业使然吧。

他的成就大还是你的成就大？

当然他成就大了，这是毫无疑问的。

和你同时期的很多演员，比如殷亭如、马晓伟等都纷纷出国了，你却没有出国，为什么呢？

我是这么想的，你如果把演员作为一个职业去追求的话，到一个原本不是属于你文化的国家里，你还能干上你的职业吗？这些人可能在生活上有自己的要求，或者生活观也不太一样，所以选择各自不同的道路走。但这两个出去后再也没有干成自己心爱干的事情，马晓伟还不是又回来再干演员了，都是这样的。你不可能在一个英语语系的国家里，人家把你当主流价值观来推广，你在外国人眼里永远是外来文化。人家那个电影创作是用主流文化作为价值取向的，你想一想，好莱坞有几个中国题材每年在拍的，很少。因为你是外来的，你是舶来品，不可能的。

可是出国的人还是很多？

但你不能因此说人家的生活道路选择就有错误，人家觉得生活当中有各式各样的构成，出国在他人生当中是一个很大的选择。人家这样的选择你无可厚非，人家觉得演戏不是一切，或者说演戏我可以放下。而我属于放不下的。

但你也很喜欢出国旅游？

当然啊，人嘛，工作之余就要享受人生了。其实说透了，演戏也是生活手段，不是人生真正目的。人生真正目的是享受生命，过着最惬意的生活。像孙红雷在《人间正道是沧桑》中戴着皮帽，全是夏天最热的时候拍，吃的苦，你觉得是享受吗？完全不可以理解。但是你作为演员，你就可以忍受，就是这样。这是很枯燥的事。所以不拍戏时，尽量让自己愉快一些吧，过得惬意一些，去旅游，到别的国家看看，人家是怎么生活的？看人家有些什么生活方式？看人家津津乐道些什么东西？看人家的价值观有什么不一样？都挺好的。

作为那个时期的演员，你是为数不多仍在坚持演戏的？

不能说我坚持演戏就是我的优点，可能别人是这样觉得的吧。除了演

戏以外，毕竟是成人，生活是多姿多彩的，对吧。可能有人觉得在人生的这个阶段，可以完成另外一些人生的过程或是经历，就去选择了，每一个人都可以有自己的选择。只不过我除了演戏，可能就只有演戏了，我去尝试干点别的我不行了。我相信这句话，每个人只有一种命运。比如你为了丰富自己的人生可以做各种尝试，但并不意味着所有的尝试都适合你。我就是觉得演戏是最适合我的，我也一直在演戏，就这么简单。

你坚持的力量来源于什么？

我喜欢它，太简单了。我喜欢它啊，这是我喜欢选择的职业啊。

这份喜欢是与生俱来还是后天慢慢养成的？

我想是慢慢的，也不知哪根神经搭上了，也可能是哪个人影响我了，都说不准。

是你哥哥孙周吗？他比你先走上艺术这条路？

也不是，我比他走得还早呢。也许是看了哪部电影，也许是哪个前辈艺术家，或者一个镜头，一个片断，一句话，就让我痴迷上它了，不太清楚。总而言之我就做出了这个选择了。就是这样。

你喜欢它是因为它给你带来名气、金钱还是别的什么？

谁能想到这东西还能挣钱啊，在当时，全国人民都不挣钱啊。名气可能会有，金钱没敢想。就像我走在大街上，人家一见说："哟，孙淳。"你刚来之前服务员也找我签名，刚刚才签完，这可能就是名气吧。但你还得强调责任感吧，没有那么单纯吧，可能由喜欢走上了这条道路，走到后来才发现这个喜欢包含了很多内容在里面。就是这样。

你似乎是天生为艺术而生的？

不一定，只不过你今天接触到我。你敢说世界上所有的人，各种类型的人都接触过吗？你不敢这么说吧，我也不敢说。我说我现在像你说的是成功者，那也未必，我不这样看。我只不过是一个忠于职守的人，跟当兵的一样，忠实于我的选择，迈向我的梦想，我就是这么一个人。不能说你天生就是演员，不一定，比如说你接触过一个科技精英，就能说他天生就是搞科技的。

谢添导演对你评价很高，说你"能演各种性格的人物"？

那是老话了，我真是非常感动，非常感动，这是鞭策我的一句话。

达到他的要求了吗？

我努力，我努力。这是他对我的希冀，或是对我的一种鼓励。

你没演过他的戏？

没演过他的戏，毕竟是三四代人吧，他资格多老啊，你想我孩提时代就看他的《洪湖赤卫队》，我哪能上他的戏了，我上他的戏除非演一两岁的小孩。

唐国强沉寂一段时间后，再凭《三国演义》中的诸葛亮而让众人熟知？

其实我觉得他演得最好的是《长征》，他的毛泽东演得太好了。所以这个演员我很钦佩。《长征》演得非常好，他站在那朗诵了一首诗，我当时就说演得太好了，太好了。

他与你是同时期的“英俊小生”？

没有，我上大学时就看他演的片子，他比我出道早得多。那时他已经红遍大江南北了。

你也红遍大江南北了，我是看你的戏成长的，现在觉得跟他有落差吗？

我觉得跟他没有什么落差，我们都在努力完成自己的本职工作。比方说他演的一些东西老百姓广泛接受，我演出来的东西有一部分人广泛接受，有一部分人不广泛接受，但你不能说我没有广泛接受就是我做得不对，不一定的。

有的人一部戏却大红大紫了，对此你如何看？

我觉得是这样的，作为一个演员，你多么有修炼，多么淡泊名利，但在外人看来，你这个圈子就是名利圈。比如你演了半年戏，走在大街上却没人认识你，并不是件好事，这是悲哀，对吧。尤其现在是泛娱乐化的时代，按照票房来说话的时代，那是很可悲的。但是反过来说，我觉得事物的发展过程都是这样的，你走到某个顶峰后，就饱和了，就迅速地下去了。也许我还没有达到顶点，我自认为没有，我的能量还没有完全释放出来。演戏，这就是我的职业，作为一个人一生追求的职业，何必追求一时呢？至于你所选择的这个作品，你全身心去演绎了，至于它的结果，那是天帮忙了。好当然好了，如果它反响不好，那也就不好了，对吧。事物总是这样的，比如有些人喜欢猪八戒，有的人喜欢孙悟空，所以就是这样一直演到现在。

就是说你现在不到顶点还有宽松的空间发展？

可能吧，顶峰是一种局限，但我也不是没有吃到葡萄就说葡萄是酸的那种意思。演艺是你一生要经历的事业，你只要保持一种非常好的心态，就行了。比如我现在干的职业是不是我喜欢的，我说是我喜欢的就行了，知足者常乐。况且还有很多人干了自己不喜欢的工作，相比较之下我还是属于幸运的，所以对于这个问题我觉得也没有什么可抱怨的。这是你一生要寻求的一种职业，要用一生去构建它，路还长着呢。

有的人戏不多却能凭一部戏成名？

因为艺术的规律有这个，你像早期西方那一代老艺术家也是没有学过专业表演的，也是一部片子就风云天下了。一部分是属于当时的电影产量是少的，还有一种是电影有一个功能就是这样的，就是在电影里导演调动他的不同手段，去弥补你表演的不足。比如说“蒙太奇”，就是你完全不会表演，你看着前面，只要完成了“看”这个动作就行了。导演下个镜头是个苹果，观众就认为你是想吃苹果，用这种“蒙太奇”的方式来填补你的表演，你明白吗？如果前面不是一个苹果，而是一杯水，你在看，看什么呢？那是一杯水，你渴了想喝水，这些都或多或少地会帮助你表演。所以现在的娱乐圈，我觉得到了泛娱乐化的时代，艺术的功能是不是还存在，有人提出很大的质疑。我觉得不管什么时代，艺术的创作还是很严谨的，但在严谨的创作过程中，你也应该看到艺术可能还有另外的功能。比如说泛娱乐化，有些人喜爱那个人，那个人参加的一个演出，但是你要说所有的人都喜欢那个人，这个也是不现实的。这个世界只要存在就都是合理的。这个时代可能呼唤某种东西，而这种东西由演员这个载体承担了部分社会大众的心理需求或者还有其它各方面的延伸，所以它就会持久不衰。比方像周星驰，他产生了，为何叫他无厘头呢？是因为香港生活节奏太快了，希望在下班工作之余，看到一些和自己的生活完全不着调的，或者是看一些自己生活中永远不可能实现的梦想，由另外一个人实现了，这样能释放内心的很多压力。所以周星驰一下子受老百姓的爱戴了。但是你不能说这些东西都是不真诚的，或都是不严谨的，说一句俗话，百花齐放的今天，厚此薄彼，都是不应该的。

对未来有何规划？

没有规划，没有规划，因为演员这个职业比较被动。所谓明星制是什么？明星制就是有专门的人，通过让你饰演这个角色来挣钱。我在给你钱的同时我也获得更大的利润，这就是明星制。组织专门的人来给你写剧本，我想中国的演员没有几个能有这种待遇，所以你也不好规划你的未来。因为这个因素都是你说了不算，你就不可以规划你的未来。我只能说，在我这段时间档里面有哪个相对不错的剧本，我就出去演了，因为生命长河在一点点流淌，你光等着，也太理想了，所以实际一点好，还有一点，知足者常乐吧。

想过自己搞一个剧本吗？

没有想过。为啥？太费劲了吧，还得找个题材，还得找一帮人来写，写完之后这钱谁付啊，人家不吭声就写了三个月，到了制片人这儿却对这个题材不感兴趣，那不坑人家吗？所以这是一个工程，这不是由你的兴趣就能决定的。

对我们来说很难，对你不难？

挺难的，挺难的一件事情，所有的演员都想过这个问题，所有的演员也都没做成几件这样的事。可能做过一次，弄完了不理想，也就罢了，很累的。

你有一个导演哥哥，比别人又多了一个有利条件？

不一定，不一定，你看姜文给姜武做过吗？没做过，对吧。一样的，不要认为这是什么奇怪的事情，很正常。作为导演他有他的追求，作为演员他有他的追求，两个人碰合到一块，那得天作之合呀，对吗？

没想过改行当导演？

没有，没有，没有这样的奢望。就像我刚才给你的话题一样，一个人当董事长成功了，所有的人都想当董事长。然而所有的人也都不问问，自己是不是董事长那块料！你发一个豪言壮语就能当吗？太开玩笑了吧。所有的人都能当导演，那还要导演这个职业干什么？对吗？一样的事，所以心态很重要。30岁以前可以去尝试，30岁以后就要安分守己了，别作那个梦了，认清现实吧。出了一个董事长，并不是说全国人民都是董事长，不一定的，对吗？这太简单的道理了。你们都当董事长了，谁扫大街啊？谁当环卫工啊？谁当掏粪工啊？谁当石油工人啊？谁当农民啊？所以一个社会要有序，要有伦理和纲常，不能乱了，乱了就浮躁了，所谓浮躁就是这么来的。

听起来好像没有上进心一样？

不是上进心的事，是程序、伦常的问题。伦常是什么？是人和人之间的关系，以及自己的定位。

你刚才还说不想当将军的士兵不是好士兵？

那也是对当兵而言，对吗？不想当石油部长的石油工人不是好石油工人，但是他首先得是石油工人，对吧。你总得承认各行各业吧，所以在这个命题上，我觉得，我的才能最多只能当个演员了，我干不了导演。导演那个职业也是很崇高的，不是所有人都能干得了的，也不是人一咬牙一跺脚我一定要干就能干成的。不一定的，要是所有人都干成了，还要导演那个职业干什么？就像演员这个职业，也不是所有人都能当演员的，对吗？

你当演员很偶然吗？

是，只能是偶然加自己的勤奋吧，就成了。也不是误打误撞，当时考戏剧学院就认为我一定能行。就是这样，很简单。至于我从哪来的这些雄心壮志，不知道。

以淳良之风　扬个性之光

> 我没有任何特殊之处，挺好接近的，没那么神圣。我在我这个专业上干得挺好，就是对父母亲最大的宽慰了。我和太太的感情只有我们两人知道，我没有必要向全国人民坦白。生活可以历尽艰辛，但永远不要放弃希望。

生活中你是怎样的人？

不知道，我觉得我挺好接近的。我觉得演戏是我的职业，我的职业也是演生活当中各式各样的人。褪去这个职业，我不演戏时，我还原成人，我觉得我没有任何特殊之处。你要觉得自己特殊了，你演不好戏的。你想想，你高高在上，你不观察生活了，你上哪儿去了，不可能的。

你是很纯粹的演员？

不是这样的，比如世界杯来了，我就不想演戏了。我的想法就这样，戏每年都有得演，世界杯四年才有一次。我是看完世界杯再演戏，我没那么神圣。

你讲起艺术一套一套的？

我喜欢这个，那怎么办？就像你干杂志的，你一谈起文字来你一套一套的，我就傻了，因为这个是你在行的。这个就是我的职业，我不谈一套一套的，我白吃饭了。

你个人有什么爱好？好像你很喜欢健身、看书？讲话中有佛学的意境，信佛吗？对老子、庄子也很有研究？

不足挂齿吧，与常人无异，别人不做演员就不锻炼身体了，那不可能。所有人都喜欢看书，因为书是自己的精神导师啊。不能说我喜欢看书，我不敢这么说，是人都应该喜欢看书吧。我信佛，中国文化博大精深，那都是老祖宗留下来的，我对他们太一知半解了。老子、庄子都是一些大师，庄子是道教里边的大师，我读得很少，有时间要坐下来好好读读他们的书。我一直认为自己才疏学浅，所以才抓住一些时间去恶补。就是这样的。

喜欢跟什么样的人交朋友?

比我能的人，三人行必有我师啊。交高人读好书，交高友，这是一个老艺术家跟我说的。陈凯歌的爸爸就跟我说过：读好书交高友。否则有句话怎么叫做“近朱者赤，近墨者黑”呢?

你好像比较爱静?

比较喜欢安静。我的职业东跑西颠的，我自己还原自己还东跑西颠的，我疯了我。

你有个特别好的家庭，觉得对父母亲尽到孝道吗?

别人的家庭也认为自己很幸福，所以没有什么值得炫耀的。对父母的孝心我不敢说了，我经常东跑西颠的，经常是春节得了空，才到父母身边那儿去转一转。我有时常想，最大的孝是什么? 那是中国传统文化中的“孝为先”，一定要尽孝的。我觉得用中国传统文化来看，我是一个做得不够好的人。但从另外一个方面来讲，父母都希望自己的孩子学有所成，在这个基础上，我觉得我并没有辜负他们。我觉得我在我这个专业上干得挺好，就是对他们最大的宽慰了，只能自己安慰自己。

你和傅丽莉的感情一直很深厚，如何做到的呢?

只有我们两人知道，我没有必要向全国人民说。留点留点，给自己留点吧。智慧吧，努力做一个有智慧的人吧。

傅丽莉出身演员，却不再演戏，为了照顾你?

也不是这样，她认为生活当中有更多的东西。我还很羡慕她，除了演戏之外还能找到很多的乐趣，而且人过得非常自在非常逍遥，这是一种生活观，挺好的！她认为演员是一种职业，可以不去做它，也能完成自己的人生。养家糊口的事让男人来完成吧，女人过点清闲的日子。因为我是山东人，大男子主义根深蒂固。

有一个叫“落梅花香”的影迷去世前给你写了一封信，你对这些热爱你的影迷有些什么话说呢？

我在网上我的贴吧里看到过这封信。首先，我挺感动的。就是你在做一件工作，你的工作有人在瞩目，同时在生命尽头的时候，脑子里显现的是你的形象，我很感动。其次，我觉得这也是一种鞭策吧，鞭策我做得更好，用自己的劳动来贴补这些人的需求，我想如果我能的话。我想对所有人说一句祝福的话：生活可以历尽艰辛，但永远不要放弃希望，因为人类生存下来的唯一支撑就是希望。我希望每一个人生活得好，努力实现自己的梦想，就是这样。

张国强：心灵愈纯净
艺术愈强劲

他是《士兵突击》中，刚烈耿直、爱兵如子的连长高城；他是《我的团长我的团》中，勇猛顽强、聪明耍赖的东北兵迷龙；他是《我的兄弟叫顺溜》中，英勇善战、风趣可爱的司令员陈大雷；他是《我们的队伍向太阳》中机警灵活、憨厚耿直的侦察营长郑大；他是父母兄姐眼中，孝顺懂事、乖巧善良的好儿子好弟弟；他是朋友邻里面前，仗义疏财、有情有义的好兄弟好哥们。

这个被热心的影迷们亲切地称为“七哥”的演员，叫张国强。一个来自于黑龙江省佳木斯市的地地道道的东北小伙子。大器晚成的他，有着怎样不为人知的心路历程，有着怎样深刻透彻的人生感悟，有着怎样诠释角色的职业精神？2009年12月27日下午，北京华西宾馆，他对我侃侃而谈毫不隐瞒。热情的微笑、质朴的语言、坦诚的个性，让我瞬间恍惚：他到底是知名演员、当红明星还是自己的亲弟弟。

水滴之所以石穿，是因为持之以恒、坚持不懈；铁杵之所以成针，是因为不畏艰难、绝不放弃；愚公之所以移山，是因为坚韧不拔、勇往直前；张国强之所以能扬名，是因为单纯执着、勤奋努力。一个人，有了梦想还得有努力；一个人，有了努力还得有韧性；一个人，有了韧性还得有纯净。因为，心灵愈纯净，艺术才愈强劲；因为，艺术愈强劲，精神才愈高尚。

用军人的情结锻造高尚的精神

没有当过兵，不代表我心里没有那个种子，我有军人情结，我的前世应该是个军人。你必须要真正地去贴近军营，贴近他们的心，用你自己的心，去跟他的心发生碰撞。我会对所有穿军装的军人，油然而生一种敬仰和钦佩，我看他们那种眼神，真是爱不够，我甚至会在某些方面去维护军人。说到信仰，我热血沸腾，眼睛湿润，那是一种什么样的激情。

你没有当过兵，却将高城连长演得有血有肉、活灵活现？

我从来没有当过兵，但是没有当过兵，不代表我心里没有那个种子，那种当兵的、从小对军人的向往，那种喜爱、那种对军装的喜爱。在表演班的时候，我穿着过去老式的军装，就是红五星、红领章的那种军装，我是1986年上的表演班。他们给我编了个顺口溜，叫“话剧团张国强，春夏秋冬一身黄”，就是那样一种状态，19—20岁左右的时候。我想还是有一个情结，这个情结特别重要，这个情结特别重要，它是军人情结。我不知道我的前世是什么，投胎转世前是做什么的。是个将军？是个军人？但我相信，他肯定是个战士，是个军人，不管是古代的还是现代的，或是近代的，我的前世应该是个军人。这是我的想象，这是我的想象，应该是这样的。

你是说有一个军人的情结在心里？

军人的情结，军人的情结，骨子里的。另一方面，我也去体验生活，我下到各个部队，会去抓每个连一级或团一级指挥官他们身上有特质的东西，就是共性的东西，然后挪到自己身上来，跟我张国强合二为一，才成为高城，再加上我自身那种特质吧。我可能是有一种军人的特质吧，不知是怎么回事，我走在全国各地，部队也好，各大军区也好，他们那里的战士一见我，就叫：“噢，连长，连长！”我唯一感到骄傲的是，我是个没有当过兵的人，他们能认同我，而不是在之前的好多军旅大戏当中，也有人演过军人，他们也会叫。我能读懂战士见到我的那种感觉，完全是真的把我当成一个连长，很规规矩矩地去敬礼：“连长你好！”包括我去海军大院做活动时，门口那个兵，因为我穿着便装嘛，他把我们的车拦在外面。他突然伸头看的时候，他的唯一动作：立正，然后对我友好地招招手，“连长”。那一瞬间，我的感动是真的没法说。还有的找我签名，“连长能请你签个名吗？”我就知道，不管作为一个演员也好，或是一个影视剧作品也好，你必须要真正去贴近生活，真正地去贴近军营，贴近他们的心。你用你自己的心，去跟他的心发生碰撞，但这颗心必须要是真诚的，掏出来的，然后跟他去接触，才会有这种效果。而不是简单意义的，“哎，他是演过那个司令员。”见过我的那些部队士兵也好，一级主官也好，“哎哟，连长，过去我是在七连！”他那种自豪感，真是太可爱了！他们身上那些东西别人可能真的不知道，他们了解得都不够，所以我很庆幸我能参演《士兵突击》，然后塑造了这个很鲜活、很丰满的人物形象，并得到认可。不光是全军所有指战员的认可，老百姓也认可，而且服务员，转业的军人更认可，这是我感到最骄傲的。

这个鲜活、丰满的人物形象，你是如何塑造出来的？

这还是一个情结，你是不是用心去触摸这个东西，而不是简单意义上的，我穿上军装，我就要拿一个姿态。是，我们军人是有这个姿态，但是恰恰忽略了全军所有穿上军装的，将军也好，首长也好，士兵也好，他们终归就是一个字：一撇一捺是个人，不管从事的是任何一种职业。就好比我是做演员，我张国强现在是明星了，有名气了，但我还是个人，你没有任何变化。你怎么了你是神仙吗，你能上天吗？你能马上从地上飞起来吗？不是。你只是从事这个职业，让人关注而已，这是我的一个感觉。所以我通过演《士兵突击》后，我突然会有另一种感觉，我走在大街上，我会对所有穿军装的军人，那些战友，产生一种更钦佩的感情，我看他们那种眼神，真是爱不够。

你演高城，一个将门虎子，有些细节抓得特别像，比如脚趾头踢折了、烟燃到手啊，等等，你是怎样去设计这些细节的？

还是要感谢兰晓龙。晓龙我们管他叫兰爷，他很生活，他本身就是军人，他真去体验生活了。所以我觉得话又说回来了，你一个编剧也好，演员也好，你真正要去体验生活。但恰恰是，现在所有的业界真的很少去体验生活了，没有深入进去。

你认为是剧本写得好？

是，剧本好，导演好，我把导演康洪雷排在第一位。他是我的超级偶像，我简直崇拜他，崇拜得五体投地。第二是编剧，第三个才是演员，只有三者合一了，一部剧才能成功。现在很多戏都是合不了，导演、编剧、各部门缺一不可的，缺少一个环节都上不去。不是我迷信，我是很想说，就是一个气场，这个气场太重要了，这个气场太重要了。我对这个职业的一份热爱，对军人的一个向往，我从小的理想就是当兵，然后大家伙在一起合作，你真正用你的心去触摸这些官兵的心，你才会达到那种境界。不是简单意义上的你穿上军装就能演好，我倒不能评论其他的那个，就是感情，重情重义，那种战友情谊，我是这么看的。

导演对你塑造角色帮助很大?

对，导演。另外你得体验生活，必须要体验生活。过去那些老的电影真的是去体验生活，你演少数民族，必须要去少数民族居住地区去跟他们交流呀、生活呀，很重要、很重要。我说一个《士兵突击》能这么火，我唯一给自己的评价是：贴近，我真正去贴近军营了。

有报道说，康导看了你三场戏后，就觉得选对人了?

没有，错了，不是说康导看了我三场戏后，觉得选对人了，是我有压力了，我有压力了。我是第二次跟康导合作，第一次是2005年《一针见血》，我演了个警察，我跟刘烨吧。然后是2006年的《士兵突击》。因为我拍的戏还是算少，很少的，跟那个老段啊，跟张译啊，跟思诚、跟宝强比，都很少很少的。然后他们对我，因为看我的作品很少嘛，我的作品很少嘛，就会有一些，包括我们的制片人田老大，现在我们都是特别特别好。他说：“哎哟国强，当初看你那么帅的一个小伙，怎么可能去演钢七连连长，你怎么能演钢七连连长？”他没想到我就去演了，而且演得就让他们认可了。后来他也说了：“过去对国强不了解嘛，很少看他演的戏。”我说这就是一个机遇，还是一个情缘在里面，对军人的情缘在里面，就包括我最近一段时间接的戏全是军人，可能真是我上辈子，我不知道他是将军还是普通一官，还是士兵，我不知道，但总之我应该感觉到，我应该是一个士兵，一个战士。

对高城这个角色的塑造有什么遗憾之处吗?

戏份太少了，兰晓龙写的实际上给高城的篇幅不是特别多，而是很少了，有时候一集戏里我只出现了一场，但我已经很骄傲、很满足、很自豪了。我说在这么少的戏份下，尤其是在我们的导演康洪雷，我的超级偶像的这种点拨，简直是让我受益非浅，让我大踏步地前进，我可能是少走了10年的冤枉路吧，是这样一个感觉。

你个人认为，《士兵突击》为何会这么火？

真情实感，这是真正的真情实感，这是真正的。所有的演员，我们的这些兄弟都很用心，用心在演戏。你想想，一个人他用心去做某一件事情，他能不成吗？他的执着、他的追求、他的用心。

其他影片也很用心，为何不见火？

这要看一个气氛，一个气场，这个气场特别重要。就好多戏，我不说其他的，就说全剧组都有这么一个氛围，一个氛围，太融洽了，所有人都很放松，然后以那么轻松愉快的心情、心境去拍这个戏，出来后看到的就是不一样的作品。再有一个，我们这个作品真的就不一样，我们不会去拿捏，不会去“军人我就要这样的坐着”。首先就是一个人，你从人的角度去出发的话，再加上把这个职业的特点、特性的东西揉进去，就成就了这个戏，成就了这个军人，或者他是一个白领，或者他是一个工人，说白了还是要体验生活。

你从默默无闻到大红大紫，如何适应这一变化？

还好、还好、还好。因为我从做演员这个职业开始，从来没有想过当大明星。现在我想说好多人是目的不纯，目的不纯了你就不会取得一个更高的成绩。这个目的是指什么？当初1986年我们考表演班的时候，高矮胖瘦，丑的、胖的、美的，那是要搭一台话剧的，我们的职业是话剧舞台表演，作为表演我们是要演出的。不像现在这种完全是“拧”了，当然虽然现在我也拍影视剧，但必须是要经过沉淀，你要经过那种舞台剧的磨炼，经过那种积累才能达到今天这个成就，我是这么理解的。

你的意思是说，你的目的很纯正？

对了，我的目的是纯正，这从我当初从事表演这个职业以来，一直走到今天，目标明确，我的脑筋没有转弯，一直是这个线，就是表演这条路，追求更高的一个境界，是这样的，而且我从来没有放松对自己的要求。

更高的境界达到了吗？

某些方面已经达到了。

就是可以演好戏？

错了、错了，某些方面是指，你已经得到老百姓观众的认可了。老百姓观众认可了，我就已经达到目的了。作为黑龙江省佳木斯市话剧团的一个演员，我能走到今天，很不容易了。走到哪儿，人家都会认识你，“哎哟，那不是连长吗？那不是迷龙吗？那不是陈司令陈大雷吗？是演《我的兄弟叫顺溜》那个司令员吗？”我已经很知足了。

那你还是有目的的？

你要征服观众啊。你做这个职业干吗？你要做出成绩的啊。你演舞台剧，在舞台上演出，你要干吗？你演出这个戏干吗？你拍戏要有什么反响？为什么要拍这个戏？就像你刚才说的，好多人拍了很多戏都默默无闻，但还是依然在拍戏。还是你是很鲜活的，你对这个职业没有放松，对自己的要求也没有放松。

《我的团长我的团》中的迷龙，是为你量身订做的吗？

是，是量身订做的，但实际上还是跟我有差距，兰晓龙只是抓东北人的特点，抓我的特点揉进去，但是演员还是要创作的，我不太赞同说这个写的就是我，就是《我的团长我的团》中的迷龙就这样，张国强就这样，那不可能。那是合二为一，把你自己表演特质的一些东西，我的那种表现形式揉进角色里去。每个演员都有自己的表现形式，但是张国强只有张国强这一个表现形式，我怎么去塑造这个角色是我的一个理解，或是我的一个塑造，但归根到底我感觉我很满足了，还是很满足了。

你怎么加进自己的理解？

那倒不是加进，你作为一个演员，大姐这么说吧，每个演员都不一样，每个演员都不一样。全国有几十万、上百万的演员，我从来没有去评价一下，我张国强为什么从《士兵突击》就火起来了，唯一的就是：我认真、我执着，我不管这个戏的好与坏，我既然有在这个戏里参演角色的机会，我就要抓住它，就要很好地去创作这个角色，这个就是我走到今天的唯一目的，因为我认真、我敬业，就这么简单。

这部戏的人物有些混乱和萎靡，是当时军队的生存状态吗？

不是，但是这是写的远征军，写的是他们打败了，被日本兵打败了，然后就在那收容所里头，是想要塑造一个颓废的状态吧。你作为军人，国家被入侵了，被人打了，你要表现这样一个状态，最后才集体结合，拿起枪来，然后去反击。你们追着我跑，我一直跑，我拼命跑，然后你累了，或者怎么样，我得掉头。我停下之后，喘息之后，我突然想：“我靠，你为什么追我？在我家门口你还这样追我？”是这样一个状态。因为都是军人嘛，我为什么让你一个外国人来侵我的国家，在我的国家这么嚣张，是这样一个状态。

这是兰晓龙的理解？

是我们自己一个理解，晓龙可能会说一个更深层次的东西。

这些远征军看起来有些古怪？

但还是没脱离一个大的主题，保家卫国。其实真的是保家卫国，我们不管它是国民党的军队也好。其实《我的团长我的团》是写国民党的，但都是保家卫国，去抗日，至于其他的我们不谈。就是我作为中国人，你们日本人的军队第一脚迈进分界线的时候，我们就要拿起武器跟你干。你们干嘛进我的家啊，你要是友好的姿态，你不带任何枪炮进来，我们欢迎，到我们家来做客，就像《一条大河》中唱的：豺狼来了有猎枪，朋友来了有好酒。但是你穿着皮靴、穿着军装，拿着武器进入我的国家，我们就要抗击。就是这样，这样一个状态。

这部戏雷声大雨点小，播出后各方的争议和评论很多，你如何看待这一现象？

因为最重要一点，崔永元老师班底全程跟拍，拍摄剧组演员每天的工作状态和拍戏进度，拍摄演员下场后所有的状况，包括每拍一场戏，反反复复几遍几十遍，那样地重复下去。观众没有看到，他不知道我们这些演员，我们导演和全剧组的人，拍《我的团长我的团》付出了多么大的心血，以及身上大大小小的伤疤，他们根本看不到的，他们只是看到电视上的人物，看到迷龙。至于反响那件事，就像你说的雷声大雨点小，但它从开始就必须要受到关注，因为在此之前是《士兵突击》已经让老百姓认同了，“哎呀《士兵突击》原班人马出演《我的团长我的团》”，这个你是不可否认的，就是《士兵突击》原班人马出现打造第二个《我的团长我的团》，必然会引起关注。

你们思考过吗？为什么付出那么多，却没有收获？

没有，不，错了，错了，我不想去辩解为何这部片子没有获得那么大的收获。我想说，不光是我，我们全剧组所有参演者，包括各部门，付出了那么大的心血，流汗流血甚至付出生命，拍出这个片子，我们已经尽到力了。至于这个片子最后怎么样，你不能说这部片子出来后大家都会说好，会拍手鼓掌，你得允许人说话，我相信这个戏大部分人都会说好，有贬有褒。比如：张国强是好演员吗？有的人说：张国强是好演员；有的人说：张国强演戏算什么呀。总之你得允许人说话，每个人都有说话的权利，如果全好的话那就太完美了，太完美的东西不可能有。我跟你要说的是，《我的团长我的团》中我塑造的那个迷龙，包括《士兵突击》中的高城连长、包括《我的兄弟叫顺溜》中的陈大雷司令，是我认为演得最好的。我那些兄弟也完全突破了《士兵突击》那些形象，完全是演得最好的，因为我们付出那么多，我们问心无愧。我们不是说简单意义上的我们穿上军装，哎呀《士兵突击》我们现在火了，怎么样、怎么样。不是这样的。我们已经付出了，至于回报那无所谓，因为最后拍出戏是要给观众看的，有贬有褒，就证明这个戏受关注，拍出之前它受关注，至于它的结果，我们倒不在意。但是毕竟它有影响，好多人会拿《我的团长我的团》作为话题，我认为这就够了。他们偶尔会，他们只是谈论这部戏，你没有发现吗？他们只是谈论这部戏，而没有谈论演员的表演，谈论演员的表演时候这种言论特别少，这是我很知足的地方，我很满足。

你不希望大家谈论演员的表演，而只是谈戏？

不是，我允许任何一个人都去谈论这个戏，至今为止也没有哪一部戏，百分之百老百姓都会喜欢。

老实说，这部剧我第一遍没看懂，第二遍才看懂，有些理解了那些远征军的生存状态。

那是种心境，军人，军人嘛。大姐我只能跟你说，你第一遍没看懂，第二遍看懂了，那就是我们的想法。

哈哈，你别把球踢我这儿，你自己怎么看这部剧？

我个人认为，迄今为止，在电视剧领域拍摄的军事题材的片子，没有哪一部戏能超过《我的团长我的团》。

你指哪些方面？战争场面还是人物塑造？

整个，这个是我说的。迄今为止，在电视剧领域，没有哪一部军事题材的片子，能超过《我的团长我的团》，人物是那么的鲜活。现在演任何一部戏，你凭什么得到观众的喜爱？你凭什么十几个明星演员站在那儿，老百姓就能喊出你的名字？你得有魅力啊，你得有影响啊，你得让老百姓喜欢啊，你鲜活啊，你不是简单意义上的，“哎呀那个熟悉，哎呀那个演员演过什么”。我现在走在大街上，大家都喊我“陈司令陈大雷，哎呀迷龙，哎呀连长嘛，钢七连连长高城”，这是我最知足的地方。这一切来源于什么？来源于这些片子：《士兵突击》《我的团长我的团》《我的兄弟叫顺溜》，达到目的了。而且他们津津乐道的，是那种忠义、你们那种战友情，已经达到目的了，我们为什么还要深究更多深层的东西呢？

但它不好看呀？

是，我现在始终想说什么呢？想说的是，向观众传统的欣赏习惯发出挑战。观众现在很挑剔了，但大部分观众还是停留在那种，他们很喜欢看那种很直白的东西。有些观众认为汉奸就是歪瓜裂枣，缺一个眼睛少一个腿，或者少鼻子，那个就是汉奸。其实一切还得从人出发。我现在说回来，我们的观众真的欣赏水平提高了，对演员要求也高了，但更应提高的是：我们不应该停留在那种规律上，长得缺胳膊少腿或者缺眼睛的就是坏人，长得很丑的就是坏人，那是错的。为什么有时候一个长得丑的人会从他的身上渗透出那么大的力量，"哎哟那个长得其貌不扬的人，缺个腿的人居然能做出那么大的事来"，所有人都会惊讶，"一个残疾人，或者身体残缺的人能做出那么伟大的一件事"，我们想探究的就是这个。

拍戏过程中发生的两次事故，让你对生命产生了怎样的思考？

它让我成长，我只能说这样，具体的我说不出来，它只能让我成长，但这种成长的代价太大了。它让我眼睁睁地看着我同组的同事，或者朋友或者兄弟牺牲在我面前，这是我无法接受的，拍戏以来最无法接受的事。拍一部戏能拍死人？拍战争场面能拍死人？这是让我接受不了的。但是它让我经历了，它让我有了这种经历，它让我知道了这种痛苦、这种挣扎，我理解是一种挣扎。

为何要挣扎？

我从来没有经历过，眼睁睁地看着拍戏时一个老师死在自己的面前。

生老病死是人之常情？

他不是老到了八九十岁、一百来岁。生老病死是自然界的一个法则，你没法抗拒的，任何人都不能保证自己没有任何事情，但是那种时候，确实是对你的身心、身体各方面是一个极大的一个考验。

有那么严重？

真的是这样，那边试验一个炸点时，“啪”的一个人没有了，看着他在那喘息，“咕咕”地往外吐血时，那是真实的，真实的跟虚幻的、虚假的设置是不一样的，所以我们才会有更多的体悟。“哎呀，我们这个戏，第二天拍戏拍炸点时我们会怎么样？”但是我们没有分开，这个剧组没有停，我们依然在拍，坚持着走下去，你想想这是多么大的一种力量。尤其是我的超级偶像康洪雷导演，他说的：“我为什么要停，我必须要拍下去，准备那些为这部戏牺牲的人，我也要拍下去，我得让他们知道，他们的死、他们的牺牲，没有白白的让人看笑话！”哎哟，天，就是这种情绪在激励着我们把这个戏去拍完。你想想，在这种环境下，在这种精神感召下，我会退缩吗？我能不成长吗？我可以读懂很多的含义，对生命的那种珍惜，对同事之间、朋友之间的那种珍惜。

其实你已经40岁，早该成熟了？

没有，因为现在是真的，各种各样的事情，它不像过去了。有时候我会感觉，人与人之间的关系会变得复杂，不像过去那么简单了。所以我会感觉我每一天都在学习，都在进步，但是我始终在保持我自己，我张国强就这样。我不会戴帽子，我不会戴墨镜，我就这样。你跟我打招呼我就跟你打招呼，你不跟我打招呼也没有任何问题。你要跟我照相我OK，我微笑着跟你去照相，我不会说，“哟，对不起我不去照！”我不会去回绝。

你真是一个平民化的明星，好像也不带助理？

我带助理，我后来带了助理。不是我平民化，我是想，比如我是明星，他们认为明星得有明星范儿，我说“是”，你们感觉我是明星或是我有明星范儿，但最重要的，我是个人啊，我得吃饭，我得睡觉，我得上卫生间啊，我得去方便，我得去逛商场，我得去喝酒，我得喝醉，我得去哭，我得去笑，这才是构成一个人。明星他是人哪，明星就是人哪，干嘛要求明星跟别人不一样呢？明星只不过是你从事这个职业受人关注而已，你跟其他人一样，你还是在做贡献，精神方面的贡献，愉悦嘛，我就是这么想的。我从来没有去想，“哎哟我是个明星！”我是明星，到哪我都知道，他们看我的戏，我唯一满足的就是，他们说，“你是迷龙，你是高连长，你是钢七连连长”，还搂着我的脖子。他们会很放松地搂着我的脖子，一般的明星他们不会搂着脖子的。

说明你这人特好？

不是我特好，是我们这些兄弟都特好，可能是从《士兵突击》出来的这些演员，这种感悟更不一样吧。尤其是《我的团长我的团》再出来的时候，更不一样，真是这样的，真是这样。它不光是经历生死，还有情义，我们兄弟之间，跟导演之间的，跟四哥之间的，跟李义华之间的，太融了。拍一个戏，你能得到大家的认可，得到全国老百姓的认可，就这种融，你的朴实、你的真挚、你的认真。《士兵突击》火了吧，特别火，《我的团长我的团》受关注吧，人物也让大家记住了，《我的兄弟叫顺溜》，老百姓真的很喜欢。

据说《我的兄弟叫顺溜》中的陈大雷，最初你塑造他很没把握？

没有，开始不是说没有把握，我只是看了很多资料。开始只是说刚拍完《我的团长我的团》这个戏感觉很累，我没有进入状态，我拍摄第一天就跟导演说能不能换人，我说我不拍了，我说我实在太累了，我怕完不成，然后花菁导演就说，“哎哟国强，我们战争戏都在后面哩，你就去拍吧”。但归根到底还是演员的职业道德，坚持、坚持，你就会有收获的，结果是《我的兄弟叫顺溜》创了央视的记录。全国你走到任何一个城市，大家都会知道，这不是《我的兄弟叫顺溜》中那个陈大雷陈司令吗？

我觉得陈大雷这个角色，你演得有些夸张，不像高城那么自然？

你认为高城和陈大雷是等同的一个角色吗？

不等同，但你好像有点故意夸张陈大雷的一些语言和动作？

那不故意，你看过过去那些老将军老帅们的资料吗？在这之前，那些过去的老故事、老影片会影响每一个人，我不知道大姐你是哪一年的，大姐你肯定比我年长，大姐你是六几年的吧。

也年长不了多少，大三岁，你别老叫我大姐，叫得不好意思，哈哈。

那个，年长三岁就是大姐。我们过去都受那些老影片的影响，我们认为那些老将军、老帅们就是那样的。但实际上真实的生活中那些老将军、老元帅们，他们挥洒自如，他们那种放肆放纵，那种就是，过去毛主席有一句：谁敢横刀立马，唯我彭大将军！那是种什么样的气概！所以陈大雷陈司令，就是过去那种老将军，那种过去没有上过军校的人，完全凭着一股勇劲，拿着一把大刀，生生打出来的，杀出来的。我不知道大姐你看不看这种老影片，我看得太多了，我有时候会说，很多人被洗脑，过去老影片就是那样。但实际上你看了很多传记，你会读懂很多很多老将军、老元帅身上那些可爱的东西，所以我塑造陈大雷更多是可爱的东西。

你不认为他的可爱中有些夸张的成分吗？

新四军过去有一个叫张爱萍的将军，他是我们的前国防部长，他的儿子写了一本书《两代军人的对话》。他儿子开着车走着他父亲过去当新四军时曾经走过的路，一直在向前走，中间突然接到一个电话，他拿起电话，书中是这样描写的，老爷子来电话我接起来了。张爱萍将军第一句话："报告你的方位。"大姐你读懂了这句话吗？那是20世纪80年代末90年代初，张爱萍将军跟他自己的儿子，他儿子当时已经是个大校，说，"报告你的方位。"然后他的儿子跟他说，"爸，我现在到哪儿哪儿。""噢，你再向前走，应该有一个小山坡。"然后他的儿子跟他说，"那小山坡没了，现在是一条路。""噢，你再向左边走，应该有一个村庄，但不会有太大变化。"几十年啊，四五十年，五六十年，七八十年，你想想，这样一种情怀，我们在多少个影视剧里看到这样一种情怀？张爱萍将军，我看过他的书，研究过他的资料，看过他儿子写的他的传记，能不让人感动吗？他身上那种可爱的地方！当地的那个地区他会很完整的记下来。张爱萍将军的儿子写这本书《两代军人的对话》时，张爱萍将军已经80多岁了，他依然在打电话，然后说，那个地方再往前走，应该过哪儿。那份情怀，那份洒脱。包括打仗时要通过一个封锁线，他已经受重伤了，他才发现自己，哎哟，怎么会这样了？有多少人能体会到，现在的年轻人根本体会不到！我们只有看他们的资料，通过他们的亲戚，通过他本人，那才会知道。所以你说陈大雷他假吗？他就是那种释放！过去的老将军每个人都不一样，但是那种情感的释放是真实的，那个年代不像现在，各种教育设施都很完善，但是大姐，你说陈大雷可爱吗？可爱，对了，过去的那些老将军、老元帅他们更可爱。

那是信仰的问题。

对，信仰，太对了，大姐。我要说的就是信仰，就是你说的信仰，很重要、很重要。他没有这种精神的支撑，这种信仰，就跟着共产党去干革命，怎么可能？刘胡兰铡刀放在脖子底下还喊着，不是过去电影中的，"共产党万岁"！不是这么简单的意识。她说，"铡吧，马上把我脖子割断。”“喀”就下去了。“你开枪吧，我不跟你说别的。”那是一种什么样的，说到今天我有时热血沸腾，我眼睛湿润，那是一种什么样的激情，那是信仰——中国共产党。

你认为信仰在当今，具有怎样的现实意义？

对某些人很有意义。但是有一点我特别感觉到的，特别兴奋的地方，那就是5·12汶川大地震。国人那么有凝聚力，团结一心，没有任何一个人有怨言。干，大家伙有劲使劲，有衣服掏出来。你看到那种场合没有，国人都是自发的，没有那种保留的，“哎呀，这个跟我没关系”。哪怕你只捐一块钱，可能平时这个人很吝啬，但你能捐一块钱，哎哟，可见那种凝聚力。

找回战争年代的感觉了？

不是，我认为中华民族到今天，我说句粗话，中国人是最牛逼的。中华民族这种团结，中华人民共和国，全中国十几亿的人口，在5·12大地震中是最具有凝聚力的。虽然中国在几年内发生了很多大的自然灾害，但没有一次像5·12大地震这样具有如此的凝聚力，让国人感觉，“哟，真是感动！”让你感动，让你去想、去做些什么。这是两个不同的概念，它跟战争年代不同，它是爱国的，战争年代是一种信仰，但这种是为了国家，为了中国，这样的。

你怎样看待和平年代和战争年代的兄弟情？

我是这么看的，姐，不一样，真不一样，年代，每一年代都不一样。你说20世纪70年代跟2009年一样吗？20世纪80年代跟2009年一样吗？改革开放年代到今天为止，它一样吗？都不一样。因为什么呢？国家越来越强大了，社会在进步了，人民的生活水平都提高了。过去看电影、看话剧是一种时尚，但现在话剧会有多少人去看呢？只有几个大城市才会去看。现在看电视可以换任何频道，在电视上也可以看电影，不用进电影院。你说这种时尚的东西都会发生变化，人能不发生变化吗？过去是白布衫蓝裤子，四六、三七分头，大喇叭裤，手提录音机，到现在可以蹦迪，到迪斯科舞厅，现在叫KTV，一样吗？不一样，在进步吧，这就OK，什么都不要说。

从《士兵突击》到《我的兄弟叫顺溜》，你跟王宝强的感情更深了？

一样的，一样的，因为你是真的感情交流，那是肯定一样的，真的感情的交流。对的，大家伙拼搏很不容易，就为了表演这个职业，演员这个职业。

《我们的队伍向太阳》中的郑大，是你很有创作欲望的一个角色？

有创作欲望。可能是跟我说过几年内我可能暂时不接军旅戏有关，也是跟公司对我完整的一个定位有关，说的“国强你三四年了一直拍军旅题材，你转个型”，是这样，所以我会对这个戏倾注更多的感情。而且这个戏是李京导演，我管他叫李叔，是《士兵突击》王团长那个，不算是报恩。这个戏更好玩，首先这个剧本《我们的队伍向太阳》就很有意思，很有趣，很轻松，不会像你以往看军旅题材戏那样的，它很正，很人性化、很有人物感、很鲜活。

郑大好像跟《亮剑》中的李云龙很相似，是个另类英雄？

谁说的，没有，那不是，那不是。那个叫李云龙，这个叫郑大啊，那怎么能一样。年代嘛，年代可能是贴近，实际上这个郑大会更轻松一些。

郑大在剧中有四段爱情，你觉得战争年代这样的爱情可信吗？

我们私下也这样说。不过，大姐，你真正了解过去那些老同志、老元帅吗？他们不谈恋爱吗？他们结过几次婚？了解吗？这个问题我没法跟你去说，因为我没有经历过那个年代，但看过一些片断。过去有一个中将，叫王近山，他娶了自己的小姨子，你能理解吗？当时中央军委要给他一个处分，给他免职了，但他依然爱。但是《我们的队伍向太阳》它又是另一种的爱情。我不知道最后剪出的片子是怎样一种状态，但是还是有血有肉的。不管对待什么，他都还是有血有肉、真情实感出发的，你不能追究说他跟每个女人的感情是怎么样，就这样。

你对战争年代的爱情如何理解？

我没法理解，因为我也没经历过，这个问题我没法理解。

你好像不太擅长演爱情戏，容易犯怵？

还好，职业嘛，演员嘛，什么题材的戏都要接触，还好。我不知我里面的恋爱谈成什么样，我也不知道这戏是怎么样，我也不敢说、我也不敢去做评论，我自己说没有任何意义，还是观众。观众喜欢了，认可了，就OK了，那就成功了。我演戏还是按剧本走，有一些自己的感悟在里面，但是那个年代的爱情谁也无法捕捉。

你说过这部戏后不再演军人了？

可能是我说的太绝对了，可能是我太绝对、太决断了。但是还好，几年之内有更好的本子我还会去拍。对，对，军事题材的这类电影或者电视剧有很大的可拍空间。

你觉得高城、迷龙、陈大雷、郑大这四个军人形象，有何共同与不同之处？哪个和你更像？

迷龙东北人嘛，那是演员的塑造嘛，可能这是属于我张国强自身的一个东西，自身的一个表演，我塑造的迷龙就是我张国强式的迷龙，其他演员的塑造就是其他演员式的迷龙，就这样。都不像，这四个角色都不是我。没有，我没有认为特别的有一个区别，就是老百姓的认可就是我最大的骄傲，是我最大的骄傲资本。现在我走在全国各地，他们都会叫我陈大雷陈司令，这是我最知足的地方，也有叫我连长，钢七连连长，也有人叫我迷龙。作为一个演员来说，你饰演的角色能让人们记住，叫出名字，这是我最大的知足，OK了，这我也就达到目的，至于评判交给观众他们了，我自己不会去讲那么多，我是怎么去塑造这个角色的。对，我不会讲，这是肯定的。具体我说不出来，我是那种，我能演出来，但是你要我去说，具体这个人物是怎么演的，我说不出来，我说不出来。准备工作也是这样的，我演也只是凭直感，就是我看资料，研究资料，直感才会有这样一个人物形象出来。

从这一系列的军人形象中，你的精神世界得到怎样的提升？

我更爱中国人民解放军，更爱军人，没有更多的语言去描述。八一厂、空政、总政都想挖我去，我也愿意去，但我目前还没有考虑好，因为还是想先拍好戏吧。保家卫国、不计代价，这是军人的职责、军人的天职，就这样。其实我对军人有一个特殊的情结，知道我走到今天，是这个特殊的情结在起作用。《我们的队伍向太阳》是几年之内我不会再接军人戏的最后一部戏了，但是不可否认的是，我走到大街上我见到军人，我会油然而生一种敬仰和钦佩，是那样的一种喜爱，我甚至会在某些方面去维护军人。我见到穿军装的就马上站着“啪”地一个敬礼，虽然我不是军人，就这么简单。

你没有当兵的经历，如何演好每一个军人角色？

情结，还是情结，没有更多的了。我不会娓娓道来，就是一个情结。

这个军人情结对你一生有影响吗？

应该是有。因为父母是戏曲演员，家族遗传，所以我还做演员，但这个军人情结改变了我的命运。对，军人情结改变了我的命运，始终这几年一直在演军人，各个年代的军人我都演过，这是对我的一个改变。确实改变了，你像《士兵突击》一直走到今天，事业上出现了改变吧。个性、人生的改变？说这个太广泛了。我只是做我的，我很知足了，老百姓认可这是我最知足的地方。

你对军人有怎样的印象？

坚持、坚忍、坚毅、不顾一切，过去没有更多的理解。我只是说，到今天为止，军人是最可爱的，具体就不知怎么去说了。战争年代军人是浴血奋战、保家卫国，和平年代军人就是老百姓受到危难时，比如在自然灾害面前，他们挺身而出，献出自己的生命，就这样了。和平年代也是同样

的牺牲，如：98洪水、5·12地震，这所有的大灾害，我们会有很多的官兵献出自己的生命。

你觉得当今社会还需要英雄吗？

需要英雄，需要你去为这个社会、为百姓表现出你最让人感动的地方。我们还是希望没有那么多的灾害，没有那么多事情发生，我们还是其乐融融、和和睦睦那样子，老百姓都健康平安，这是最大的一个期愿。

你会成为英雄吗？像你所扮演的角色那样？

我不知道，这个没法去说，我一定要成为英雄，这不太可能。只能说在某一特定的时刻，某一特定的时间，你突然做出这个行为，你才会成为英雄。其实英雄这两个字的定义，可能是你必须牺牲才会成为英雄，或者你做出什么特别的事来，但这代价很大，需要我们大家的共同努力，希望是这样。

你是如何获得成功的？对我们部队官兵有何启示？

我的努力，不抛弃、不放弃。还是《士兵突击》中那句话：不抛弃、不放弃。现在新入伍的战士，包括老兵都还是要：不抛弃、不放弃。

对军旅作品有何期待？

过去那个年代的题材，希望现在的年轻人有更多的了解，不光从学校课本上去读取，更多的是私下去看这方面的电影和电视剧，了解过去、展望未来。贴近人，鲜活的，让老百姓喜欢的作品，就这样。

用执着的努力构建强劲的艺术

我很骄傲我参演了《士兵突击》，我塑造的每个角色观众能认可、能喜欢、能记住，这就成功了。我取得这个成绩，真的是我的努力、我的认真、我的执着、我的坦诚、我的单纯。这是目前为止我可以去为它付出的一个职业。好演员其实是努力在向上的，不抛弃、不放弃，去演好每一个角色，每一步都要走得扎扎实实。戏是演出来的，不是说出来的。

你出身于梨园世家，却没有继承家族传统，内心有遗憾吗？

没有遗憾，注定的，这是注定的。父母把我太老爷倪振声，就是倪派小生创始人的传统继承下来了，直到今天。现在是百花齐放，就像过去毛主席说的那样。再继承那就是我爸妈他们徒弟学生的事情了，这就不是我关心的一个话题了，我只是话剧表演这一块。但我希望它能传承下去，好的东西要传承下去，因为瑰宝可能到一定时期就会销声匿迹了。

你父母亲没有要求你去继承这一传统吗？

因为戏曲剧团人际关系太混乱了，有时爸妈在剧团受的那些委屈，那是特定年代，没有办法，特定年代。他们受的委屈，他们会感同身受，所以他们不希望自己的子女都从事这个职业。但是一切恰恰都是命里注定的，我从事了话剧表演，就这样。因为我个子太高了，站在戏曲舞台上也有些穿台了。

你刚开始到北京闯荡并不顺利？

我没有来到北京闯荡，没有特别到北京闯荡。

有报道说你住在朋友家、没钱吃饭，诸如此类的？

对，那时候是，这种时候时间很短，想多挣些钱贴补家用，想帮助父母，给父母盖一个大房子，就这么简单。

倪派小生传承人的家族，条件不好吗？

那个年代，倪派传承人并不能代表家族就人丁兴旺，不代表那个。现在还是在进步，不是白布衫、蓝裤子那个年代了，我现在穿牛仔裤，穿着耐克运动鞋。这个只能说明什么，大姐，只能说明我们中国真是进步发展了，国力增强了，然后老百姓都要安居乐业了，固然有一些不尽如人意的地方，但我们一直向着阳光灿烂的日子前进。

十几年来你一直坚持在演戏，这一力量来源于哪里？

命，我不知道怎么会去想这个命字，但归结起来还是命，具体我说不清楚。因为我做其他的我做不了，所以我只能做演员，挣一点钱如此而已，就这样。

这一路走过来很不容易，对此你有何感慨？

大姐，你说这个真的是特别不容易，因为这个圈子里演员太多，有几个演员能走出来呢？又能取得一点成绩呢？屈指可数。而且让人耳熟能详的戏也好，或者角色也好，又有几个演员能达到呢？我很骄傲我参演了《士兵突击》，一直到今天，到《我的兄弟叫顺溜》，老百姓观众能记住这个角色的名字，这是我最骄傲的地方，就OK了，我已经知足了，其他的什么都不要说了，就这样。

你说康导是你的超级偶像，你从他身上学到了什么？

他的宽容、包容、大气、风趣、幽默、洒脱、放肆，这些组合成了康洪雷，同时他又是很有智慧的。他是我的导师，他会给我很多指引，他不会说“为了新中国前进”，他不会这样，他总是在只言片语不经意间就给你一个启示。比如，“哎哟，太对了，太对了”。这就是康洪雷是我超级偶像最重要的原因。还有一个是李义华，四哥。他们俩是同学，都是表演班出来的，就这样。

你凭什么打动了他们？

我的技术、我的真挚、我的真诚，就这样吧。

你如何协调成名后带来的一些困惑和矛盾？

没法协调，你要去放任它，“哎呀，时间就这样了”，你会同样累。如果你要什么都安排好了面面俱到，你更累。注定了你就受关注，就是没完没了的吃饭时找你签名，你走到哪人们会找你签名照相，就这么简单。

成名后你曾经回到家乡请街坊邻居吃了顿饭？

对，我把小时候的邻居，我的那些大哥，大姐姐，现在都做得很好，有的做了区工商局局长，有的做了区法院院长，有的自己开了酒店，有的自己做小买卖，都请来吃饭，就这样，真是感觉挺开心，感觉挺满足的。就是，“哎哟国强回来之后，让我们这些失去联系很久的老邻居，能够在四五年后重新再聚在一起”。我最开心的是我在酒桌上看见他们互留电话，这是我最开心的。因为都换号码了嘛，你想想，四五年不见，老邻居都没有联系。我认为我是一个桥梁，我可以趴在那，让他们从我身上踩过去。对，构成一个桥梁，真的，真的，我真就这么想。

经历了那么多的艰难，你依然不复杂？

要复杂的话不会走到今天，这是我的想法，我不知道别人会怎么样。我认为人还是单纯一点好，你要单纯了你会很轻松，是不是？你要单纯了你不会考虑那么多，你不会想那么多，你会感觉很轻松。我从毕业之后，一直走到今天，我取得这个成绩，真的是我的努力、我的经历，我的认真、我的执着、我的坦诚、我的单纯。很多人会说，张国强你41岁了，你不可能单纯，你可能老鬼，你可能鬼得不得了。其实很多方面我的思维真的很简单，很傻的，用东北话讲是“傻叉”。但我始终会坚守这个，要不我不可能走到今天。

演艺圈还是需要算计一些吧？

这个圈子总体来说还是特别好，但这个圈子拍戏还是需要关系的。因为现在是经济社会，投资方都想找一个，有人气、有号召力、大家伙看着都很脸熟的演员去担当这个电视剧。你要搞一些面孔很生硬的，除非你的其他方面宣传工作做得很好，这个戏才会有些受益、才会有些影响，否则一般不会。

想过哪天自己会不火了吗？

没想那么多，我现在很知足。大姐，我跟你说，我很知足。

很多戏拍得很辛苦，却没能播出，有失落感吗？

没有，到目前有影响的都已经有影响了，我很知足了。为什么在这之前，大姐我已经说了，我已经很知足了，已经OK了，我不会去要求那么多。因为每一部戏我都很付出，都很投入，但你这个那个的并不能阻挡着观众的欣赏水平，他说好就是好，不好就不好。因为不光是观众的问题，还有影视剧的问题、还有拍摄的问题、还有演员搭配的问题，好多方面的原因，你不能去反驳的，就是这样的。

你一部戏接着一部戏地拍，最多休息半个月，为何接戏的频率要那么快？

东北男人是好脸的，就是东北男人特好面子，我是正宗的东北男人，我必须为了什么什么而去做。我不是说频繁地去接戏，我不是为了拍戏而去频繁地接，我只是说，得有点事情做。因为全国一年投放的拍摄计划有成千上万部那样的量，这上万部的戏，每一部都火，这不可能。所以你会在其他演员身上看到同样的问题，他们会去选择这个本子。但是我会看到投资方的一个诚意，导演的，或者跟我合作的那些演员，诸方面。比如，这个本子可能因为还在修改，像我们现在这部戏，导演黄立加就让我做一些调整，才构成了这部戏。这样就很好，很舒服。

你是说，你是为了面子才去接戏的?

我不是说为了面子，我只是说某些方面，因为我东北男人嘛，东北男人就好面子。但是你还要看剧本，你不会因为面子，然后很烂的戏你也去接，那不可能，我的公司也不允许。华谊也不会让一个艺人自己去接一部戏，我还需要公司，需要我的经纪人，需要公司老板说，“国强这个戏很好，对你今后有发展”。还是以公司这方面为主。

电影、电视剧、话剧三种艺术形式，你最想诠释哪一种?

每种都想尝试，只是给我时间。我希望有一天我有时间可以去参演话剧，就像何念导演这样的，那种喜剧式的话剧。现在像何念导演这样，对话剧执着追求的导演特别少。可能话剧导演我接触的上海的比较多，像杨熹微导演这样的，一直也在坚守，每一年都会搞出几台话剧来。

机会均等的条件下，你是选择电影、电视还是话剧?

还是拍影视剧，还是要去挣钱吧。大姐我说的是实话，这个不是哪个挣钱多的问题。你要去供房子、供车，你需要去给父母亲创造一些价值，去给兄弟姐妹创造一些价值，这样的。

哪一种艺术形式让你发挥得更好?

这个不好说，没有修为到那种程度。只要你认真去做一件事，总会被认可，就这样。

想尝试一下喜剧表演吗? 你们东北人是很具有喜剧天分的，比如赵本山、潘长江等。

合适机会吧，我去尝试一下。我不知道我身上的喜感会不会被发掘出来，我不知道导演能不能把我身上的喜剧天分挖掘出来，就这样。

你觉得喜剧和悲剧，哪一个更能打动人心?

两个都可以，两个都能打动人心。你看中央台的喜剧小品，很多台词都让你耳熟能详，其中的一些情节同样也会让你记住，这是缺一不可的。你不可能掰开来说，喜剧和悲剧会怎么样怎么样，喜剧同样也会有打动人心的力量，因为它不是单一的，印象深刻嘛。你让观众记住喜剧或悲剧某一个动作或情节，你不就达到目的了吗？这就够了。我们拍喜剧也好、悲剧也好，拍影视剧也好，你得让观众打开电视机看嘛，你得让观众掏钱到票房买票嘛，就这么简单。这个职业就注定你要拍这么个东西，就像大姐你现在对我进行采访一样，就像看报纸，报纸得老百姓去看一样，就这么简单，我的感觉，只是职业不同而已。

你长得很帅，有一副偶像面孔，却没见你演偶像剧？

没有，我都41岁了，姐啊！

你为何不演偶像剧？对偶像剧如何看？

已经到这个年纪了呀。是，我长得很年轻，但我还是演些好剧本吧。不是说我不能演偶像剧，不能演某一类剧，只是我可以尝试更多的戏。偶像剧是时代的产物，就像我去麦当劳，你可以去点汉堡，你可以喝咖啡，你可以去吃冰激凌，你可以去吃薯条，你可以喝可乐，就这么，很简单，自己选择的地方多了就是。

你说过不太想演古装戏，要演就演丐帮帮主，怎么这么逗呢？

逗吧，就是逗嘛。我没有尝试过古装戏，我不知古装戏是什么样的，但是目前我想多做一些尝试，还是希望自己走好每一步，就这样。丐帮可以去尝试，原因就是，我很现代，我穿这样的衣服，我浑身上下都名牌，如果突然换了邋遢的衣服，破破烂烂的衣服，一定很好玩，我只是想着很好玩。以后我会去演一个帝王、皇帝之类的，只是这么想。

你好像比较偏爱都市剧？

就是因为拍军事题材拍多了，我想转一下型，大姐就这么简单。

没考虑过演历史剧吗？

有合适的机会吧。《常隆基》不是历史剧，它是近代的，新中国成立前四几年的故事。

你说过最想演反面角色？

遗传嘛，我爸是经常在舞台上演反派的，反派一号。这是遗传，这真是遗传，我说不清楚。具体我怎么最想去演反派，我也说不清楚，就是遗传。

反派和正派，哪个更好演？

都还好吧，看你怎么去演，看你怎么去塑造。《末路天堂》中的刀龙还好，还好。当时江苏卫视买断两年，其他卫视台不能播，当播出时你完整看一下。

采访到现在，我发现一个问题，你善于做，不善于说？

对，戏是演出来的，不是说出来的。

其实你的口才并不差。你最想演什么类型的角色？最擅长哪类角色的塑造？

什么角色我都想尝试，对，多元化。没有，正因为我什么角色都想尝试，恰恰说明我不是什么都是特别擅长的，我都想尝试。

你选择剧本有什么标准？

在语言对话中，能真正打动我的，必须打动我的。

想跟香港演员合作吗？

目前没有，我的公司会为我安排这些，我还没考虑。我会走好每一步，我现在是要走好每一步。

你是如何进入角色的内心世界，又是如何抽离出来的？这个过程中你的收获是什么？

没有大姐，刚才你已经对我有一个评价了，我是属于那种我能演出来，但说不出来的演员。怎么进入角色我实在是说不出来，就是凭感觉，我得做功课、我得看资料，就这样。没有收获，我的收获就是老百姓见了面说，“哎呀，你演的是迷龙吧，你是迷龙吧，你是高连长吧，你是陈大雷吧”，就OK了，就这些收获。大姐你说我还有什么收获，我自己说我塑造角色怎么样，那没有用呀，就是我演来演去，我走到大街上，得到他们的认可，就OK了。

你对演员职业有怎样的认识？

很辛苦，你要付出很多很多，就像张国强我现在是明星了，我成名了，但这些成功来源于我身上大大小小的伤疤和我所受的这些伤痛。这是一步步得来的。你风平浪静的演一个角色你就可以得到这个吗？那是经不起推敲的，可能是一个大浪就把你拍在沙滩上了，就像小品台词中说的一样。就这样，你只要付出了，就会有收获，这就是我的感觉。

为这个职业可以舍命？

倒不是说舍命，而是说，到目前为止我可以去为它付出的一个职业，就这样。

也就是做好人演好戏？

对，做好人演好戏，我的手机上都是这样的话。

你的演绎风格怎样？如何形成的？

我不会去想我的演绎风格是怎样去生成的，我没有，我从来不想。我只想我每演一部戏，我能按剧本赋予这个人物的要求，我去完成了，然后得到老百姓的认可，这就是最大的成功。我还要去解释我怎么去演，这个没有，他们认可就OK了，他们不认可就证明你是失败的。我没有，姐我从来没有说我自己的风格是怎样的。每演一个角色，你喜欢就喜欢了，不喜欢就认为我失败了，OK，我从头再来，就这样。我必须让角色得到认可，拍出戏来还是给观众看的，电影院也好，电视机前也好，就是给观众看的，就是这样！

你似乎说过，目前中国没有哪个男演员所有的角色都被观众记住，你想成为这样的演员，敢于第一个吃螃蟹的人？

我没有说过我要成为第一个吃螃蟹的人，我只说演员这个职业，我走到今天，我从拍这个戏开始，一直到今天，我塑造的每个角色观众能认可

就OK了，这就成功了。我不会去要求，我没有更多的要求，我的职业就是我每拍一部戏，我努力达到观众能喜欢，能记住这个角色，走到大街上能叫出这个名字，这就OK了。

你说过“不想当主角的演员不是好演员”吧？

我可能说过类似这样的话。好演员其实是一样的，努力在向上，不抛弃、不放弃，去演好每一个角色，没有什么大的差异。为了这个职业，我们不是养尊处优，不是不思进取，我们总得向上走，但向上走就是，你每走一步是不是扎实，就这样，

你最想跟什么样的导演合作？

康洪雷导演，康导那样的。包括黄立加导演，就是我现在这部戏的导演，他也是东北人。那种谈吐、那种幽默、那种风趣、那种放松，感觉到他不是导演，只不过导演是别人灌输给他的，就是那种让你太舒服的感觉。他不是以一个导演的姿态在跟我做交流，他是以黄立加的身份，在跟

我做交流，这样的导演是让我最喜欢的，这样才让我感觉到，“哎哟这是兄弟”。我们之间没有任何瓜葛，只是我们从事自己的职业，你是导演我是演员。我感觉还是融洽的，就这样。

你最欣赏的导演有哪些？

康洪雷导演，只就目前合作过的导演，我可能跟其他导演没有合作过。哟，还有冯小刚导演，他的《唐山大地震》。现在康导没导电影嘛，小刚导演是从电视剧然后做电影。他们俩身上有共性的东西，就是那种认真、那种敬业、那种执着、那种小的细节。就像这烟灰缸，为什么烟灰缸是空的？还有从这里面的烟灰，就可看出你是烟瘾多大的一个人。他们俩都属于这样的人，每个小细节都关注的人，搏命的人。这两个导演是搏命的人，一个是康洪雷，一个是冯小刚，可以用自己的生命去付出，为这部戏付出的人，所以他们作品大家才会喜欢。冯小刚每导一部贺岁剧，包括我们拍的《唐山大地震》，现场嗓子都已经喊出了音了。康导是每时每刻都跳跃在现场各个角落的人，他不仅跟演员交流，摄影部门、灯光，场工他都去交流，这样的人才会有魅力。你想想，这么丰富、这么个性鲜明的人能让大家印象不深刻吗？他拍出的作品能不让人接受吗？这就是我最欣赏的两个导演。

最欣赏的演员呢？

演员我笼统地说都很好，你不能说单欣赏某一个演员，因为大家伙都为这个职业在去做。你不能说某一个演员会怎么样怎么样，但是我目前为止欣赏的两个导演应该是康洪雷和冯小刚。

最想跟哪类女演员合作？

给我感觉好的，能碰撞出火花、让我很欣赏的，那样的。威葳是一个，其实每一个女演员都特别好，但是女演员当中也会有一些差别的。这种差别，是我的理解，不是他们的理解。我认为这个女演员，我是按我的标准去衡量，“哎哟，你投不投入，我从你的眼神已经看出来了”。我对那些很投入、很激情的女演员，没有任何杂质的女演员，我才会感兴趣。威葳是一个，我始终都想跟小陶虹合作，本来这个戏演我妹妹的是小陶虹，但还是没有合作成，我希望以后能合作成。

你特别想跟小陶虹合作，为什么?

对，就是因为她的戏很好，有我很欣赏的一面。其实这部戏里也有很多演员，但每个人心目当中都会有一个偶像，我心目当中也有一个表演的偶像。即使我是一个表演工作者，一个艺术工作者，或者一个职业演员，我也会有一个心中的偶像，我会想着跟她合作，了却一下心愿。要不总会惦记着，我会跟她在某一部戏中擦出怎样的火花，我会怎样促进这个戏的发展，等等。

小陶虹是你的偶像?

对，我的偶像，就像康导是我的超级偶像一样。

在戏中与女演员投入地相爱，会影响你的个人生活吗?

那不是戏嘛，姐姐。我还好，我演戏很投入，很投入的。有很多人戏如人生，但实际上还是有差别的，有差别的，有差别的。你只是在某个特定的时间，比如一两个月内你要拍一部戏，你要去还原这种生活，才会投入进去，但其他时间的生活你还要归为你自己呀。哎哟天哪，如果你要像每一部戏你演出的那样，我的天，我们怎么活呀，姐姐。这话怎么说，姐姐，这话题跑了，我们不谈那个，我张国强是个男演员，然后塑造一些很阳光、很男人的角色，就OK，我很知足了。

最喜欢的电影、电视剧有哪些?

《激情燃烧的岁月》，康洪雷导的，《历史的天空》，高希希导的。最喜欢李雪健、陈宝国、陈道明等演员。张艺谋、陈凯歌两个导演都已经见过面，包括在此之前张艺谋导的《金陵十三钗》，他通过副导演找过我。这些演员和导演都想合作。

今后有什么打算？

一步一步走吧，没有专门去设计。当然每个人都有对明年的一个展望，或者一个计划吧，我是走好每一步，过好每一步，这是最重要的。

据说《士兵突击》中的演员会有第三次合作？

我不知道有第三次合作这件事，但我还是希望我们兄弟之间会有一个更好的合作。我希望在不久的将来，或者一两年之内我们会有第三次合作，《士兵突击》中的兄弟再聚在一起。即使这些兄弟不能全部聚到一起，但有一两个，或两三个演员聚到一起，也是很满足的。思诚的《北京爱情故事》我不知道，我没跟他通过电话。

用忠义的力量滋润纯净的心灵

我最大的缺点是重情重义。虽然我今天成名了，现在是明星了，我也不会有更大的改变。你连孝关都过不了，你怎么过其他关？理想的爱情是相扶到老。她们都很了解、很支持我，这就是影迷的一种大爱。她们付出真感情，我也付出真感情。所有的礼物都会让我很感动，用心换心，用心交心，才会长久。我每时每刻都会关注“幸福时光希望小学”。

生活中你是怎样的人？

很随性，大大咧咧的，有什么说什么，这样的人。我挺喜欢玩的，但因为年纪大了，不想那么去张扬了，只是想去拍好戏，就这样。

你最大的优缺点是什么？

我最大的优点是我的执着、我的认真。我最大的缺点是重情重义吧，有时候这也是一个缺点，重情重义也是一个缺点，就是你太实在了，或者太纯粹了，就那样。

有什么样的业余爱好？

乒乓球、健身、游泳、看碟。

喜欢跟什么样的人交朋友？

真诚的，合得来的。

男性朋友多还是女性朋友多？

男女朋友都很多，这个不是单一的，不是说你是男人你就要交男性朋友，女性朋友就不能交了吗？或是有了什么障碍？因为都是朋友，见面大家打招呼，或者去喝酒吃饭太正常了，如果我们连这道防线都丢失了，我们就会变成很中性的人物。你会变成，“哎哟，畏头畏尾的”，你会龟缩在一个角落里，然后统称为中性人，而不是男性或女性的问题了。

东北男人好像有些大男子主义？

大男子主义我不知道，这个大男子主义不是指东北男人，其他地方的男人就没有大男子主义了吗？但是话又说回来，我只是说这个得就事论事，大男子主义怎么看？什么叫大男子主义呢？武断、专行、专横、蛮横？大男子主义只是过去某一个时期的一种评论。东北男人我认为最大的特点就是：豪爽、直率、认真、直接、义气、勇敢。真是这样的，东北人他就是那样，真是一方水土养一方人，这是不容置疑的。

你的脾气好不好？

我脾气不好，有时候会发脾气，在拍戏现场。但是这种发脾气，其实我是这么想的，大姐。每个人都有个性的东西，你想发脾气时，恰恰因为你某一个职业或某一些事情制约着你，然后你把你个性的东西压制住了，这个时候恰恰让这个演员心里会有一种躁动，会有一种不安，他总是在压抑，想发脾气，但又不能爆发，时间长了，就是一种病，就是你释放不出来，你积压在心里，然后你爆发那一天你会出大问题的。所以你该发脾气你就要发，这才构成一个人。人连喜怒哀乐都没有了，怎么能构成一个人？你老是脾气好，这种人是有，但时间长了还是有病。该是怎么样就怎么样，生活当中一些细节注意到就是了，比如不能随意吐痰，但是你该发脾气你还是要发，你干吗那么制约自己、限制自己呢？

你跟朋友在一起吃饭经常“买单”的？

抢单，跟朋友在一起吃饭经常“抢单”，按东北话来讲就是“装”了。哎呀，装作我很有钱。过去我请他们吃饭时，这是很早的事了，其实我没钱，我都要借钱去请大家伙吃饭，是这样的，穷装了，东北话讲是“穷装”。

就是“打肿脸充胖子”？

不是，从另外一方面讲就是，我不知道怎么会有这样一个行为，感觉就是装吧，装吧。大家伙都不容易，我比他们挣得多，其实那时我还没拍戏，有戏拍也很少的，但感觉挣得很多，我有钱。其实我跟其他人挣的钱可能是一样的，但是我总会抢着去掏这个钱。别人可能不会掏这个钱，但我会掏出来。

为什么要去掏这个钱？

不知道，傻嘛，他们会说“傻叉”，他们骂张国强是“傻叉”。他们倒不会骂很脏的话，因为我已经请他们吃饭、请他们喝酒了，他们再骂，那已经天理不容了。但他们会，说白了每个人有着自己的小心眼，明明我有烟我不掏出来，我有钱我不掏出来，就这样。但是张国强就没有，我有烟我掏出来发给大家，我有钱大家一起花，我有钱我会提前去买这个单。

会有人说你坏话吗？

会有人说我坏话。就像一个戏出来，比如《我的团长我的团》出来后，有人说好，有人说坏，比如《我的兄弟叫顺溜》出来后，大部分人说好，一小部分人说不好，就这样。允许的，我允许每个人，就是我对别人好，不代表别人必须对我好。我看了很多书，书上说，你对每个人好，不见得每个人必须要对你好。这话给我很大的一个启示是：我对每个人要

好，张国强你必须要对每个人好。直到今天我还没有想通这个道理，但意思我是明白的。

其实你也很精明，要不也不会走到今天？

没有，大姐，这只是我的一个感悟。我现在可以侃侃而谈跟你说，因为我接受媒体采访太多了，可能我会有一个套路的东西。但是我今天跟你说实话，我完完全全说的是实话，只是有些很隐密很隐私的东西，我不会去说，我大部分说的都是实话。每个人走的路径不一样，我只是按我的方向去走。我的家教很好，我的爸爸妈妈是很好的人。虽然我今天成名了，我现在是明星了，我也不会有更大的一个改变。改变是有的，变化是有的，因为你是明星，你是公众人物，你受关注了，你走到哪个房间，你进房间时，服务员都会找你签名，要求跟你去照相，这些我都会答应。但是你会感觉到，哟，还是不自在。

你是一个很孝顺的人，你对孝道是如何理解的?

你是爹妈生的，十月怀胎，把你生下来，一把屎一把尿地把你带大，从上幼儿园，小学、中学、高中，一直到上大学，他们每一天都在付出。儿行千里母担忧，现在我把家搬到上海了，我收拾行李时，我整理了7个纸箱，我只有衣服，没有大的家具。有一天我大姐给我打了个电话，发了个信息，“爸妈很伤心很生气”。我说，“怎么了？”她说，“你连袜子都带走了。”你想想，你已经40岁了，你还是爸妈心头那块肉。妈妈怀孕时你是胎包，你从胎包时起你就是妈妈的心头肉，然后你出生一直到40岁，你依然是妈妈的心头肉，这是父母的爱，这种现象可能会很少见。过去有一句话：棍棒下面出孝子。按现在的说法，棍棒只能打出逆子，因为他会反叛。但是我认为，在那个年代，在很舒适的那个年代，可能爸爸妈妈挣那点工资养一大家子人，4个兄弟姐妹，就会很知足了。但是到今天为止，我知道爸妈对我，我40岁了，他们依然对我有一个牵挂。虽然我已经把他们的房子都处理得很好，但他们依然很爱我，我知道这里面有浓浓的感情。

你每年春节回去都给父母磕头?

是，我每一年春节回去都要给爸爸妈妈磕头，就像我博客里说的，真是每一年回去我必须的，即便我现在有儿子了，我也一样磕头，每年都要去磕头。因为孝字为先，就是说张国强为什么这么传统，就是因为这样。你爸妈给你养育之恩，你连爹妈这一关你都过不了，你能过其他关吗？你连孝关都过不了，你怎么过其他关?

你对下一代也是很具有责任感的?

是的，一切顺其自然，我只是一切顺其自然，前提是我们都离不开这一个爱，这个就够了，包括对父母亲情这一块，包括我的姐姐，我的哥哥。我大哥现在没工作，我二姐也没工作，我大姐自己开饭店，我都会去关心，我都会去想，我张国强好了，我一定要帮助姐姐哥哥让他们过上好日子，他们会感觉很幸福，是这样一种东西，这样才组织一个完整的家。而不是说，张国强成名了，成明星了，然后抛开亲情这方面的东西，没有，我没有。所以我到今天为止，大姐我跟你说，张国强我到今天，这是我的一个心声，我估计这也是其他成名的那些演员的心声，就是我们太辛苦了。我们要想的人、考虑的人太多了。因为在这之前，成名之前很多演员都吃过很多的苦，那么多的经历走到今天，有一些经济收入了，取得一些成绩了，可以办一些事情了，他们更多的想到的是家人，帮家人去做一些事情，给爸爸妈妈解决后顾之忧，帮助姐姐兄弟姊妹这样的，我相信所有演员都是这样的。亲情责任感是不会丢掉的，就这样。

你心目中理想的爱情是怎样的？

理想的爱情肯定是相扶到老，但这个过程是经得起考验的，你得要去坚持的。我说的这个坚持是，其实过去到今天为止，好多婚姻也好，或者其他方面什么的也好，是需要双方共同去维系、去坚持、去走完的。互相去包容，两个人之间是需要去包容的。但这包容你怎么去理解，怎么才能达到。比方说张国强现在成名了，你怎么达到你过去未成名之前那样的状态，这就是一个心态的问题。理想中的爱情也好，或者成名前后你会怎么样也好，其实这就是一个心态的问题，你心态泰然处之了，你知足了，你满足了，就OK了。这也得靠自己，这没有什么经验之谈，就看你每一天是怎么过的，这是没法预测的。

有很多的女性影迷都很喜欢你？

她们都很了解、很支持我，这就是影迷的一种大爱，就包括腾讯的这种投票，这个是完全做不了假的，你一个ID地址只能投一票，一天24小时只能投一票。我的影迷们每天除了工作和学习之外，她们就在网上去投票。你想想，那是什么样的一种支持和力量，我特别感动！

你对她们有什么话说？

她们付出真感情，我也付出真感情，就这么简单，相互的。

他们送你的哪件礼物最让你感动?

所有的礼物都会让我很感动，因为他们考虑到方方面面。我是不太爱修饰自己的人，他们会给我很多的建议，寄来很多的名牌衣服，他们知道我年纪大了皮肤也不是特别好，他们会从全国各地、世界各地寄来化妆品。他们会突然从某一个节目当中知道你状态不好，他们会给你很多很多鼓励，发一个贴子就特别让我感动。尤其这回腾讯这个投票，他们真是太让人感动了，太感动、太感动。这不是什么回报，你怎么回报他们？我只是说，张国强在之前怎么样，对影迷怎么样，还是怎么样。影迷对我怎么样，我还是对他们怎么样。这是相互的，这是相互的，这是用心换心。我还是那句话，用心换心，用心交心，你才会长久。我会感觉这是一种动力。

你对“幸福时光希望小学”是怎么看的?

感动，我也捐了，我已经捐款了，我是以匿名形式，我不想给人感觉是不是在炒作。这也是长久的一个事情，而不是一朝一夕的，只不过说你可以挂在心里。但是它让我知道，一个艺术作品，一个影视作品，也能产生这么大的力量，让影迷成立了“幸福时光”这么一个组织，从互不相识到认识，就像姐，咱俩是互相不认识到认识到聊得这么投机一样。影迷之间全国各地都互不相识，到这个影迷从北京到上海到海南，都有海南的影迷去接待他们的会员，哟，终于见面了，这是所有的影迷都想不到的。他们想到从出生到现在到今天，长到二三十岁，甚至更老，有过这种感受或体会吗？没有。是因为一部作品让他们相识相知，他们无形中，不知不觉中在全国各地都有自己的朋友，这是谁也没有想到的。就像我张国强一样，我从来没有想到我在全国各地、世界各地都有了影迷，这种人气，这是最让人开心的。幸福时光希望小学我很关注的，他们所有人，包括组织人把每笔账或者每一个预算，甚至小学的选址都会告诉我。我会跟他们说我每时每刻都会关注这件事，我说需要七哥的地方告诉七哥，发消息给七哥，就这样。

陈思诚：在思索中成长

他经历曲折，因冲动打架被上海戏剧学院除名；他天资聪颖，初涉银幕即获百花奖“最佳男演员”提名；他个性独具，竟对深爱的演员职业产生怀疑和动摇；他才华横溢，擅长作词、作曲、写歌、唱歌；他志向高远，写剧本、做导演立志拍出自己的作品；他心地纯良，无论父母朋友还是普通影迷都深具爱心和责任心。

青年影视演员陈思诚，有着同龄人所不具备的经历和阅历，也有着同龄人很少具备的才气和锐气，更有着同龄人难以具备的责任和担当。是怎样的力量支撑他走到现在，是怎样的坚持促使他从不放弃，是怎样的信念铸就他远大的理想？2008年11月18日下午，广州黄埔区一家咖啡店，他和我促膝交谈，平和的微笑、沉稳的语气、理性的阐述，无一不在昭示他已经——在思索中成长。

跌倒了再站起来，失败了从头再来，稚气总会走向成熟。有的是聪明才干，有的是思想睿智，有的是知识丰沛。只要三思而后行，但凡锋芒潜于心，必定水到自渠成。如同早晨八九点钟的太阳，那么地朝气蓬勃、那么地斗志昂扬、那么地喷薄欲出！

以新的起点面对荣耀

《士兵突击》绝对不能当作一个高点，只能当作一个起点，应该是起跑线。只要用心去做，老天早晚会给你一个机会。真正积极的人永远是这个社会的中流砥柱。我是具备历史责任感的，而且我个人的偶像是邓小平，我最佩服他敢为天下先的勇气和在逆境中的崛起。

《士兵突击》当初你想演许三多？

对，我觉得每个人可能一看剧本，都会想演许三多，这种感觉一开始都会有。毕竟是男一号，以他的故事为主要的一个脉络来写，而成才在原剧本里完全是作为反面教材，反一号的形式来写，最后通过自己的塑造有一些改变，就是成才身上的改变，但是并没有完全把他……他是这部剧里所谓的有缺点的人物，其他人物好像缺点都不是那么明显。所以一看剧本，大家都会想演许三多，我也是这样的。

觉得自己跟许三多像吗？

我觉得每个人刚一开始看剧本，都不会特别的理性，我相信我也能演许三多，但肯定的是我塑造出来的许三多不会是现在这个许三多，不会像王宝强演过的这个。每个人最后演绎出来的都有不可取代性，你们认为许三多已经是王宝强这个样子了，才会想我跟许三多像不像，因此我现在也没法演许三多了。但是如果许三多没出现的话，或者许三多一出现就是我这个样子的话，你们就会觉得我跟许三多像。

这个剧本是你推荐给康导的？

兰晓龙这个剧本是几经其人，几易其手，几个导演都想拍。其中有一个长影厂的导演，03年就想找我演许三多，把剧本都给了我，可是“非典”来了，这个剧组也就停了。后来我跟康导合作《民工》，就把这个剧本推荐给他，其实他已经看过这个剧本，因为在此之前有投资方找过他，但由于投资量比较小，他觉得没法将拍摄要求呈现出来，所以就没拍。《民工》拍完后，2004还是2005年的某天，他突然对我说他要拍这个戏，当时我也特别高兴。因为我知道这是特别好的本子，很少有剧本能让我看到，第一是不忍释卷，一口气把它读完的；而且在读剧本的过程中，能把我感动得泣不成声的。记得我看到七连解散，许三多一个人留守七连时，自己就感动得泣不成声。

看剧本时想到自己会演成才吗？

没有想到，很多事情其实就是一种命运。有一个演员叫黄海波你知道吧，我当时看完剧本后就给他打了个电话，我刚跟他拍完一部戏。我说有一个剧本中的角色挺适合你，就是成才。我认为他那个形象可能更适合成才。如同一千个人心中就有一千个哈姆雷特一样，由于剧本没有对许三多真正的外形有特别多的描写，所以每一个人看剧本的直观感受和他所臆想出来的角色形象是不一样的。而作为我们演员来说则很主观，就是特别希望自己喜欢的角色都往自己的气质和身上靠。因为我不像王宝强更接近本色一点去演许三多，他的经历、他的个人气质更靠近这个人物形象，我是需要去扮演的，包括成才。我的经历跟成才是不一样的，我没有他那些经历，我不是个农村人，我是一个从城市长大的孩子。我觉得我演得还算是成功的，因为大家认可了，大家相信这个人了。不管喜欢也好、骂也好，褒扬、赞扬也好，对我的工作其实就是一种认可。至于这个人物给大家带来的东西，那是见仁见智，不过是影迷的一种感受，完全不是一种理性的分析，不是一个专业工作者应该具备的感受。

最后成才怎么落到你的头上？

因为剧组找我演许三多这个人物，所以我就希望黄海波演成才。我觉得海波身上具备一些狡黠的东西，而且在我的感觉中，他的气质还有一些挺跋扈的地方，跟成才接近。但康导考虑的是让我演成才或伍六一。其实这两个人物是完全不同的，可他认为我都具备这两个人物的特质，比如伍六一的“拧”。《民工》是我跟康导第一次合作，我演的是农村那个打工仔，他身上就有很多伍六一那种东西，倔、拧、一根筋，我身上也有这种东西，好听一些叫执着。康导看到了我这种品质，也看到了成才一些东西，他让我在这两个人物中选。我说我演成才。成才这个角色富于变化，对演员来说具备挑战性，伍六一相对单线条一点，对于一个表演任务来讲并不复杂。所以李晨他们都比较想演成才，这个人物前后变化落差特别大，特别考验一个演员的功底和表演的能力。

大家觉得你跟成才很相似？

这只能说是对我的一种褒奖。其实生活里我一点都不像成才，我不知道你跟我聊天后对我的感觉又怎样。因为每个人对人的感觉都特别特别主观。我发现一个道理，尤其在这个行业，没有一个人能被说是好的，往往越走到高处就越有争议。

塑造成才这个人物有困难吗？

我觉得没有困难。最大的困难就是，第一我需要在语言上向王宝强去靠近，第二我需要在年龄感等各个方面向他靠近。因为说实话我一直强调自己在演。我不像宝强他有农村的经历，而且他的经历更接近许三多。我的经历跟成才完全不一样，我是一个城市的孩子，然后考上了戏剧学院，大学毕业。所以我必须去演。但我又特别能理解成才身上的那些所作所为。只要是我能理解的一些东西，我都不难给它展现出来，或者说只要是我的血、骨子里具备有那些特质，我都可以给它展示出来。

成才给你最深的启迪和感悟是什么？

我觉得成才这个人物在我的骨子里已经没法摘除了，他算是一段经历，最重要的是他让我认知了演员这个职业所应具备的东西。不光是这个人物，还有王宝强演的许三多，让汶川大地震中的一个孩子坚持了十多个小时，他唯一的信念就是他相信许三多叔叔会来救他的，《士兵突击》参加金鹰奖后，有一个班因为这部剧而提高了升学率。诸如此类这种社会的反馈，以及我参加的一些论坛、访谈，很多商人，包括我很喜欢的那些商业领袖，比如王石，《命运》中我扮演的就是王石这个人物原型，我很喜欢王石。这些人都对《士兵突击》有各自不同的见解。我才发现，一部艺术作品能达到雅俗共赏的地步，让不同阶层的人都能汲取到不同的营养，然后又充实回自己身上，得到一些力量，这应是一部艺术作品的至高境界。我才发现，我们演员所承担的社会责任原来是如此巨大，演员还能具备这么大的一种承担感、一种责任感。从此，我想我要么不拍戏，要么就把每一个角色都塑造好，我不会让自己带着遗憾来做这个工作。这就是成才这个角色带给我最大的改变。

拍这部戏时想到会这么火吗？

我跟他们都聊过这个问题，因为这么多年来也具备对一个好剧本和它未来市场一定的判断力吧。这个剧本的确是一个特别好的剧本，我们想到这部戏会好，但没有想到它会好到什么程度。当时我们怀疑这样一个没有女演员、没有儿女情长的戏，女性观众会不会不爱看，没有想到女性观众竟是如此地热忱，这是我们始料未及的，说实话。

这么一部好戏却没有在央视播出?

艺术作品永远没有绝对的对与错，但有高与低。没有谁说文第一、武第二的，没有谁说我的文章就是老子天下第一的，这是不可能的。很多东西都有人说喜欢不喜欢，包括再好的演员、再好的文章。李白的诗都有人敢骂，鲁迅先生也有人骂。我们这个行当没有一个绝对的价值，就像一幅画一样挂在那，我说它值钱它就值钱，我说它不值钱它就一文不值，就这么简单。它是特别唯心的一个东西，完全从自我出发。不像黄金，有一个公允的价值，或者像一个数学定理和一个论调一样。它不是那么清晰的东西。所以当时我们卖片子时，也有电视台、卫星台不收的，现在这件事已经沦为笑谈了。就刚开始时，有两三个电视台将片子退回给我们制片人，理由是这个片子形式大过内容。后来每一个退回去的这些人，全部都找回来要播。因为这个片子火了，因为这个片子得到社会的认同了，大家都喜欢了。这确实是一个特别荒诞的现象。其实也不是荒诞，就是说，每个人抱着不同的眼光、抱着不同的心情，看待不同的艺术作品，然后他们会很武断地给这部作品去……但真正好的作品是不会被淹没的，好的作品是能够得到社会的一种认同，如果有条件有机会的话。当然有些好的作品是一直被淹没的，得到认同的好作品才会觉得有价值，就这么简单。

这部戏成功的秘诀在哪里?

一部作品之所以成功天时、地利、人和都不缺。首先从兰晓龙的剧本来说。这部作品他卧薪尝胆六年写出来，夹杂了他30多年的人生阅历，是他厚积薄发的一个呈现，凝炼了他自己对人生的很多感悟。他从戏剧学院毕业后分到北京军区开始写剧本，下到许多部队体验生活。大学生活和军人体验等诸多复杂的因素促成了《士兵突击》这部作品。他不像完全从基层上来的，基层上来的可能不会那么华彩，但是《士兵突击》具备了很多戏剧那种华彩的东西。因为兰晓龙在戏剧学院是学舞台剧的，如果是从戏剧学院直接去写部队，他少了很多生活，少了很多切身实际那种体验。所以像这种特殊经历呈现出来的作品，才会呈现出《士兵突击》这个东西。剧本非常成功，又碰上康洪雷这样的导演。康洪雷是一个很有情怀的人，他看到这部作品，就很懂得这里面的精神在哪里，所以他才懂得取舍，才会选择这些演员。这些演员如果王婆卖瓜的话，我觉得始终会是我合作过的最和谐的一个剧组。我相信你采访《士兵突击》那些演员，有一个算一个，大家都会对拍《士兵突击》那段岁月非常怀念。那是终生难忘的一段记忆，那段记忆很单纯。没有女孩，全是男孩，有点像军营，有点像少林寺，又有点像戏剧学院，是一种很复杂的感受。但大家一团和气。我们人选得也特别奇怪，没有一个所谓的坏人，都是很好的人，一帮很正气、很正义凛然的汉子，都很坦诚地来面对这个工作。老段、李晨、佳栋、国强、张译都属于很有能力、却都被一些东西所掩埋的演员，大家境遇都不

是那么舒展。然后所有的人在这部戏里都得到一次爆发。我觉得这也是一种冥冥中的注定吧，上天看到了他们这些人，他们应该做成这样一件事情。不是说上天眷顾机会，只要用心做，上天早晚会给你一个机会。我觉得做人做事一定要对得起自己的心。

康导选演员不看重名气?

康导眼里没有名演员与无名演员。今天中午我们在吃饭时，简单地聊了一下，我觉得只有外行或者投机商人才会选择所谓的名演员或者怎么样。因为名演员当然首先吸引观众的眼球，但那个名演员呈现出来的作品却一无是处，是一个收视率很低、很差的东西。实际上很多东西并不由名气所决定，真正好的作品只有合适不合适，没有没名或有名，这是专业跟非专业的区别。而康导是只选择最合适的。

《士兵突击》具有怎样的现实意义?

具有非同寻常的现实意义。青年一代，尤其是80后这帮年轻人，大都有信仰危机。因为中国不是一个信仰为先的国家，包括现在的教育方针路线都是物质的倾向，大家越来越物质化了，都明白了物质生活的重要性。所以在这样一个飞速发展的时代，全世界的目光都在认为中国是以奇迹行走的时候，我们自身、我们的精神家园却的确没有得到相应的提高。我们物质生活不断丰富的同时，我们精神领域确实给抛在后边了。在这个时候有这样一部戏，虽然是在部队这样的环境，但是讲了很多人生的道理，特别地浅显：不抛弃、不放弃。他说的就是前面我跟你说过的：只要你用心去做，老天早晚会给你一个机会。但真正在这个世界上，我们都会被同化得很厉害，大家都好像是……就在前两天，因为我很喜欢看书，你看我开了一个车，我在候场的时候，我就会在车上看一些东西。前两天我看《庄子》，于丹说的“百家讲坛”。现在很多人都被框在一个境遇里，难以去突破，那些民工和打工的孩子，每个月赚几百元钱、一千元钱，他们觉得生活就是这样的，很少有那种化茧成蝶的勇气，很少有突破自己的那种东西，很少有人停下来问问自己，心里真正想要的是什么，我的快乐到底是源自于哪。而《士兵突击》这部戏可以让很多人停下来去想一想，他们会拿不同的人物跟自己对照。包括很多人拒绝成才，其实成才代表了这个社会上很多人，刚一开始的急功近利，为达到目的不择手段。但是成才身上有很多大家应该去学习的东西，比如他的目标清晰明确，他看准了一个目标会不断地去争取，这种心理其实是现在这个社会上很多人所欠缺的，真正积极的人永远是这个社会的中流砥柱。这个社会大部分人还是消极的，大家消极地生活、消极地存在，说得不好听就是混吃混喝，但是没办法，这就是人，这就是社会主要的结构。社会构成就是金字塔型的，顶尖的人永远是少数，精英阶层很少，大部分人还是混沌的、浑浑噩噩的，相对来说。

这部戏对你的人生观、价值观、世界观有怎样的影响?

最主要的是我对演员这个职业的重新认知。我这一两年觉得自己成长得挺快的，因为这一两年对我来说，是人生的分水岭吧，很多东西是这一两年决定的。当然我现在还不够绝对的成熟，因为我还受到一些影响、受到一些裹挟，主要是自己的心境还是被一些所谓的世俗的东西所干扰。其实很多道理我自己是明白的，但是你自己真正能不能做到完全不被他们所干扰，这却是一个特别难的问题。我希望以后能越走越好，就是以后完全能做到自我，明白自己想做的事是什么，然后安安心心地只做自己的事情，不受到那些纷纷扰扰的、那些很浮华的东西所影响。这是我要追求的东西，因为只有沉下心来才能真正拍到好的作品，这种作品也才能真正影响到后人，并且给人以启迪。那些浮躁浮华的东西都是很表象的，都是很浅显的，都是很容易灰飞烟灭的。所以我觉得从《士兵突击》开始吧，我自己这两年成熟得很快，这是一件挺好的事。如果说它直接给我一个特别大的感受，也没有，它跟我生活中很多东西是联系在一块的，我的变化不会像宝强那么明显，也不会像张译那么明显。因为在《士兵突击》之前我就有很多戏在拍，《士兵突击》之后说好一些也没有好到哪去，所以我的变化不会像他们显得那么大、跨度那么大。

他们的变化指的是事业和生活?

对，事业和生活，他们的变化一定比我大，他们所受到的影响一定比我大，更五味杂陈一些，所以他们面临的一些取舍可能也会比我多。我所要面临的一些问题是以前就有的，《士兵突击》后更清醒了。往后看吧，我一直跟哥姐们几个说，《士兵突击》绝对不能拿它来当作一个高点，应该而且只能当作我们的一个起点，我们要以此为契机。《士兵突击》是我们的起跑线，号令枪刚刚打响，我们起跑也刚刚开始。我们彼此间的友谊很重要，但彼此间也开始较劲，在不同的戏里，在不同的路上。到底谁以后走得更远更高，用时间来证明，我希望我们相互激励。

自己没有太大改变?

没有什么太大改变，我觉得我还是我自己，我没有觉得所谓的红与不红。因为以前我也做过一些节目，也有在马路上让别人认出来的经历，不是《士兵突击》这部戏，是别的戏。现在可能识别度更高了，认识你的人更多了，但是这个东西并没给我带来更大影响。我并没有觉得他们认识我，我就很高兴，我觉得我还是我自己。我们总是在寻找自己，说实话。我跟他们说，如果两年后你见到了我，还跟我聊《士兵突击》，那就是我的失败。两年后我希望有新的作品，我们去聊别的东西，《士兵突击》已经成为过去了，那才是我要做的东西。

之后你好像不再拍康导的戏了?

康导的戏本来要演的，但是因为我去拍了一部电影，那部电影对我来说更具有挑战。我觉得跟康导已经合作了两次，生活中已经特别熟，我再跟他合作，只能是再往深度去挖掘一些。但是我跟这位导演的合作，是我没经历过的一次体验，他让我在宽度上有扩展，包括这个角色本身。而且这个导演我也很喜欢。我拍完这部戏回家还跟我爸妈说，我们不管这部电影未来取得怎样的成功或者压根就没有声音，或者《我的团长我的团》

特别火，但就我个人来说，拍了这部戏，我所得到的一定比我拍《我的团长我的团》得到的要多得多，不是从社会给我的，完全是从自我出发的东西。所以我觉得我们这些人，在这个社会上面临一些选择的时候，就需要你真正地问自己，你究竟从哪个角度出发。因为现在有些作品，它可能给你暂时带来的东西会比较多，会得到很多社会关注，宣传会很多。特别是偶像剧，拍这种戏可能会很讨巧。或者拍这部戏会赚到很多钱，当时确定的利益会很多很多。但是从长远的角度来说，它能给你带来什么？或者另外一部戏你可能看不到它带来的这些东西，但是它能给你很多帮助和启发，你到底该怎么选择呢？我们每个人都会面临这种选择。这个时候你会听到周围不同的声音来告诉你，你该怎么做？你该怎么做？你该怎么做？到后来你觉得什么都不要听，只要按照自己的心来做就好了，没有对与错。依照自己的心，做自己该做的事情，这句话说得特别、特别容易，但做起来特别、特别难。因为在我们这样一个浮华的环境里，而且是这种圈子里，你经常会听到这个演员又拍了什么戏呀，那个演员又怎么怎么样啊，它好像是一个博取社会关注度的这样一个职业。但是你要真正明白你的价值，或者你要明白自己今后所要选择的方向，是需要做一个商品，还是要做一个艺术品，或者什么什么的。我觉得你还是要从你心里出发吧。

这部电影究竟怎样？

这部电影现在还不好说，因为从来没有宣传过。它是一部很具备挑战的电影吧，一个国外投资的电影，我不后悔我的选择。也许以后会有人说，你选择错了，你看《我的团长我的团》那么火，你看这部电影没有给你带来任何东西。可是你要从自身出发，就像我告诉你的，拍这部电影我已经得到了很多东西，一定比拍《我的团长我的团》得到的东西要多，它让我丰厚，让我对整个社会，对整个人性的认知更进一步，因为这个导演很棒，因为这个题材是我从未接触过的题材，拍完这个东西我觉得自己对整个世界的认知更成熟了，包括对导演的这种认知，都会更成熟了。什么题材不好说现在，但我希望明年会参加外国一些电影节吧，看看有什么机会，因为我觉得我们拍出来是一个挺好的东西，一个很好的电影。我觉得万变不离其宗，从自己这里出发，社会给你的认知也好什么也好也会直接回馈到你自己身上，你自己认为你自己得到东西多就行了，我认为自己从这部电影中得到了很多。

《命运》对你来说是另一个挑战？

还好，十多年的跨度，不算是什么挑战。我演的是上市公司的一个老总，年纪比我大。现在让我演一个五六十岁的人，说实话有些困难。演三四十岁的，还能做得到，再老的也不会找我去演，我要演吧挺显小的。因为我自己很喜欢看商业方面的书，特别喜欢王石、冯伦、潘石屹这帮人，他们的书我也都看过。所以当我知道我演的角色是陆天明以王石的很多经历来写的，就觉得很幸运。我很喜欢王石，我喜欢他不是说万科到今天有多大的产值，而是他很洒脱的人生态度。王石是很洒脱的一个男人，他把人生看得很透，而且他一直勇于进取的这种精神，特别值得我去效仿。他在商人当中挺特立独行的，他不是那种唯利是图的人。只有这样的商人才能真正把商业做大，任何真正顶级的商人到最后都不是真正的商人了，不会把钱当作是最重要的了。古今中外的商人，胡雪岩也好，比尔·盖茨也好，他们到最后选择的并不是把利润最大化。商业的规则是把利润最大化，但是这只是一个商业的原则，做人的原则不应该是这样的。不能唯利是图，讲得最多的是社会的回馈和责任感。只有这样的人，有承担、有担当的人才能真正地把生意做大。

接这部戏的原因是什么？

方方面面的原因吧。一个是班底，整个班底都很好。然后制片人也很好，之前跟他合作过，《乔家大院》是他制作的。再有就是播出的渠道，会在明年4月中央一套黄金档播出。其实以前我也拍过一些我认为很好的戏，但由于发行方面的原因，大家就没有看到。所以我觉得，在我们这个行业里面，不能闭门造车，酒香也怕巷子深。不论戏怎样，都要具备相应的发行条件，让大家看到。因此，综合各方面的因素，就选择了这部戏。

是否对军人有感情?

说实话，没有，因为后面还有部队的戏找我。如果说对军人有感情的话，那就总演部队的戏好了，但其实不是这样的。我觉得最重要的是：没有比这部戏更大的戏了——《命运》，它写了中国30年的改革开放，从1978年到现在。我们所讨论的一切，我们所喝的这些东西……都可以感觉到我们生活发生的巨大变化。外国评论说，中国的GDP从1997年开始每年增长10%以上，这是改革开放30年带来的。我们这部戏主要讲的就是这个，中国人最大的一个改变的题材。从这个角度讲，还有什么戏比这更重要，包括那些个大决战和抗日战争的戏。1949年新中国成立后一直到1978年，国民经济那么差，中国人生活那么差，为什么这30年变得那么好，那是意识形态上一个巨大的改变。建设有中国特色的社会主义，这句话说得容易，可是中间的斗争有多么复杂，当时面临着种种困扰，甚至那些陈腐的观念至今还存在于这个社会当中。深圳作为改革开放试验田，所承载的希冀，所承载的各个方面的关注，以及世界的关注，有多么巨大。我觉得，这样的一个题材，我来演这样的一个人物，在我的从艺生涯中，一点都没有缺憾，是我的一个特别大的荣幸。我是具备历史责任感的，而且我个人的偶像是邓小平，我特别崇拜他。这戏里边又有好几处跟邓小平直接有关的戏，包括我的人物就这样说“没见到他老人家”之类的，我觉得完全写出了我对邓小平这样的一种感觉，挺有意思的。

为何以邓小平为偶像?

三起三落。中国没有几个人，历史上、世界上也没有几个人能像他这样，具备这么强的心理承受能力。我最佩服的是他的敢为天下先的这种勇气。庐山会议一直到改革开放，最后成为改革开放的开山之人，他身材那么矮小的一个人，得具备多大的能量。我永远崇拜邓小平，他对整个社会进行了一个翻天覆地的改变，包括对世界产生的影响都很重大、很巨大。我比较佩服这样的人，能在逆境中依旧崛起的人。因为人都会遇到逆境，大部分人是一蹶不振，逆境以后就消沉。

这个人物演得挺从容的？

对，有几场戏，我觉得完全是我的真实情感，不是在演戏了，我希望观众看了也能受些感染吧，包括一些台词：中国一定要好，一定要多有钱，诸如此类。很多好戏可以达到人戏不分的，这部剧中的有些戏我是达到了这个境界。我演的这个人物把我想说的话都给说了出来，如“没有见到邓小平”等，他没有见到邓小平，但他特别喜欢邓小平。我不也一样吗，所以假借这个人物说出了我对邓小平的想念。

以崇敬之心塑造军人

军营里条件那么艰苦，他们的付出比我们要大得多，他们的青春、他们最好的年华，都奉献给了军营，而且有些付出是根本没有回报的。这些都是我特别要尊敬他们的。希望以后能再拍一两部真正好的军事作品奉献给他们。拍军人要“以人为本”，要把军人人性化。

《石破天惊》是你首演军人？

我跟该剧的导演张小林合作过另外一部戏，叫《少年僧功》，他觉得我具备军人气质，我很硬。跟很多人来比，我是相对硬一些。因为我有我的坚持，我有我自己的想法。

你没有当兵经历，如何将军人演像演活的？

我觉得一个演员必须是一个特别理想的人，你可以没有任何生活的经历，像我演过皇帝，我没有皇帝经历，但可从身边或其他一些作品当中，找到一些感觉。我在拍摄过程中跟军人聊了很多，听了很多他们的故事，也会热泪盈眶，我能感同身受他们的境遇，特别能体会他们的心境。我没有当过兵，但我演了几次兵，我骨子里已经跟兵走得很近了。在外面只要见到当兵的，比如一个饭局上大家敬酒时说：我也是当兵的，特别喜欢《士兵突击》，我都觉得比别人要亲。在我所认为的人生观里，军营这种地方只能培养出两种人：绝对的好人和绝对的坏人，它很难培养出中间的人。部队是一个大熔炉，会把很多人培养得特别特别正直，也会把很多人压抑得少了激情，不像社会这个地方，它更极端一些。所以我特别理解当兵的苦难，他们受条条框框约束的东西那么多。我的人性很难被约束成那样子，因此我不会去当兵，我是个崇尚自由的人。正因为我没法去当兵，所以我更尊重他们，他们的那种隐忍。军营里条件那么艰苦，他们的付出比我们要大得多，他们的青春、他们最好的年华，都奉献给了军营，而且有些付出是根本没有回报的。这些都是我特别要尊敬他们的。在和平年代，他们的提干又那么难，他们的经历我特别能理解。

你有军人情结吗？

我具备军人情结，但我不会去当兵。如果是在战时，我会当兵，但和

平年代我一定不会当兵。战时当兵，我可以把自己的东西都抛洒给战场，大不了就是为国家、为民族、为大义去牺牲小我。可是和平年代的兵，更多需要牺牲的是日常生活，我觉得相对来说不当兵更会发挥我的光和热，你明白吗？战时当兵更能体现我的价值，和平年代当兵体现不出我的价值。

怎样看现代军人？

他们的奉献远远大于他们的索取。我觉得和平年代当兵要比战争时更难，他们的东西都被日常生活消耗掉，这跟《霓虹灯下新哨兵》感觉是一样的。尤其在上海那样一个物质化的环境里，灯红酒绿、声色犬马，他们生活又那么清苦，那种诱惑是无形的，需要更多的奉献精神。部队又“军令如山倒”，要服从更多的纪律，更多的条条框框。我是一个崇尚自由的人，所以我很难适应现在部队的环境。因此我很尊重和平年代的军人，能做到的就是扮演不同的军人形象奉献给他们，希望以后能再拍一、两部真正好的军事作品。

今后还会拍军人戏吗？

应该会吧，看条件，我不会排斥演军人，我觉得《士兵突击》并没有把自己军人的那部分完全展现出来。还是希望自己能演一个真正打枪的、真正动作戏多一点的，或者土八路之类的那种军人。军事领域题材是取之不尽、用之不竭的园地，但愿今后大家的作品越来越人性化，《士兵突击》是特别好的一个佐证。首先拍军人要“以人为本”，以前作品的功能性太强、口号性太强。而真正能感化人、教育人，能让大家感同身受的，永远是属于把你自己放低的作品。你不能去俯视观众、去填鸭式地教育，应以一个平常的视角，和观众真正地去对话。军人也是人，军人也是吃五谷杂粮的，军人也有七情六欲、也有儿女情长，不能说军人就得怎样怎样，那就不是军人了。军人有他们的优秀、有他们的东西，但军人也有他们的捉襟见肘，有他们的困苦，有他们的磨难。那些东西其实是很多影视作品回避的，但往往是这些东西最感人。

对军事题材的作品期待很大？

我远远觉得军人这块领域，未开发的作品和领地还有很多。以前大家对军事作品的认知都太偏颇了，军人作品全部主旋律，《士兵突击》给大家打了一个很好的典范。其实军人你首先得是“人”然后才是“军”，大家以前拍军人都是先拍“军”再是“人”，大家一提军人也都是高大全的形象，没有缺点。其实不是，军人也分三六九等，也有人性，他们有他们的思想，他们有他们的困苦，首先你要把军人人性化。

以宽广胸怀遨游艺海

人非圣贤，孰能无过，只有磨难才能让人真正地成熟。自己的能力是在创造一部作品，而不只是在一部作品中创造一个角色。得到别人对你的尊重远远比得到别人的喜欢要重要得多。我的目标很远大，我要做出我自己的作品。心有多大，舞台就有多大。

你曾有过一段痛苦的经历？

你是指上戏那段吗？我觉得像我们这种人有痛苦的经历是应该的，而且是很好的，它来得越早越好。我不知道以后还会不会碰到，应该不至于了吧。像我这样的，家庭环境比较好、比较优越，无灾无难就走到社会上了，心境是没法成熟的。所以就要给你一个考察、一个重大事件、一个真实环境让你急速成熟。尽管这种成熟是支离破碎的，因为它是违背自然规律的。但是现在回想起来那绝对是好事。你是男人，经得起时间考验，青春对你既值钱又不值钱，历练在你身上是越多越好，磨难越多越好。我以后教育小孩我一定是放任自流的，我一定不给他创造特别好的优越条件，给他优越条件的顶多是在他受教育阶段，比如十几岁的时候。当他真正走到社会上，一定要给他创造特别多的磨难，只有磨难才能让人真正地成熟，才能真正接触到生命的本质。

什么力量让你站起来？

我觉得有一句话说得特别好：人生最好的路，就是没有其他路可走。对于我来说，演戏是我人生最好的路。当时我想，我能干别的吗？别的有吸引我的吗？没有，我只有这一行，我唯一能干的就是这一行。最后我发现我无路可走、无路可退，只有走这条路。所以大家都别把自己设定太多的选择，有时过多的选择反而是没有选择。就是只给自己一个选择，一个东西认准了就一门心思去做。

不怕老师同学的眼光吗？

人非圣贤，孰能无过，知错能改，善莫大焉，这个道理谁都能懂。只有浅显的人才会想那个东西，所以我觉得无所谓的。

后面很顺并未受此影响？

那段经历又是另一阶段的经历。那时确实很顺，很多人都以为陈思诚会火了，但我事实上还是没有火，几年以后我还是不温不火的状态。怎么说呢，这可能跟自己的为人有关系。后面那段时间我产生了很大一种对演员这个行业的排斥，还是自己不够成熟。男人相对晚熟一些，我属于这种晚熟型的人。王宝强24、25岁明白的道理，我可能要35、36岁才明白。但我相信自己一旦明白了，就挺不好弄的。我一明白的话，就会去做，我只要认真去做，我的能力就会体现出来。我算是晚熟，但还不晚，男演员最好的时候还没有到呢。

晚熟是怎样一种心态？

拍一些戏没有认真去拍，比如：这部戏太不靠谱了，我要放弃。只为了赚钱，等等。你连自己这一关都过不了，你怎么让观众认同你呢？这种戏我拍了很多，你看我的履历表很长，但是让我满意的戏不多。只有到了

《士兵突击》，我才对自己有一个新的认知。我们演员所承担的社会责任原来是如此巨大。从此，我每拍一部戏我都得认真，我再也不能对这个职业马虎了，我不能再去随波逐流、碌碌无为了，我必须要坚持自己的东西了。

不认真拍都还有很多戏找你？

这就是上天对我的眷顾吧，我自己都没那么认真，我还得到金鹰奖“最佳男演员”的提名，这应该是对自己一个很大的承认。我觉得，我自己算是幸运的吧，我还没有付出100%的努力就得到这么多的认同。所以我在想，我只要认真努力的话，就能得到更多的认同。因为我相信，只要我努力来做，只要我认真，那我的力量会是不小的。

这么多戏为何会找你？

因为你不认真只是一个度，并不是说你100%不认真，或是100%怎样怎样，它是一个度的问题。你只是没有把状态调整到最好，对自己不是100%满意，只有70%—80%。所以不能否认，现在你就只能是这样的。

有些排斥演员这个职业？

说实话，我以前是有些瞧不起演员这个职业的，就是刚从中戏毕业的那段时间，挺彷徨的，对演员这个职业有一些怀疑。演员这个职业，说来很被动的，它是“巧妇难为无米之炊”，你明白吗？男人本是很主动的一个属性，演员则比较被动，处于一种被挑选的境地，靠导演来选择你。于是自己就一直在写剧本，一直在做其他一些方面的工作，并且一直相信自己的能力是在创造一部作品，而不只是在一部作品中创造一个角色。如果这样的话，你的命运完全是被这部作品所掌控。就是说如果一个剧本本身不成功，导演又不让你对剧本有一个新的诠释的话，这就很难。除非碰到康导这样的导演，《士兵突击》这样好的剧本，但这种机会是有幸运的成分在的。也就是说，演员的能力有时候容易被一个不好的导演、一部很差的作品完全给拖掉，再成功的演员都拍过所谓的烂戏。有些东西是很现实的，没办法。

要超越这个职业？

我没有说超越，我这个人可能比较习惯逆向思维。就像胡雪岩说的一句话，他的座右铭就是：智者把握机遇，胜者创造机遇。我希望自己是一个能够创造机遇的人，因为演员比较被动。其实好莱坞很多演员，不只是做演员做的事，包括罗伯特•德尼罗。他们会把好的剧本推荐给自己喜欢的导演，甚至会找制片公司一起来做这么一件事。虽然在整个演职员表上他只是一个演员，但他在幕后却做了很多工作。我觉得好的演员应该是能给自己创造机遇的，不能每天只是在家里等着这些剧本来找。如果一年里有好剧本，就是一个好演员，那如果没有好剧本来找，怎么办呢？还是那句话：无的放矢，巧妇难为无米之炊。这个时间你没有东西能演，做什么呢？大不了自己去写，或者说我找其他的剧本，我来组这个团队，我来把这个东西变好。说白了，我们是艺术工作者，我们能做到的最大的事情，应该是拿出一部又一部好的作品，让大家来看，让老百姓喜闻乐见，这是我们要做的工作，这是我们工作的本质。所以你不要去想，具体这个工作我该从哪个方面、哪个东西去着手，希望最后呈现出来的结果是好的就行了。

你怎样演好不同角色？

通过对演员这个职业不断地认知，我发觉到最后，归根结底也就是一种自我修为。只有不断地自我修为、自我认知丰厚之后，才能扮演不同的角色。前两天我跟一个演员在聊关于演员这个职业的问题。很多人会认为我很狂妄，很多人会认为我心很大，或者怎样。我说狂妄也好心大也好，你必须要具备这样的心怀，你才能把角色演好。如果你真正演一个像《命运》中王石的原型这个人物，就必须要具备王石这种胸襟，才能把他扮演成功。就是演皇帝，你虽然不能有皇帝那种境遇，也没有皇帝的显赫家世，但你必须具备皇帝那种心怀、那种气质，才能演好，否则的话你就演不了，就这么简单。

你的戏路挺广的？

我一直都跟别人争论到底表演是个什么东西，我觉得表演不是真正去演谁，真正的演员只能是特别宽泛的人。你的身体里能具备很多种特质，你的各种特质你都不要轻易地把它排除掉，比如善良的特质，甚至偶尔出现的一丝邪恶的特质也不能完全把它摘掉，只可以把它缩小。因为人就是动物性的，人就是很复杂的，你要让这些特质充斥在你的体内，每一个细胞都不要让它灭绝，哪怕很小的一部分，当你在塑造这类人物时，你能把它变化出来。如果是演一个邪恶的人物，你就把所谓邪恶的特质拿出来扩大到全身，然后去演。演员不外乎拿情感和身体在塑造角色，永远无法超出这个范围，所以我们身上没有的东西，我们是演不了的。我每次扮演一个人物，我得发现我身上有没有这些东西，如果有，没问题，那我就可以演。只要是跟我身体某一部分有吻合的东西就可以。因为我应该算是，在中国的男演员里跨度挺大的，我演过皇帝，也演过民工，演过警察，也演过罪犯，不算是只能演一个角色、一种类型的那种演员吧。

最想塑造哪类人物形象？

我特别想塑造：一是我自己写的人，我了解自己；二是反差极大、人格分裂的那类人物。因为我觉得自己具备那种张力，特别想在一部戏里，把天使和魔鬼的双重东西同时奉献出来。喜剧、悲剧那无所谓，无论题材怎样；正、反派也无所谓，只要剧本好。

觉得演过的角色中哪个更难演？

说实话，每一个角色我都不觉得特别难，我对表演的认知跟别人不太一样。也许别人说我没演好、演得坏，但是真的没有一个角色我觉得特别难塑造的，都挺得心应手。我之所以敢接这些东西，就是因为我身体里有这些东西，然后我把它打大到全身就好了。就像我的橙汁对我评价说，我有些角色的反差特别大。你去看《狭路相逢》《爱是一颗幸福的子弹》，还有《士兵突击》中的成才，我真不觉得我在表演，我只是把我身体里跟角色相同的那一部分拿出来扩充到我的全身罢了。我不知道具体该怎么演戏，演戏这东西是教不出来的，我能教的最浅显的东西就是：从对手上来，然后要互动，但我觉得真正的表演不是教出来的。

有没有演得不好或最投入的角色？

挺多的，我没认真演的那些都挺多的。《爱是一颗幸福的子弹》投入得挺深，《狭路相逢》还没“上星”呢。

选作品有何标准？

我比较厌恶浅显的东西，希望接触比较深的东西，厚重的，有厚重感的。

你不演偶像剧？

不是不演，偶像剧也有很深的东西，我还只是没有碰到吧。也有演过，两部，《海滩》《爱是一颗幸福的子弹》。我并不排斥偶像剧，偶像剧其实挺好的，虽然大部分说得是爱情，但爱情也是亘古不变的人生主

题，只不过有些人把爱情这件事说得太浅显了。

古装剧呢？

《王昭君》就是古装剧，演过两三个，皇帝也是古装剧。古装剧现在好剧本越来越少，我喜欢《康熙王朝》那样的戏，我不太喜欢戏说的作品。以前还特别喜欢武侠剧，现在也不太喜欢了，因为现在武侠剧翻拍的太多。

话剧很少演？

没有机会吧。

想回中戏深造吗？

以后也会回去深造的，影视地位再高一点再说，看情况吧，现在没有计划。

哪部戏让你最难忘？

每一部戏都很难忘，都是你人生的一段经历。哪怕是你不认真对待的那些东西，现在回想起来，也都是一个一个的画面。每一部戏都会有一段很难忘的经历，包括在你身边的那些人。怎么说人生的哪一段是更难忘的呢，都没有。它都是你真真切切所经历的、所感知的，平淡也好、惊心动魄也好，痛苦也罢，煎熬也罢，没有薄厚之分，都是我的经历。

从戏中获知什么？

特别多，因为这个行业让你接触许多你没法接触的生活。我记得特别清楚的是我拍《王昭君》的时候，这部戏我后来没想到还会得到金鹰奖的提名。这个戏刚好在内蒙草原上拍，我就去看《狼图腾》这本书，当时就对蒙古游牧民族有了新的认识。因为你设身处地地在那个地方看，它给你带来的宽厚是潜移默化的，包括对当地文化的理解。还有现在拍的《命运》，看些这方面的资料，你会对整个中国的改观有更深刻的认识。你不拍这部戏，也许你的认识就会比较表面，但由于你拍了这部戏，你需要做些这方面的功课，所以你会理解得更深入。这就是我们这个行业特别好的一个东西，如果做医生只能面对医学上的东西，而做我们这行，方方面面甚至历史都会有些了解，你只要扮演的是那个年代的人物。

最欣赏的导演是谁?

国内的吗? 国内的是陈凯歌。相对来说，我没有特别欣赏的导演，我欣赏他们，不是欣赏导演本身，而是欣赏他们的电影。我最欣赏姜文《阳光灿烂的日子》和陈凯歌的《霸王别姬》。娄烨是我很喜欢的一个导演，之前那部电影就是跟他合作的，我没上康导那部戏就是跟他合作的。

你很年轻就事业有成?

首先我觉得成功这两个字，一定要有个清醒的认知，成功绝对不是社会认同你，就像现在你们认同我成功了，说实话，我从来没有觉得我成功，我特别由衷地说。我觉得成功首先就是，要清楚地知道自己心中的成功是什么，才能去成功。比如说：一个开饭店的老板，他认为的成功，就是全力把饭店经营好，那他就去做。然后生意很火，员工生活越来越开心，自己的老婆也生了孩子，父母又很好，家族热融融。不管社会给他的评价怎样，他自我都很满足。我觉得这是最重要的，这也就是成功。有的人认为公司只有上市才能成功，他就开一百个店，这些店没有上市他也认为是不成功的，所以每个人对自己的要求是不一样的。我觉得每个人必须清楚地对自己认知，我到底想做什么? 其实你只要是做自己就好了。我不是说，不具备能力和条件，或不具备那种胸怀，就一定要树立理想，那会累死。但本来具备能力和条件，你不去做那种事情，那你等于荒废了。首先你要对自己有一个清楚的认知，然后就朝自己的目标不抛弃不放弃，去努力、去做就好了。我觉得成功最重要的是，你临终闭眼时真正觉得无怨无悔了，觉得自己一辈子都在努力朝着自己的方向去做了，那就算是成功了。

觉得自己还不算成功?

当然不算，我觉得自己离成功太远了。

大家似乎已经认可你了?

在戏剧学院读书时，我的作品就得到大家认可，现在我还是处于自我认知的阶段。说实话，我现在的价值还没有得到社会的认可，只能说是得到社会一部分的认可。社会只认可了我演员的价值，大家知道你会演戏，所以剧组会请你来演戏，大家只对你这方面认可。我的价值还有一部分没被大家认可，那是其他方面的，那些方面我是需要时间和作品拿出来给大家认可的。如果那时候我的作品拿出来没被人家认可，那我现在跟你说的话是一种自我吹捧、自我欣赏、自我标榜。但如果有一天这部作品成功的话，那只能说是我对自己的评价是没有错的。

“对自己的评价没有错”，这句话如何说?

说白了，你要认清自己想要什么，你要给自己确立一个明确的目标。目标一旦明确了，你就要义无反顾地去做，不要轻易动摇。我觉得除了演员这个行业，其他行业不能比这个行业更见证我自己的价值，这个行业更适合我的发展和生存，所以我就要在这个行业里去取得和见证自己的成功。我的目标很远大，因此感觉自己离那个我认同的成功还很远。

什么样的远大目标?

首先我要做出我自己的作品，这个作品把我自己最想说的话完全地表现出来，这是我矢志不移要去做的事情。就是编剧、导演诸如此类的工作。

你的目标很清晰?

当然啦，我觉得人应该把目标定的很清晰。但如果一个人他只是甘于做士兵的话，那也无可厚非。我觉得每个人只要扮演好自己的角色就好了，不可能永远都有人当将军。这个社会的构成一定是这样的，一定是有阶级，有贫富的，一定是以金字塔结构作为人类的主要构成，一定是底层的人占大多数，而尖端的人是小部分，这个根基才会稳，这是一个哲学现象、哲学道理，没办法的。每个人都在探讨该做怎样的人，其实能看明白吗？你做什么样的人早已确定了，你就真正地踏踏实实做自己就好了。但我觉得在这样的社会里，你只有具备成才那种想法的人才会真正取得成功，才会到达一个高度。因为他目标清晰，他不是像许三多那么被动的、裹挟的。一个是很好的士兵，一个是很好的将军，这是两个概念，但将军一定是少数。成才是一个很好的将军，这是袁朗对他的评价。

将军不是那么好当的？

因为将军是少数，在他没有成为将军前，一定会遭大多数人的诟病，因为很多人是不同的。中国有句话是：不遭人妒是庸才，遭到非议是很正常的。没有人说你，或者谁都不说你，那你这个人才是没意思的人。重要的是你不要被别人的言语、别人的东西所左右和干扰太多。

现在离目标接近吗？

在一步一步接近。因为之前我一直在做这方面的尝试和工作，这方面的工作需要天时、地利、人和，需要在更复杂的一种环境里来做。因为你不是这个游戏中的一分子，你是这个游戏的缔造者，那就要做更多、更充足的准备，这是需要时间的。但我相信只要我这颗心不死，这一天早晚会来到，我就怕自己那颗心死了。所以我每时每刻都在提醒自己，不要死掉这颗心，不要让自己的斗志消沉，要让自己永远活在这种危机当中，永远觉得逆水行舟不进则退。我从来没有满足，我也从来不会去满足。我要做的事情、我要走的路还很长很长，我的顶点特别高，我给自己定的目标比天还高。虽然我知道远远达不到那么高，但是当用了所有的能力去走到那里的时候，回首一看原来已经爬了很高。如果你把目标定在桌子上，你爬上去后你就不知该做什么了。我相信皇天不负有心人，我相信只要你去做，总会碰到志同道合的人，总会碰到想帮你的人。天地之间有神灵，冥冥中自有注定。如果你真的觉得这是好东西，它一定早晚会被你开发出来的，然后展现给大家，首先你的东西得是好东西。

你不太喜欢宣传活动？

我们接触这个行业，都是被掌声、鲜花吸引进来的，我们都是想做被关注的那些人，这是我们的初衷。后来你慢慢地进到这个圈子里，你发现这些表象根本吸引不了你。当你真的获得鲜花和掌声的时候，你发觉那些东西一点也没意思。你的快感源自于哪，你自己要想清楚。可能很多人很喜欢那样，很喜欢受到大家的关注，很喜欢这样那样的，而我一点都不喜欢。其实我比较拒绝、甚至很排斥那种活动，就是所谓的宣传和发布会，我是能免则免。我觉得那不是我真正的自己，那还是我在扮演另外一个角色，那个角色只不过是叫陈思诚罢了，穿得更光鲜一点，在镁光灯前摆出一个pose来。那是一种游戏规则，但游戏本身并不能给我带来兴趣，我觉得我的兴趣的地方更多的是创作。在创作的过程中，把一个戏拍好，想尽一切办法去把这个戏拍好，而且这个戏在市场中能得到老百姓的喜欢。我觉得没有什么能比老百姓的口碑、观众的认可和褒奖，对我来说更重要的。就像现在社会上有不同的人、有不同的明星一样。明星也分三六九等，有所谓偶像剧的明星，什么剧的明星，超男快女这些明星。有的只能得到一部分人的尊重、一部分人的喜欢，得不到很多人的尊重。可是我们所要做的，包括我自己所要做的，是希望今后经过自己的努力，能得到社会上更多人的认可和尊重，尤其是高端人士对我的尊重。他对你的尊重源自于你要具备思想，你创造出来的作品也要具备思想。我觉得得到别人对你的尊重远远比得到别人的喜欢要重要得多。

高端人士指哪些?

知识分子。他对你的喜欢，不是盲从，不是漂亮，就像喜欢韩国那些偶像一样，不是那些小女孩。我们每个人都有那种经历，像我小时候也这样，因为长相喜欢小虎队呀，什么什么的。可是长大了，就对自己曾经的那种行为觉得很可笑。现在不会因为长相喜欢一个演员了，自己的人生观成熟了，觉得长相并不代表什么。你要做别人偶像也好，你要做什么公众人物也好，你所要影响或被大家关注、认可的到底是什么部分，这是你所要清醒地面对的。所以我希望我自己的粉丝也好、影迷也好，都会是很成熟、很理性地来喜欢我这个人。他们喜欢我绝对不是因为我长得帅，或是我演了某部戏某个角色，因为爱上这个角色来喜欢我，我觉得这些都是特别偏颇的，这些都是完全经不起时间推敲的。他们只有真正喜欢我这个人，我的本人、本质这些东西。他们可以跟我经过长时间的接触，因为我也不是擅于隐藏自己的人；可以通过以后我自己的作品、不同的角色；或者通过我写的东西、我写的诗、我写的歌和我的博客，从各方面对我进行了解。我希望有话语权来完全验证自己，而不只是通过一两部作品来验证。

现在有这种想法的人不多？

在这个社会里，不是所有人都很认真来做这一行的，更多的人是拿这一行当成一个工具，当成自己一个功成名就的手段吧。首先来说我没有排斥功成名就，我觉得那很好，但我觉得功成名就对我来说那是其二，其一最重要的还是把东西做好，我是具备这种责任感的人。这种责任感，在这个社会上，显得比较荒谬、显得比较可笑，因为现在的人不这样想问题了，大家现在想的都是很现实的问题。至于如此，我才会觉得自己在很多的环境里面，有点显得不是跟大家太一样，因为你是少数人。因此你一定要选择一个妥协、一个折衷的办法，在顺应这种大多数的情况下，又能坚持自我，所谓的外化内不化吧。但是在这个过程中你要有一个度，这个度你没法控制的话，就会产生很消极的一种排斥这种东西的情绪。

你很坚持自己？

我有我的坚持，我有我自己的想法。我一直都认为，人都应该是这样的，可是后来我慢慢才发现，人并不都是这样的。大部分人是随遇而安，大部分人是很容易被同化的，所以你就发现自己变成少数了，不知不觉中自己已经成为了异类，你明白这种感觉吗？

不同流合污？

不是，不是，这是褒扬自己了，不能说同流合污，只能说你跟多数人相比有不一样的地方。也许我是错的，像犯罪分子也是少数人，我没有说我肯定是对的，我只能说我已经是这样了，而且我准备坚持这样，到底以后怎样，是非对错还是留着时间来检验吧。

有的明星很红，没有压力吗？

有，但又能怎么样？我心里有一个特别清楚的认知，现在我们都在路上，你看到的，谁跑在前面、谁跑在后面都是一种现象，盖棺定论为时过早。我觉得，任何一个时候、任何一个阶段，给任何一个人盖棺定论都是为时过早的。真正能给予这个人评价的，唯一能给这个人评价的最后一次机会，就是这个人的墓志铭。在墓碑上写的东西才是对这个人真正的评价，现在的评价都是暂时的。今天你好了，明天你不好了，我觉得都挺肤浅的。现在可以评点好与坏的，是古人。现在评论我们都为时过早，我是这样认为的。

为何不炒作一下？

这就是不一样的嘛，我是想用作品说话的人，有的人是用那种绯闻和争议说话的人。每个人都有自己的生存方式，我觉得我能做这个事，别人那个事我做不了。我能做这个事我就做自己的，不就完了吗？那种事我也别学。

对做明星梦的年轻人有何寄语？

首先你得想想自己是不是适合做这行，你对自己的评价够不够客观。如果你觉得自己真正适合做这行的话，你有没有做好做这一辈子的准备。因为掌声也好鲜花也好都是这个行业特别肤浅、特别没有意思的一部分。这个行业真正给你带来荣誉和快感的，真正能给你带来的东西，远远不像做梦那么简单。你认为自己真正具备这方面的信心，并决心矢志不渝地一辈子从事这个行业，你就去做，你就去准备，上天早晚会给你打开一扇窗，打开一道门。

演艺之路上遇到不少伯乐？

碰到每个人都是缘分，这些对我有恩的人，我希望自己不要让他们失望，希望能成为他们的骄傲。像中戏的王丽娜老师，我所做的事要让她觉得，她曾经有这样一个学生值得骄傲。我希望自己以后有条件的话也做一个伯乐，我会去挖掘人才，我会给更多年轻人机会，当自己真正具备这个话语权的时候。因为我明白太多的明星需要机会，所以我今后要做的工作除了拍戏、写戏，就是要扶植这些人，但那是后话了。因为我自己的经历，让我明白一个人去创业，一个人去寻求梦想的道路有多么艰难，所以我希望自己以后能够让这些追求梦想的人，寻梦之路会更容易一点。

从他们身上学到什么？

各有各的不同吧，说起来太多了。他们有一个共同点就是：伯乐是要具备一个很宽厚的心灵，不是那种嫉贤妒能的小人，嫉贤妒能的人是永远不能做伯乐的。他们善于去挖掘人才，善于给人才一个展现自己的舞台。我觉得胸襟一定要宽泛，做人一定不能做小，一定要做大，做大就是指你的胸怀。中央台有句话：心有多大，舞台就有多大。

以负责精神去经营生活

> 做自己本真的东西就行了，一切从心出发。每一天、每一秒都让它尽量去精彩。在我骨子里是没有阶级这个概念的，人人都应该得以尊重。男人必须有责任感，这个责任感小的是家，大的是治国。爱的根本是互相理解。真正的爱情你得用心去寻找、去经营。

生活中你是怎样的人？

有人说我很幼稚。我在很多方面是很幼稚，但是我觉得这种幼稚我不想把它摒除。因为摒除了的话，你会……做演员一定不能没有幼稚，一定不能没有童真，童真是你唯一能与时间对抗的东西，童真会让你思想得到解放。我一直以为童真是一个起点，人在世上转了一圈又回到起点，最后是老小孩，老人最后也变成小孩了。很多人所谓的成熟、所谓的世故，不外乎是对外界世界的一种妥协。童心是人类最宝贵的财富，所以别人对我的那种评价，我现在觉得无所谓。我曾经也想使自己成长一下、世故一下，后来我发现那些学来的东西很假，还是做自己本真的东西就行了。我是一个心挺大的人，也不拘小节，我向往古代的快意恩仇、大碗喝酒、大块吃肉的侠士生活，骨子里有那种……像杨过那种豪情的东西吧。

性格决定命运？

不知道，现在没有人能说自己的命运是怎样的，因为我们的命运是未知的。就像我们在路上，没有谁可以断言这条路的终点会是怎样，一定是通向天堂还是通向地狱，我们都不知道，所以不要去断言。我只能说现在的我是快乐的，我在做我自己喜欢做的事情，我不要去虐待自己，让自己一切都从心出发。我做的每一件事情，每一个选择，每一天、每一秒都让它尽量去精彩，不要让它去违心，不要去做伤害别人的事情，要宽容对待每一个人，在宽于待人的基础上坚持自己的梦想，就这样。

有人觉得你很狂妄？

说实话，我并没有觉得自己狂妄，这是别人认为的。我有我狂妄的地方，就是我认为我能拍出好东西。我觉得万物平等，我的朋友不会有阶级。我拍《民工》时，我跟民工聊得很投入，我在剧组跟司机一块打牌打扑克，在我骨子里是没有阶级这个概念的。王侯将相宁有种乎，我觉得这句话说得很对。每一个人在世界上扮演着不同的角色，人人都应该得以尊重，这是最基本的一个道理。当我明白这个道理，我就不会觉得这个人高于我，我就要仰视他，这个人低于我，我就要鄙视他，说实话，我没有这个东西。我对人的尊重有一个前提，你尊重我我就尊重你，如果你不尊重我，那我不管你是谁，我也不会尊重你，就这么简单。如果你对我来说是平等的，我的回馈也是平等的。

你的职业却是万人景仰？

这是我们行业的需要，没有什么的，这只是我的一个工作罢了。我觉得这是一种错觉，一种感觉吧，因为这个东西特别奇怪，你永远不知道怎么会形成这种形象给别人的。

有什么爱好？

爱看书、看碟、看电影、爱旅游。

你的网友要你推荐十本书。

《圣经》我不会推荐给他们，我可能大部分推荐的是小说吧。我看书是从武侠小说入手的，比如金庸的《笑傲江湖》《神雕侠侣》，我会推荐给他们这样的书。我觉得武侠小说是打开某个人生阶段特别好的一个条件，父母千万不要限制小孩子的阅读，哪怕是从科幻小说、武侠小说等类型的小说入门都不要限制他们。因为诸如此类的书，你对它的需求是有度的，看腻后你会尝试看别的书，到后来阅读忽然间变成一种习惯，习惯变成自然而然。所谓开卷有益，就是要看不同的书。按我的阅读书目，武侠小说推荐完后会推荐一些世界名著，如《安娜·卡列尼娜》《复活》《红与黑》等。我刚开始看时是为了迎合，当时上高中，觉得看那种书会比较有素质，后来慢慢看进去了，也就喜欢了，觉得很好读。好看的小说真的很好读。读完世界名著后渐渐地会更关注现代的一些小说，中国现代小说家的很多小说我都全部看过，像莫言的、苏童的，最早的是石康、王朔的，我也都看过。因为我很喜欢小说，看得最多的是小说。之后会看一些人物自传，看各行业成功人士的书，尤其是商业方面的。现在是一个重商轻文的年代，大家越来越觉得商业价值更能体现自己的价值。这些商人，尤其中国第一代阳光财富的缔造者们、上市公司的老总们，他们是如何走向成功的，我会去看看他们的传记。就这样，我推荐给他们这些书吧，看得太多了，一下难说十本。

你的文笔很好，如何练就的？

写东西、写歌，歌词就是诗。我也不知自己是如何练就的，自然而然就形成这种东西了。因为我们受过各方面的教育，之后去面临社会，才变成今天的自己。写歌完全是自己感觉的问题，16岁写了自己的第一首歌。《第二次约会》《仍旧下着雨》，还记得，就是懵懂的、青涩的对女孩子的喜欢，然后用旋律和很浅显的歌词表现出来。

没有想到出书？

我现在不到出书的时候，我现在没有要说的东西。有一天我觉得到那个时候了，自然会一切水到渠成的。现在我没有那么多要说的东西，我说什么呢？我只是一个演员，不会像王宝强那样写一本《向前进》。出书？出一部小说？或出一部自传？都不到总结自己的时候，小说也永远不到集结成册的时候。以后可能会吧，但现在不会。

你唱歌很有功底？

唱歌是我最初喜欢的东西，但后面越来越觉得唱歌表达小我一些、小了一点。一首歌只是表达了一小段精神，虽然它也很真实，却不像一部电视剧所承载的内容那么丰厚。自己长大了，心更野了，觉得能够做更多了，所以会选择去拍戏，唱歌不会像当初那么强烈了。我也没那么功利，真正要功利的话，有很多条件，比如炒个绯闻之类的，但那有什么意思呢？还是一个选择的问题，每个人的选择不一样吧，不同的选择就会走不同的道路，没有对错，唯心而论，依靠自己的心做选择就好了，我没想在这方面跟别人比什么。

对女友有什么要求？

我觉得两个人最重要的是默契，一切形象、身材那种东西都会随着时间而去。真正的爱情是一种大默契，是一种不用言语、不用手势，在一堆人当中，在嘈杂的环境中，彼此的一个眼神交会，就心有灵犀的那种感觉，那是一种无声的电波。

这样的女友很难找？

不会，我觉得可以锻炼出来，可以去碰到，可以去争取，而且也应该能碰到。

你没有绯闻？

所谓绯闻，第一你的社会关注度要有，第二你跟名人谈恋爱就有绯闻，跟一个普通人谈就不会有绯闻，就这么简单。我觉得爱情是这样的，很多人都觉得自己曾经爱过，可是很多人都结婚生了小孩，其实都不一定有过爱情。爱情是一个很缺憾的东西，在现在这个社会上。我写过一篇博文《爱情如同鬼魂》，很多人都去谈论过。很多人都在谈论爱情，但真正见过爱情的特别少，真正经历过爱情的都很少。

你不相信爱情？

我相信真正的爱情，但真正的爱情不是大家谈的所谓的那种爱情。大家所谓的那种爱情，就是很多人结了婚生了孩子都不一定会有爱情。真正的爱情是挺罕见的。

父母之间也没有真爱吗？

他们不好评论，但很多人其实是没有的。这是事实，这不是悲观。我在做一个剧本，我想颠覆一下这个观念，告诉大家什么叫真正的爱情。他是一个花花大少，到了30岁，万花丛中过，片叶不沾身。他一直以为自己特别懂女人，其实他也特别懂女人，各种类型的女人他都懂。他是一个情场浪子，各方面的条件都很优越，他可以交各种女朋友，泡各种妞。后来他碰到一个女人，他颠覆了他以前所有的观念，他发现自己多么爱多么爱的女人，是他的初恋，那才是他真正的爱情。

这种爱情可遇不可求？

真正的爱情你得用心去寻找、去经营。问世间情为何物，直叫人生死相许。只有经历过生死，能把物质那些东西、把一些事情都排斥掉的，那叫爱情。这个社会上有几个人有呢？大部分的婚姻都是妥协的产物，都觉得可以了、合适了、差不多了。

找不到这样的爱情呢？

宁缺毋滥。

如果爱情和事业发生冲突呢？

不会，那样的女孩我不会爱上她，真正爱我的女人特别理解我，爱的根本是互相理解。如果她不让我从事我自己的职业，那证明她不理解我。她不理解我，我怎么去爱她呢？所以这是根本不可能同时并存的现象。我为她去放弃，也不可能。因为这是我的事业，唯一的事业、唯一的梦想，它跟爱情并不矛盾，而且它一定是跟爱情并存的。

你很孝顺父母？

每一个孩子都会经历这样一个阶段，就是从对父母的无比仰望，到平看他们，到后来有些东西超越他们的时候，就会去发现他们身上的一些问题，这就是他们的所谓人格上的一些缺点。但是无论怎么样，他们都是

你的父母，他们都是这个世界上最爱你的人，他们带你来到这个世界。所以我的脑子里经常会出现一些我妈妈的印象，我写过一篇《沈阳沈阳》的博文，记录了我对我妈妈一些片断的回忆。他们年轻的时代我没有资格发言，但是我从记事起就觉得他们很不容易，他们经历的人生都很艰难，现在到了颐养天年的时候，我只能尽全力让他们体验一下他们以前没有条件体验的东西。比如我妈妈第一次坐飞机，包括我妈妈去外国坐飞机都是我创造条件让她坐的。比如我妈妈没出过国，是我第一次带她出国，我妈妈没去过港澳台，是我第一次带她去港澳，诸如此类。我这个工作不能天天守在他们身边，只能在物质方面和其他方面去创造条件，让他们在有生之年体验得更多、享受得更多，这是我能给他们很浅显的回报吧。所有这些，还有就是去拍更多的戏，让他们觉得自己培养出的孩子是一个走上正道的孩子，不管以前他多淘，他们有多担心，但至少他走上了一条很正确的道路，他的人生观、他的世界观是很正的，从事的行业也是对这个社会有一定回报、有一定影响的，这是让他们最宽心的。我父亲有一句话：三十年前看父教子，三十年后看子孝父。我父亲的很多朋友，以前疏于联系的，现在跟他联系都是冲着我的面子，比如跟他说：你儿子又演了什么戏了，又看到他怎么怎么样了，这时候我父亲都会觉得很高兴、很骄傲。我能做的不就是这些吗？除了这些我都不知道能做什么了。让他们吃得更好，让他们衣食无忧，其实他们也很寂寞，他们也很孤独，我父母都在北京，他们都离开沈阳那个老的圈子。尤其像我父亲这个年龄，还不到60岁，让他干什么嘛，又觉得太累，不干什么嘛，又心有不甘，这个年龄很尴尬的。所以我也很困惑，对于他们现在这个样子。

你对家有一种依恋？

家是一种责任感。我不能说我娶了老婆了就不再喜欢别的女人了，这件事谁也做不到。但我想我未来的老婆一定是全世界最幸福的女人，因为我是那种很有责任感的人，我会很无私地给予家庭回报，当我认准了她的时候，然后再有一个孩子，我会给予她们俩很多的付出。我觉得男人必须有责任感，这个责任感小的是家，大的是治国，你要对国家也有担当，对社会也要担当，我觉得我是具备这些的一个人。这种思想可能很多人觉得迂腐，现在所谓80后、90后最缺少的就是责任感。我有些朋友是60年代生人，一说起这个年代，就是北大、清华那一批象牙塔里的人，那些崇尚诗人的大学生们。他们很有责任感，他们都觉得自己“天下兴亡，匹夫有责”，“先天下之忧而忧”。可是我们这一代开始一直到80后，大家都活得越来越自我，越来越缺乏自我与社会这种联系，没有想到我与社会还有关系，或者我能给社会带来什么东西。他们都沉于一种特别单一的思想里边，沉溺于网络，沉溺于个人一些东西。包括我周围的同学，戏剧学院的朋友们，有这种思想的也很少。这种现象你会觉得很可怕，当大家都没有责任感，你有责任感的时候，你想做些事情，大家都会觉得特别可笑。我那时跟他们说我自己要做一个片子，要找一帮人，他们都觉得你怎么这么可笑，你怎么敢做这样的事。我跟他们说当时南湖会议的时候，几个人在讨论怎么颠覆国家命运的时候，怎么没人觉得他们可笑呢？我现在想做片子你们就会觉得我可笑了。我觉得有这种思想的人真的很少。我不知道自己的能力能承担多少，但我竭尽全力去做了。

你对影迷“橙汁”很好？

将心比心啊。就像你开一个店，我开一个店，任何来这儿的顾客你都得很感动一样。影迷是我生存的最直接的土壤，我觉得世界上没有无缘无故的爱，也没有无缘无故的恨，所有爱你的人你都要本着真心去回馈给他们。我没有觉得你是一个演员，你就该有架子。你应该尊重每一个喜欢你的人，就这么简单，这是特别浅显的道理。

你的影迷机构很健全？

这不是我的工作，这是影迷会的工作，我没有教他们任何东西。喜欢我的人绝对不像喜欢张译的人那么多，但喜欢我的人很多都不是平白无故喜欢我，他们对我的喜欢会时间很久、很久，他们会很铁杆。而且喜欢我的人都是很有社会经历的，很多文凭都很高，都是硕士，或是企业副总，这也是我觉得挺奇怪的一个东西。这可能是物以类聚、人以群分吧。就像那次做北京《名人堂》的节目，观众大部分都会喜欢许三多，员工和老板分别作采访，老板们都喜欢成才，这是一样的道理。上市公司老总都会选择成才，那些员工都会选择许三多，大家不知该做许三多还是该做成才，我发现那些话题毫无意义，就告诉他们，无论你想做成才还是什么，你只要按心去做自己就好了。

对影迷说些什么？

用自己不断地努力和付出，用自己有限的生命来创造出更多更精彩的作品。无论他们到老，或到什么时候，都觉得自己生命中有段历程，无论这段历程的长短怎样，能喜欢我，是一件无怨无悔的事。我只能做到这些样。我不希望他们17岁时喜欢我，到了19岁时会觉得，怎么会喜欢我呢？我希望他们不会做这样的事，我希望他们说：我17岁喜欢他，到了70岁还在喜欢他，当初的喜欢是对的，我希望能做到这样。

如何才能做到？

所以我在做作品，在写东西，在出东西。很多东西不是我们能控制住的，但是只要出一部就喜欢一部，这是最重要的。我没有这个自信，我没有办法去左右他们的心和他们的想法，我不会特别在意他们到底喜欢我怎么样。我只能说，只要是自己用心做的东西、拍的东西，他们就会喜欢，因为这个东西是我用心来做的。你用心来做，怎么不会感动有心的人呢？这是一件不可能发生的事。用心做就一定会感动有心人，这是一个不可颠覆的事实。除非你做的东西是违心的，除非你做的东西不是本真的，这样的作品才不会感动别人。如果你的出发点、作品当中都是真实的，一定会感动别人，这是一个特别浅显的道理，只不过很多人难以坚持而已。

颜丹晨：丹心一片
前程无限

她是《花季雨季》中朴实纯真的谢欣然，也是《宝莲灯》中清冷美丽的嫦娥，更是《北方大地》中温婉聪慧的萨日娜；她可以灵动自如地从少女演到老妪，也可以游刃有余地从古代演到现代，更可以炉火纯青地从温柔演到泼辣；她既擅长在银幕上塑造人物，也乐意在银幕下帮助别人，更醉心于公益和慈善。

这个外表和心灵同样美丽，思想和人格一样独立、内心和个性同样坚韧的演员，就是颜丹晨。作为北京电影学院96级明星班的一员，她对自己的演艺事业有着怎样的理解和认知，她对自己的艺术人生有着怎样的思考和感悟？2017年6月2日中午，北京八婆功夫麻辣馆，她对我侃侃而谈，畅所欲言。那种如花的清丽、如云的淡泊、如水的灵慧，让我情不自禁地要为她——击节而歌、击鼓而鸣！

不仅有美丽的容貌，更有着美妙的演技；不只有美妙的演技，更有着美好的心灵；不仅有美好的心灵，更有着丰厚的内涵；不只有丰厚的内涵，更有着高洁的人品；不仅有高洁的人品，更有着丹心一片；不只有丹心一片，更有着前程无限。

以军人的信念去塑造军人

那种信仰是多么可贵。军人有担当、有责任，而且很勇敢，永远是在最危险的地方冲在第一线。踏踏实实、认认真真做好自己喜欢做的事情，干一行爱一行，才能感受到工作给你带来的快乐和成就感。

你的第一个军人形象是电影《黄埔军人》中的北伐军女护士虹云，请问是怎么选中你去演这个女军人的？

当时应该是刚刚毕业吧，好像是2000年，导演是宁海强。宁海强导演拍军人戏特别棒，而且这部电影的演员都可以说是戏骨，像刘之冰、何政军、王强、金鑫等都是特别优秀的演员，我从来没有拍过军人题材的戏，还是挺兴奋的。因为像我爸爸那一辈人都是有军人情怀的，虽然他没有当过兵，但他一直希望能有机会当兵，所以我觉得能演这个角色，对我来说是一个挑战，特别开心能加入到这个集体。

就是说，你刚刚毕业，还是个学生，并不是因为身上有军人气质才选中你的？

对，但是导演会跟你聊，你身上有没有那个劲，他觉得我个性当中还是有像男孩那种感觉的，而且演的又是卫生兵。我们家是医生世家，从小我在医院里长大，对这个方面还是比较了解的。

你没有当兵的经历，如何去塑造这个人物？

我记得演第一场戏时，我们先要做一些军事训练。在副导演的带领下，我们去了国旗班练军姿。看他们是怎么训练的，军容军姿是什么样的，那个刀是怎么玩的。因为刘之冰饰演蒋介石，他们就会懂用刀的方向是什么，我们在旁边就跟着一块儿练一块儿学。觉得国旗班太不容易了，做一个特别标准帅气的动作，那可能是成千上万遍的练习。在那一段生活体验中，知道了军人跟我们想象中一样，甚至比我们想象得更为艰苦。做军事训练什么的，挺不容易的。记得当时在八一厂王佐基地，拍那个攻城的戏。导演说你过来，先体验一下。我是第二天拍戏，第一天我就先过去了。当时我就特别震撼，我还没有到现场，就感觉到地在动，太吓人了。攻城那一段不是有护城河吗？水里面是爆那个水袋。一爆炸时，冲起的浪花大概有十几米二十几米高，地动山摇的感觉。天啊完全真的像在战场一样，感受到战争那种残酷。当时我有个镜头，我爬着云梯上城墙，导演说你试一下吧。“哗哗哗”我爬上去之后，回头一望，我都不敢下来了。我其实挺恐高的，在城楼上二十几米高，旁边也没有维护的东西，真的是挺心惊胆战的。导演说我就是让你体验战争那种感觉，然后你再下来。下来试戏时，部队战士攀在云梯上做牺牲了的战士，等于说我是要踩着他们上去。他们就跟我说，大约我头顶一米的地方会有个炸弹，会爆炸，炸完之后你再回头。我真不骗你，炸弹炸完之后我第一个感觉，我整个人是懵的，就是声音特别大，全是“嗡嗡嗡”的那种声音，再一回头看你的战友们都已经牺牲了，对我的震撼特别大，眼泪就会不由自主地涌现出来。而且拍那个戏特别艰苦，当时在官厅水库里面拍，是北京的12月。导演有一场戏是要带着夕阳的，等于我们连拍了三天，我就过了三天河。我真不骗你，到最后冻得，旁边就是二锅头，我又不能喝酒，但是小战士们，就是一瓶二锅头直接下去，再开始拍，都这样。

之后你一直没有什么军人作品，这是什么原因呢？是没有合适的剧本还是别的什么？我知道你是有制服控的。

也有，但是现代军人好像还真没有。找我这方面的戏不是特别多，年代戏会比较多一些，所以也是一个遗憾吧。希望你采访完我后，有更多的人看到我这一面。

直到2012年，军旅片《青春燃烧的岁月》才又找上你演军人梅修，这是因为什么呢？好像这是一部以女性的视角去讲述故事的电视剧？

这是新中国成立初的军人，可能觉得合适吧，具体因为什么不知道。梅修也是一个医生，医大的高材生，跟着部队南下，等于是军人安置吧，也不算转业，农垦的那种，种橡胶。1949以后，很多军人不能打仗了，那做什么呢？开始还有很多人不理解，都到了海南岛这边，干脆统一台湾吧，但国家有命令，不能打。你们可能不知道橡胶的重要性，我们子弹上有一个小小的胶圈，没有那个胶圈子弹打不出去，而且当时国际社会对我们是封锁的，如果我们自己种不出橡胶，国防事业就得不到发展，其实农垦是在另外一个方面，建设国家和保卫国家。所以这部电视剧讲的是思想观念的转型，这么一个故事。

出演梅修这个人物有困难吗？据说你们是提前十分钟才拿到台词的。

对，因为陈力导演是每一个剧本、每一段戏都必须自己写的，而且她的台词是一个字都不能错的，对于演员来说，其实也是一个挑战。她是让你在这个人物的状态当中，每一次都有新的东西出来。她对演员临场的发挥，对人物准确度的要求很高。我觉得也挺好的，每一个导演都有她不一样的创作风格，作为演员来说，就要努力去适应她这种创作风格。其实对于自己来说，也是一种提高，可能我速记台词的能力，就是在她那部戏得到特别好的提升。

陈力导演的台词，一个字都不能错？

她不允计，必须按照她写的，而且她对表演的要求也是很严的，要按照她的风格来走。但到最后，她就给我放权了，给我和郭广平老师。她说，没事，你们俩我很放心，这段戏是一个什么内容，你们俩要临时编个小品，帮我想。然后我和郭广平老师就在现场编，编完后拿给她看，她认可了，就按照我们的拍。所以我觉得这是我们和导演间相互信任的一个过程，最后她能把戏放下来给我们拍，给我们演员去二度创作，这是一种信任，我们也挺开心的。

陈力导演多次获得金鸡奖和华表奖，跟她合作有压力吗？

还好吧，因为每个导演的要求都是挺严格的，尤其像她这种女导演。她对角色的塑造，对整个戏的把控，她是有她另外一个视角的。刚开始会有些不适应，为什么一个字都不能错，后来回过头一想，正是她这种严谨成就了她。既然导演能这么牛拿到这么多奖项，一定有她不简单的地方，那我们就要适应她创作的这种风格，对演员来说，也是另外一种成长和学习。

她对你的表演还是很欣赏的？

对，就是到后期的拍摄，她都可以放手让我们去做很多事情，我觉得这种信任是不一样的。因为电视剧的创作跟电影也是不一样的，电影可能两个月的拍摄，她只要一百分钟放映的时间，但是电视剧就不一样，可能有三十集，量这么大，她不可能场场戏都抓得那么紧。当她对你有信任度的时候，她把这种信任给你，其实这种感觉就特别好。

你在很多年代戏中演过中共特工和地下党，对他们这代人的信仰怎么看？

平常我们都说，他们太伟大了，但只有你真正去体验、去拍摄时，你才知道，那种信仰是多么的可贵。我们演戏时，就已经知道，共产党取得了胜利，我们的国家成立了。但是对他们而言，这仅仅只是一个信仰，就是说我要带我身边的人过上好日子，成立一个自由、平等、民主的国家，只是有这样一个信念支撑着他们，所以我觉得特别难。尤其拍这种战争戏，真的特别苦。我们“打完仗”还能回宾馆洗个热水澡，吃点好吃的，大家聊聊天，但当时在那种极端条件下，全部是荒山野岭，抗战一下就八年，现在都说十四年，人还有这种信念存在，真是挺伟大的。而且是牺牲自己的性命去为这个信仰，更是无比伟大的了。如果是我，放在当时那种状态下，我能做到吗？所以拍的时候，也不觉得那么苦了。

你演的中共特工和地下党，个个都是女英雄，你对英雄人物有怎样的认识和感悟？

怎么讲呢，在那个时代，因为有国仇家恨，所以能够出舍生无畏的英雄。就包括我现在刚杀青的这部戏《李保国》，他是新时代的英雄。他们有一个共同点，就是对他们的事业执着的追求，我觉得这种精神特别能够打动人。像李保国，习主席给他题字——“新时代的愚公”。他这种精神到底在哪？我们走访了很多他教的学生，他的同事，包括他的夫人，我们在一起聊天，都说，他一个河北农业大学的教授，能够一直扎根在一线，把他的教学成果跟农民结合起来，把苹果卖到一百元一个，这都是以前想象不到的，能够做到这样，这是真正的学以致用。他的学生都是跟着他，他也是跟着他的老师，这样一代代传下来的，这是新时代的英雄。其实跟以前那个时代的英雄是一样的，他们的共同点就是，有同样坚定的精神上的追求，所以很多物质的东西对于他们来说，已经不重要了。他就是享受这种精神的愉悦，还有当地农民对他的感情，这种东西很难用语言来表达。就像我在电影学院学习时，拍完《花季雨季》后，我只是觉得我喜欢演戏，拍了戏我很开心，角色大家又认可，包括专业人士的认可。直到我收到很多来自全国各地小朋友给我写的信，还有少管所的小孩给我来信，把我这个角色当成了知心姐姐。她说，看到《背起爸爸上学》那个姐姐，我就想到我的姐姐，觉得我做了那些不太好的事情，对我的家庭其实是一种伤害，我也想走出我自己这种困境。瞬间你就觉得，我这个职业已经不仅仅是一个演员了，就是我塑造这个角色，给其他人带来的鼓励，是远远超出我的想象的，这让我重新对我这个职业有了一层新的认知。

你从小就有英雄梦，为何在博客里却感叹当今社会没几个英雄？

可能当时我对英雄的理解比较狭隘吧，所谓的英雄怎么讲呢？这个社会人们的价值观悄悄有所改变，之前我们认为的英雄，一定要抛头颅洒热血，一定要怎么怎么样，其实那是英雄最高的一个标杆，他们为了事业牺牲了很多。反观到我们现在，因为社会富足了，每个人都各司其职，能够在自己的岗位上，真正做到爱岗敬业，这也是一种英雄，小小的英雄，做好自己本分的事情就很难得，真的是这样的。

你爸爸很喜欢看你演的谍战戏，他也是有英雄情结的人？

对，他很喜欢谍战戏。他没当上兵，当时是家庭成分的问题，所以他一直有这个军人梦，我拍的谍战戏他都特别喜欢看。

说到军人情结，你有吗？从小也想当兵吗？

有啊，毕业时我差点去了八一厂，八一厂也要我，但是军队程序走得慢一点。正好北影厂把我的户口都解决了，老师就说，谁先要你，就跟谁先签吧。可能就差了一个月的时间，没有去成八一厂。

你心目中的军人形象是怎样的？

有担当、有责任，而且很勇敢，把人民的利益放在第一位。我是湖南人，湘江每年都发大水，有一年发水发得特别大，好像是1992年还是1993年，当时我在湖南艺校，湖南艺校在河西，长沙河西荣湾镇那边。因为发水发得特别大，荣湾镇街上都淹了，很多武警战士就把那条路都给封了，拿着沙袋什么的，很多群众就自发地给他们送水，我们那时是中专的学生，看到这一幕。我们有同学家住在江那边，回来哭着跟我们说，就是解放军战士拿着木盆，把他们从家里接出来的。老师也安抚我们说，不用怕不用怕，还有战士在这儿保护我们呢，瞬间你会觉得特别安心。新时代的军人能够给大家带来的，真的是这种感觉。永远是最危险的地方冲在第一线。

战争年代的军人跟和平年代的军人有什么区别？

我觉得没有太多区别，就像我刚才说的，人民利益是第一位的，只不过战争年代是保家卫国，现在更多的是保护家人、保卫人民的这种。永远是抗洪啊、抢险啊冲在第一位的。

你更想塑造哪种类型的军人形象？

其实现在，部队是怎么训练的，已经有很多展现了。我比较喜欢《DA师》那种感觉，有很多现代高科技的信息战，跟敌人决战不是在前线了，是千里之外、万里之外的这种科技上的较量。高科技的，一个大国怎么跟另一个大国进行抗衡，这方面是我感兴趣的，也是很多年轻人想看到的。

不想演军医了，想演高科技的电子工程师了？

因为我对这不了解，有些想象的东西在里面，医生也很喜欢，但那是以前塑造的。而且新的跟旧的有区别，包括我们跟解放军总医院的医生也会有沟通，像埃博拉病毒在国外，这种医疗又是跟以前那种只是战地救护，又是完全不一样的，所以我觉得很多东西是与时俱进的。展现最前沿的东西，也是老百姓最想看到的，我们高科技的东西在那。

喜欢什么样的军旅作品？

康洪雷导演的《士兵突击》，纯爷们的那种，怎么将一个兵，塑造成一个合格的军人，我觉得真的让人挺热血振奋的。《亮剑》是比较老的那一拨，可能我拍新中国成立前的比较多，相对来说我比较喜欢新中国成立后的，包括新时期的军队建设。《炊事班的故事》也挺好玩的，每一个军种是不一样的，他们各司其责。不要小看一个小炊事班，可能它就是军队的后勤保障，你没有后勤，怎么可能前面打仗打得那么好。每一个军种都有他不一样的特色，有那种特正面的、热血的，也有这种轻松的，都要

有，才会组成文艺的百花齐放。《和平年代》看过，林永健老师有演。喜欢这部电视剧，它不仅仅着眼于军队，而是把军队跟当时社会的一些热点结合起来。我们无法割裂军队跟人民的联系。我觉得要融合起来，在一个大环境下宏观的看这个东西，这个作品的深度会更好一些。《柳堡的故事》，也很喜欢，好的作品它是经得起时间考验的。

对军人作品有何期待？

就像我刚才说的，我现在比较想看到当代的，而且最好是有不同军种的展现，不仅仅海陆空这一块，还有特种兵啊，反恐啊，新时代新出来这些兵种。就包括我刚才说的，韩国都拍了《太阳的后裔》，我们的军队军医，如果到外边，怎么跟反恐的相结合，怎么去做国际救援，这些东西没有展现的，我想看到这些不一样的东西。

你的成功经历对我们部队官兵有什么启示?

踏踏实实、认认真真做好自己喜欢做的事情，就可以了。干一行爱一行，只有你真正爱这一行，能感受到工作给你带来的快乐和成就感，我觉得这个很关键。你要是被动做这些事情，没有主动，兴奋度、积极性、愉悦感就没有，你的主观积极性会完全不一样。

以演员的品格去塑造角色

> 演员跟其他职业没有什么不一样，我做一个演员就挺好的。演戏这一块我是百无禁忌的，我不太愿意去重复一个角色。我有多大的名，能带来多大的利，不是第一位考虑的。我喜欢这一行，我愿意我很开心去做这件事。

你是1996年奉母命考的电影学院，这也是你自己的意愿吗?

当时我妈妈问我，你想不想深造？我说那要是能读大学，多好啊，但当时没敢想能考上。北京电影学院、中央戏剧学院、上海戏剧学院都是遥不可及的高等院校，如果能有机会考进去深造，那当然是件好事。我也是比较幸运的，算是应届毕业生，直接就考上了。

你当时是直接冲着北电来的吗？中戏、上戏都没去考？而且一次就考上，这么顺利?

中戏也考了，还是跟北电有缘分吧。我一个人来考学，也没有什么，就闯吧。考中戏时，我进了三试，但三试那天正好感冒发烧，嗓子发炎，说不出声音来，自己挺着急的，中戏是对声音要求比较高的。再考北电的时候，反正就是最后一搏了，管它呢，能多展示就多展示，也不怕，就考上了。后来问崔老师，她说当时看上我就觉得我很质朴，喜欢我身上那种特别朴素的感觉。

有的同学有家长陪考，你没有？

当时陪考的家长也不是特别多，相对而言，一个人来考试的比较多。不像现在，来一个孩子，然后四五个家长陪着。我还好吧，我北京也有亲戚，住在亲戚家里，自己坐374公共汽车倒302，就这样去考学。

1997年，你刚大一，电影《背起爸爸上学》和《花季雨季》就选中你去演女一号，北电那么多美女，为何偏偏选上你？

觉得我很质朴吧，这也是崔老师挑我的原因。他们觉得第一个戏是农村戏，导演觉得我挺合适的，下去体验生活一个月，跟农民同吃、同住、同劳动。我记得第一次睡他们炕上，给跳蚤咬得全身都是包。他们跟我说，没事，是村里来新人了，咬过这一茬，就不会再咬了，

你是城市孩子，没有娇气？这么能吃苦？

那也没办法了，你都来了，又能怎样？我还是比较能吃苦的，当时导演说你太白了，要黑一点。我就跟已经去世的，演我父亲的江化霖老师，每天中午农忙结束后，把水泼在脸上，然后就躺在地下给太阳晒。现在的小孩都做不到这些，下地干活、收高粱、天天担水，因为西北缺水，挑水得走两三里地，整个肩膀这一块全部磨破了，全是血印。后来一想，你只有体验劳动后，体验到农村孩子这种艰辛，你才能理解姐姐为什么能够为了弟弟能出人投地，选择不嫁，用嫁妆的钱供弟弟上学。现在这个弟弟李勇已经是人大博士了，我们当时跟王浙滨老师聊，说这个孩子特别不容易，他能够有这种感恩，能够知道姐姐为我付出了这么多，我一定好好念书，他也有这个条件，来报答家乡亲人的付出。所以你必须在劳作当中，才能体验到人物的感觉。

当时那么苦，没有想到打退堂鼓？

既然要演这个角色，所有的东西都是应该的。反倒是现在的很多创作，年轻演员少了这个环节，我觉得未必是件好事。仅仅是把台词说了，

而这个人物为什么会说这样的台词，他到底经历了什么？你没有这个经历，仅仅只是把他说出来而已。说完之后，能否让别人的心里有所感动、有所触动，这个就不好说了。所以我觉得，必要的人生体验和创作体验，是要有的。

《背起爸爸上学》和《花季雨季》你都获奖了，但似乎《花季雨季》中的谢欣然人们印象更深些？

因为她是代表新新人类。真正是改革开放后第一拨去了深圳的人，他们的孩子面临在特区环境下的选择，外来的，户口跟别人不一样，其他的跟当地的人一样，他们的一种困惑和选择。尤其是那一代的独生子女，都会在那部戏中折射出来，所以它会影响到很多人。就包括我们现在，为什么我说，想看到当代军旅题材的作品，除了以前训练的那种模式，我们现代军旅的特点是什么？其实已经日新月异了很多，想看到这种，这让人家觉得更鼓舞人心。一个时代有一个时代的标杆，有一个时代的风貌。

你是你们班最先红起来的，当时的心态怎样？

没有什么特别的感觉，回来后老师就跟我们说，这只是对你这一部作品的认可，没有什么不一样的，你还是学生。哪有像现在，经纪公司的人陪着，你拿了一个奖，化妆师、服装师给你借衣服化妆什么的。我们什么都没有，就说这个晚自习你不用参加了，你去领个奖吧，然后背个书包就去了。真是这样的，放学就走了，没有觉得跟别人不一样。可能就是这种朴素的东西，我一直觉得演员跟其他职业没有什么不一样，只是因为职业的特性让更多的人了解你，仅此而已。

班里的同学，怎么看待你取得的成绩？

赵薇她们不也拿奖了吗？差不多，也是1997、1998年，没有什么特别的感觉，没聊过。晓明后来说过，哎哟可羡慕你了，我说是吗？男孩跟女孩不一样，男孩可能出道会晚一点，机会比女孩稍微迟一点。他说那时候可羡慕你了，但我自己没觉得有什么。而且当时是有很多广告来找，什么卫生巾的广告，那时十几二十万，已经很贵了，你想我们一年学费一万块钱都很贵。就因为崔老师一句话，你是一个演员，当时对广告还有那种观念，不能让你一出来，别人就说，她是卖卫生巾的，会影响你角色的塑造。就说不接就不接了，我们那时候真的挺乖的，就觉得你要演戏，你要演多个角色，你不能这样，那就ok，那就不做这事了。那个时候，商业这一块是没有概念的，

但艺术院校的表演系似乎是不给在外面接戏的，崔老师为何放你们出去拍戏呢？

首先她看重的是这个班底，《背起爸爸上学》是北京紫禁城影业公司出品的，老板是张和平，制片人和编剧是王兴东、王浙滨老师，这都是写了《蒋筑英》《离开雷锋的日子》的班底，导演是周有朝，当时是西影厂的新起之秀，拍了《一棵树》，好像是奚美娟演的，这都是拿了奖的。这么好的优秀的一个班底，崔老师就觉得这两个月的时间，会比你在学校学到的更多，那我就放你走，但是回来的功课是一定要学的，她会盯着你把功课补回来。所以我们班能够出这么多成绩，跟崔老师对我们的付出是有很大关系的，她会帮我们权衡这些。她要觉得好的，她就会努力去推，她要觉得这不行，这烂戏就别去上了，挣什么钱呢？你们以后多的是上完学去挣钱的机会。她会帮我们做取舍，她是我们当时的经纪人。

她真是很关心你们的成长和学习？

而且她觉得，既然能有出去拍戏的机会，能去锻炼，为什么不去锻炼学习呢？对于我们来说，表演这个东西，是一定要实践的，然后再回来，再出去再实践，你才知道学校老师为什么要这么教，在外面又是什么样子。只有这样互动多了，你才会学以致用。可能我们这个专业特性决定了我们，所以她会以这种教学方法来走，事实证明，她的这条路是对的。

回来复习功课多辛苦啊，得加班加点？

对啊，但我们同学好啊。我找现在留校的高敬瑜，还有我们班的团支

书祖峰。祖峰老跟我搭戏演出的，就特别好。要不然他有自己的作业，还要帮我搭对子演出，等于是双份的劳动，但都特别好。

获奖后崔老师还找你谈心，让你戒骄戒躁？

对对，会说，她会一直跟我讲，你演的温柔善良的角色太多了，你得破一下你自己，所以才会有后面的《山里红》。演个东北女孩，带着东北口音，虎虎的那种，唱二人转，唱戏的。所以她每一部都会在我们身边，推我们一把，我觉得真是挺幸运的。我们经常一起聚会。

但你成名后却逐渐淡出了人们的视野，没见有什么作品出来？

没有，我一直在拍戏，只是那几年拍电影会比较多，我毕业后演了五部电影的女一号。有时候很难讲的，当时电影是不太景气的，所以可能作品拍完之后，真正能走进电影院看的人并不多。不是说你没在拍，只不过可能那个阶段，或者当时的情况，你看到的有不一样的感觉。

同学赵薇凭《还珠格格》中的小燕子呈上升趋势，你的《花季雨季》也走红了，为什么没能这样呢？

有几个小燕子啊，赵薇算是偶像的第一拨吧，因为她签的是琼瑶的公司。港台那边对艺人的包装，我说实话，国内比不了，那些公司属于造星的。我觉得我做一个演员就挺好的，可能这个概念确实是不一样的。

直到2005年的《宝莲灯》，清冷美丽的嫦娥让人们再记住了你，有人认为你塑造的嫦娥是史上最经典的，你怎么看？

没觉得，没感觉。人有时候就这样的，你不知道哪个运气就来了。说白了，《宝莲灯》中嫦娥的戏份并不多，我当时跟《长河东流》一块拍的，演陈圆圆，可能你没觉得那个角色怎么样。我只是认认真真把每一个角色拍好就完了，可能一个配角就让人家记住。就像老师说的一样，没有小角色，只有小演员，就看你用不用心了。你要真用心了，那部戏别的角色观众没记住，可能就把你记住了。

大家认为你的古装扮相最美，有没有信心挑战中国“四大美女”？

无所谓，不限定的。如果真有人找我演，而且剧本也好，我又想演的话，我觉得我会去尝试的。因为你本来就做这一行的，演戏这一块我是百无禁忌的。包括《李保国》这部电影，后期都是老年妆，很老很老的这种感觉，我也觉得无所谓。我演慈禧也挺愿意的。拍了一阵古装戏后，我就不想拍古装了，我就想换别的感觉。我不太愿意去重复一个东西，就像别人说的，古装大IP，你干吗不赶这个趟多拍几个？我觉得反正已经有了，我就再走其他的，我不想把自己箍在某一个形里面。如果从商业运作来说，人家反倒觉得，演同类角色，你一定要演好几个好几个，别人都跟你抢不了这个饭碗了，那你再转型，像你这样，其实从商业对艺人的包装来说，是不合适的。但我就觉得，我要做演员的话，老演一种角色我觉得不过瘾，我想突破我自己，才会拍拍这个，演演那个。比如别人说，《北方大地》你居然演这种角色，跨度这么大，这种工业题材说白了，是容易讨专家喜欢的，但年轻人真正有多少喜欢做这个的？我说这些东西对我不重要，我是喜欢这个角色，我想把这个角色的成长展现出来。我有多大的名，能给我带来多大的利，对于我来说，不是第一位考虑的，这是我的个性使然吧。

所以你并不刻意强调自己的古装扮相有多美？

我古装扮相美，我就一定要拍古装，我就一定要把这个坑占住了，对我来说，这个不重要。就像我为什么那么喜欢萨日娜？她身上这种工匠精神，我很欣赏，很多段台词都是我自己加进去的。我是比较看重我演员这个身份的，我希望我每一次出来的角色，会有变化、会有突破、会有不一样。就包括我为什么会接拍海顿导演的《传奇英雄》？里面演一个小寡妇，其实戏份并不重，但是也有很多人通过这个角色记住了我，为什么？我想证明的是，我是有塑造能力的，在演员这个角色当中。那些从商业方面考虑的，你要怎么怎么样，从我个人的角度来说，我不是特别看重。

你演了很多年代剧，被认为是年代剧"女神"，但你却说自己是"女神经病"，为什么会这样调侃自己？

没有，开玩笑的。没有觉得自己是"女神"，"女神"太累了。那么多"女神"，我干吗要去当"女神"啊。当"女神经病"，开开心心不挺好吗？

我觉得你的很多年代戏，人物是雷同的，你既然想塑造不同类型的人物，为何会这样选择呢？

我没有觉得角色是雷同的，比如《独狼》，我跟祖峰演的。我那个角色，他们说"太帅"了，我说"是，就是帅"。那个年代的女人，能留洋回来当上通讯科长的，那个劲就是不一样。我说不信你看，《独狼》里面我走路那个"范"，就跟我平常走路是不一样的，就是要抓人物的这种感觉。就像《传奇情仇》又会不一样，我演一个歌女，我在台上表演是什么感觉，家里穷困之后又是什么感觉，我要一步步地报仇，我又是一种什么感觉，都会是不一样的，所以我喜欢人物更丰富一些的这类角色。

虽然都是年代戏，但人物的特质是不一样的？

那肯定是不一样的，要不然，就没意思了。我也不想老演同一种，觉得不好玩。

《北方大地》中的萨日娜，你演得非常棒，但那种温婉的个性，是不是你的本色出演？

不是。就像当时我跟导演聊，聊萨日娜的人物基调时，就已经说了，这个人物就是一个温暖的人物，她最开始是团队的粘合剂，其实萨日娜的成长，就是女性对自己本我的书写这么一个成长过程。在企业界来说也是，真正的女性企业家屈指可数，而且都是被命运推到那个份儿上的，跟我们国家，包括其他国家都是一样，男权的东西在那。就像萨日娜最开始对王中天的爱慕，是因为她父爱的缺失，她对王中天这种霸气的人格的崇拜，最开始就是这样的，她忽略了自己其实是有很大的潜力的。她只是觉得，我当不了领导，我做不了一把手，我就给你当副手，把这些工作都安抚好了就行了。但没想到青元公司走到那一步之后，她自己可以独立成立大地公司，同样做得很好，能够跟王中天抗衡。这是女性苏醒后的一个表现，她完全把她的角色，还有人物身上的另外一面挖掘出来了。所以后期，萨日娜跟王中天在一起，就是眼神的不一样了，包括开会出来的感觉，完全就是一个独立的新女性形象出现了。

我以为萨日娜应该是像董明珠那样精明强干的，但看到你演的，却像一个大学教授那般的斯文有礼？

这是不一样的，跟萨日娜、跟王中天的企业的理念是不一样的。之所以她能走到这一步，她从青元公司出来之后，所有的员工重新来找她，那她的核心的凝聚力在哪呢？就是萨日娜身上一定有温暖的一面。我跟导演刚开始聊的时候，就是说的这么一个问题。萨日娜是外柔内刚的，她跟王中天，一个是太阳、一个是月亮，一定要把这两个人物给区分开。而董明珠更多的是王中天那种激进型的，萨日娜不是这种，她是可以以退为攻的。

我觉得导演选对了，你的风格外柔内刚，不用演，萨日娜就是你了，对吗？

还是得演，萨日娜前期跟后期完全是不一样的。她批评一个人，有她那种狠劲，但我会在适当的时候收回去。你有错误，我绕个圈点你，只是点的那一下，我让你知道你的厉害关系在哪，但平常我还是收着的。王中天可能直接就爆了，拍桌子，“乔友山你不能这样”，所以一定要有区分的。

你一直想突破自己，出演了《传奇英雄》中的小寡妇，还有《浪花淘尽》中的反派日本女间谍，但我却觉得你的小寡妇并不够“泼”，反派并不够“狠”，是不是没有放开去演？

有导演的要求在里面，她不是撒泼的那种“泼”。在那个年代，你想师娘能够看上自己的徒儿，这就已经很不一样了。她的斤斤计较一定要在角色的基调当中，而不是说，我为了要演一个泼辣的，就一定要“哇哇哇”那种，我不是这样的，我一定要在人物的基调中来做这种事情。包括《浪花淘尽》里面的“狠”，我要是让所有的人一眼就看出来，这个人可厉害了，她一定是个坏人，她身边全都是间谍，那我不是早都暴露了吗？

其实你的表演是很到位的，也得到专业人士的肯定，那么你觉得你的演绎风格形成了吗？对自己有怎样的定位？是人们说的偶像实力派吗？

那不知道，形不形成风格，那是别人说的事了。说我是偶像实力派，我很开心。

你最擅长演什么？有没有驾驭不了的角色？

没有，就是演嘛，你敢找我演，我就敢演，既然做这一行，就得有突破，要不然还有什么意思呢？你看我这皱纹啊，前两天我都快起痱子了，就是演《李保国》时，为了角色有臃肿感，穿了一件小棉袄在里面，因为是六十岁的人了，从外部条件来做，这是很难的。其实很多走内心的戏是最难的，你要有当时那种感觉，还要有年龄感。个性不是特别突出的，反倒是容易，外部的东西反倒会好抓。像《传奇英雄》如果放开去演，这个戏没什么，你就演一个泼妇就行了，那你就怎么泼怎么来。但你想我是个小寡妇，那么多人喜欢我，仅仅只是个泼辣的泼妇，那我有什么魅力，谁会喜欢一个泼妇？这种一定不要有惯有的脸谱那种，那没意思了，还是得多面。

你这么年轻，演老年人时，怎么抓老年的那种感觉？

体态上面，主要是心境。电影跟电视剧是不一样的，电视剧全部是在那里说说说，电影没有什么台词，完全是情感的东西，走心的那种，所以就会很累。

你也演了很多现代戏，是不是觉得现代戏接地气，好演一些？

没有，现代戏也不好演，都是你身边的人物，你演多了、演少了、演过了，人家一看就说，这不像，这演的什么？所以各有各的难。

你获奖都在电影上，电视剧很少，你选剧本和角色有什么标准和要求？

没有，故事好人物好，班底合作也不错，就这些。得不得奖，是命，还有运气吧。我要是光为了得奖去拍戏，那就没意思了。我只是觉得我喜欢这一行，我愿意我很开心去做这件事。我对生活没有太多的功利心，所谓得奖，多少人说有黑幕，网上刷票刷成那样，有意思吗？我对角色也没什么要求，整个剧本好，能够打动你，我愿意看下去，这是最起码的，具体人物具体分析吧。就像现在说玄幻剧怎么怎么的，就我个人而言，我就不太愿意演那种。

正想问你，你对《三生三世十里桃花》这种玄幻剧大红，怎么看？

这个还算好的，制作什么的都不错。不是所有的玄幻剧都不好，确实有那种特雷的，不知说什么，就在那飞来飞去，弄这个有意义吗？女演员就是一个美，往那一站，说说话就完事了，没有太多意思。就像有人说的，现在一个作品虽然炒得挺火的，但隔两年看都不愿意看了。《西游记》86版的，为什么能播得那么好，它就是经典。它每个人物都对了，猴子是猴子，猪是猪，每个角色感觉都挺好。虽然特效一般，但为什么一直流传下来？杨洁导演是怎么拍下来的，你用心了和不用心是不一样的。观众也不是傻子，现在这些演员红，观众看个热闹，看就看了。《宝莲灯》为什么好，它是除《西游记》外，央视重播剧最高的一部戏，它是经得起检验的。大家为什么觉得嫦娥好，我自己没觉得，就是认真地把这个角色完成好，我只是做我的本分而已。每个戏有每个戏的运气，每个戏有每个戏的命运，这个都很难讲的。还是回归到演戏本身，我只是本本分分把嫦娥身上清冷的气质表演出来，仅此而已，我只是做好我的本分，观众也认可，那ok，那就翻篇了。就像老师对我说的，这只是对你这一个角色认可。

你跟井柏然、杨紫等小鲜肉都合作过，对他们的印象怎样？现在很多人对小鲜肉的印象都不太好？

他们两人挺好的，杨紫从小就会演戏，而且挺认真，小井也是，挺好的。我们那时候也没有什么毛病，或怎么样的，有些人是有。我一直在说，他们丧失了一个最根本的快乐，他们现在得到更多的是，拿到钱了，粉丝们喜欢了，但表演的乐趣他们完全没有。我们演完一场戏之后，和对手演员，包括镜头出来之后，那种愉悦感，淋漓畅快。有时你演得好，现场都有人给你鼓掌的，有的人捂着嘴都哭了。《北方大地》我跟张国强的那场戏，还有我和牧仁的那场戏。两个人吵架，跟张国强分手，然后牧仁来找我，那两场戏，现场化妆的，在旁边看监视器的工作人员，都捂着嘴哭，现场的时候就已经很感动了。当他们红着眼圈走过来说，姐真的，我当时就受不了啦，那一瞬间作为一个演员你很满足。我觉得小鲜肉们

“一二三四五六七”，说完之后，他得不到真正的尊重，也得不到作为一个演员，能够从这份职业中体验到塑造角色的那种快乐，我觉得挺可悲、挺可惜的。

他们也需要成长？

对，他们也需要有人引导的。我们当时到农村拍戏，真的是下去体验生活，看老演员们是怎么演戏的，坐在监视器后看，然后就问这是怎么怎么样。现在的小孩连“台词你为什么会这么说，前面一场戏是不对的，你应该临场会做一些调整”等等，都不会说，完全接不上。就算是现场规定剧本所有都是对的，我们把剧本全部熟读后，到了片场跟对手演员交流，跟导演交流，我们现场就会改戏，很多东西是即兴的。如果你对这个人物完全不了解，根本不知道怎么演怎么接，就是太可怕了。但是现在更多的人来现场演戏，把台词念了就完事了，完全没有二度创作。

正面人物和反面人物你都演过，觉得正面人物好塑造还是反面人物好塑造？

都不好塑造。每个人物都有不同的特点，找准人物身上的特点来演就好。比如这篇文章好写还是那篇文章好写？肯定都不好写，写好了都不容易。

喜剧和悲剧呢？觉得哪个更好演？哪个更容易打动人心？

没有哪个更好演，要演好都不容易。喜剧对节奏的把控、抖包袱的这个点，是很难拿捏的，就是这个分寸感很难拿捏的。相对于中国，喜剧比悲剧更难演。喜剧不是我们想象中的，搞个笑就完了。能不能在演喜剧的同时，让人家笑中带泪，不是哈哈一笑就过了。如果是逗乐，平常大家瞎贫都能开心。喜剧不是要这个的，还是要有升华之后的东西，这个是很难的。就戏而论，不能一概而论。

你身上有喜剧因子吗？

有啊，我很多面。

艺术、商业和主旋律电影，你更想演哪一种？

还是看剧本吧，没有固定的东西。不是说商业就选商业的，艺术就选艺术的，类型不重要，是不是用心做这个，很重要。所以大家对流量明星有质疑，没觉得他演得好，但所有的坑他占着，你能说什么，没办法，社会这样。别人没法说，我做好自己。

像你刚杀青的《李保国》，就是一部主旋律电影？

但我们这个主旋律，一定不是你想象中的主旋律，我们在里面添加了很多东西。我们这种是新时代的教授夫妻，我这条线是负责情感的，会让你更多看到两口子间的小情趣，那种互相扶持是不一样的，也有点小喜感。不像传统主旋律苦哈哈那种。

话剧、电影、电视剧呢？同等条件下，更想挑哪个演？

没有更想挑哪个的，话剧、电影、电视剧都可以。没法选择，得看项目。就像问，川菜、粤菜你更想吃哪个？哪个都爱吃，只要你做得好。艺术形式都不抗拒，有合适的来找我，我也觉得整个班底，包括角色剧本我很喜欢，那就去做吧。我这个人特别无所谓，尤其在艺术创作这一块，我觉得最重要的是，我喜欢了，我想做这一个。就像最开始跟你说的，如果一个工作你都不愿意去做，那你有什么积极性去完成好它呢？这个挺关键的。我不会说，这是商业片我就去做，这是文艺片我也一定要去，没有这个概念，还是剧本是否打动我，这个很关键。

每拿到一个剧本，你是如何让角色立起来的？

角色分析啊，把人物的基调定下来，每个人物的每一个阶段，她是怎样一个成长的过程，每一个成长过程当中，我要着重表现的人物特质是什么，把她分析出来。从外部入手也是肯定的，什么样的人，她的个性，她的身份地位就决定了她是什么样的穿着打扮。等外部的这些东西做好了，所有人一看，咦，是这个阶层的人，是这个职业的人，这个是很关键的一点。从外部入手，再根据她在剧本中是怎样一个情感过程，然后把她的心路历程给理清楚，就OK了。

戏演完后，有没有抽离不出角色的情况？

没有，这个是职业了。当然有些演员，也许某一个阶段，她自己家里有什么事，跟角色有些切合，她抽离不出来，我觉得正常的一般都会抽离出来。可能上一秒我还在开玩笑，下一秒我就能哭，这是瞬间投入的东西，你要训练你自己的。

你演过那么多角色，哪个对你最有影响？

我妈就说我，你看萨日娜多聪明，你能不能学学她。我就说，妈，我能把她的聪明劲儿演出来，就不错了，智商也就这样了。

你真是个坦率的人！

我很直接，我不会绕弯子，我会跟别人说，我哪不好，你告诉我。因为沟通成本太费劲了，就三个月的时间，我还在想、我还在琢磨，我会不会伤着你。那些东西我不在乎，我只在乎会不会对这戏有好处，会不会对我塑造人物有好处，我觉得这个是最关键的。因为中国人太讲究人情了，扯了半天，就没有说一句实话，急死你。两分钟能说清楚的事，非要让我20分钟说出来，这样效率太低了，

你演了这么多作品，最喜欢哪一部？

我喜欢《北方大地》啊，首先这个题材就是个大题材，它着眼将近30年的创业历程和人物命运，我现在在一个比较好的年龄段，我能往小里演，也能往老里够，而且有了一定的人生体验。就像很多人说，小鲜肉他怎么演不出来，或怎么样。你不能对小鲜肉抱有太高的这种要求，他的年龄段在这儿，他的生活中体验不到更多东西，你让他怎么表现出来。他只要把他的青春亮丽，这个年轻人的角色的特质展现出来，就ok了。只有你生活中经历了悲欢离合之后，你才能真正体验到那种感受，然后把他带入到角色中，把他带入到人物当中。

《北方大地》是你《花季雨季》后的又一代表作？

是啊，最起码我现在可以跟人家说，我演不了《花季雨季》了，我眼神中没有那么纯的东西了，就是这么一个特定的年龄。当时别人怎么会觉得我《花季雨季》演得好呢？除了纯真之外，这个角色的特质在我身上有恰如其分的表现，就是这种分寸的东西是很难得的。

你跟吕良伟、苏有朋等很多港台演员合作过，他们的表演风格跟内地有什么不同？

还好吧，就是刚开始说话交流有些困难，他们讲粤语，有些听不太懂，需要适应，反倒是情感的东西会是一样的。可能有时候对事物的认知会不一样，这个东西在他们那叫另外一个什么东西，但人类的情感还是顺通的。

就是说你跟他们合作还是很顺畅的？

挺开心的，在导演的调控之下。内地演员的表演风格也不一样，你

说哪个演得都能一样？都不一样。只不过说我们都是各种菜，放在导演手里，这个多来点，那个少来点，我来有一个平衡，我觉得这个很关键。表演没有什么高低。

你跟陈力、陈键、习辛、哈斯朝鲁等优秀导演都合作过，从他们身上收获了什么东西？

人家为什么能成功？人家也是耐得住寂寞，一部一部拍出来的。你像习辛导演，军人出身，雷厉风行，他对戏的把握很有情怀。他们这一帮人，全部是有情怀的，我觉得这一点是很关键的。如果一个人连情怀都没有，你让他做什么？他连那种理想，他都觉得我不可能够得着，我想都不去想，那他能有多大的抱负。包括《北方大地》的拍摄，哈导的要求非常严格。他看了一下景，说不合适，我一定要搭景拍，我一定要把当时的生活气息全部弄出来。你看我和牧仁，我们有几场戏在楼道，其实楼道的戏并不多，但是楼道的陈设，全部是美术老师复原来做的，只是加宽了一点，利于摆设。楼道里摆的那些东西，那些锅碗瓢盆，那些灶，全部堆放在那，演员在那种场景里，他就有那种真实存在感，所以这很关键的。你没有这种审美，导演没有那么细致的要求你，出不来这些东西的。

他们是很有人格魅力的导演？

跟人格没关系，对艺术有要求，对自己有要求，我觉得这很关键，艺术上你要耐得住寂寞的。吴刚以前演了那么多角色，他演《铁人》也拿了奖，谁知道他？但《人民的名义》"咣"一下起来了，你才知道，原来有这么优秀的一个演员。但对不起，他不是在《人民的名义》里才是一个优秀的演员，他一路走来，就是一个优秀的演员，只不过你没有看到。就像别人说，颜丹晨那几年跑哪去了？我也一直在演，只不过你没发现我优秀而已，可能有这么一部戏爆发了，你才又知道我，就这样。

你最想跟哪位导演合作？

没合作过的都想合作。

你跟唐国强、姜文、刘晓庆等大明星合作时，有压力吗?

还好，没有压力，都是演员，要是连这点自信都没有，怎么去演角色。我很认真，我觉得这一点很关键。现在很多新人，如果愿意跟我探讨表演上的事，这个台词怎么设计，为什么这个要这样，我都是很乐意解答的。因为我一路走来，他们也是这么帮我的，这个是很关键的。就是对手戏一搭，你就知道这个演员，他做没做功课，他功课做得有多少，就这么简单。就像你来跟我聊天，然后跟我说，要约时间，还要找资料什么的，按平常的，人来了不就来了，采访完不就完了。但是说实话，我很欣赏你这一点。因为太多的采访，连你拍过什么戏都不知道，就来问你对这个角色怎么看，你在片场有什么好玩的事，跟这个演员合作开心吗？好的，谢谢。然后走了。我觉得这是一个形式，只是为了工作而工作，那没有意义了。你跟我要求说，三个小时，说实话，刚才我们多少时间，半小时搞定走人。她们说怎么给你这么长时间，我说你看刚才姐姐给我发的信息。我给她截图看过去，她就说，我知道你为什么要给她这么长时间。因为你很认真地告诉我，你要看我的资料，你要做采访准备。我觉得人是相互的，我把我生命中的宝贵的两三个小时跟你分享，我希望我们的碰撞是有火花出现的，我们聊完天后，还会成为朋友，或者能出来一个真正好的东西，最起码，我们要创作的态度跟你要采访的态度是切合的，我欣赏这样的人。如果你对你自己的工作都不认真，不愿意做这些东西，那我凭什么把我生命中宝贵的两三个小时跟你分享，咱们干点别的不好吗？对不对。

你想跟什么样的演员合作?

就是认真的吧，真正的演员吧。你像我跟张国强、林永健合作，我觉得太认真了。我们会跟导演聊、跟编剧聊，我们有什么样的想法，就特别直接的，哥你这样，我觉得不太合适，你看我这个行不行。我们之间没有那种，你是大腕，我够着你，你说什么我都点头说好，那样对艺术创作是没有好处的。真正的创作那是要有碰撞的，好或不好，或有没有更好，就

得直接来聊这些东西。哪怕这场戏跟他没关系，我在跟导演聊，他也会过来插一句，妹妹你觉得这个怎么样。他跟导演聊那一场戏，我也在旁边听着，我说，导演，哥，你们想想如果这样行不行。其实就是很平等的这种创作氛围，才特别好，才能真正出东西。不要以为，你是大腕，所有人都捧着你，那样不对的。就像国强哥说，我们这部戏为什么会好，因为我身边每一个人，他演出的角色都有特色，都有个性和魅力。整个戏好，才是真的好。

你国内的偶像是张曼玉、张国荣，为什么？

张曼玉看了她很多戏，觉得她塑造人物的能力很强，能将自己的个人魅力和角色魅力结合在一起。张国荣我从小就很喜欢他，他唱歌唱得那么好，还有他演《霸王别姬》的那种感觉。你想一个港台演员，为了演一个京剧演员付出那么多，就是他身上这种单纯的东西，特别好。他可能是港台包装得很好的一个明星，他能将明星所有这一切抛弃，仅仅以一个演员的身份来做这一切，我觉得光凭这一点，就是很值得人尊重的。

你欣赏的都是很有演技、很有个性的演员，比如国外的安吉丽娜·朱莉?

安吉丽娜·朱莉是很有个性的女演员，她身上有很多女演员所没有的东西。她是无可替代的，很多女演员替代不了她身上那种气质。你让我去演她那种角色，我真演不了，她身上那种狠劲。她已经把自己的个性魅力展现到极致，同时又能把角色魅力带出来，很类型化，但你又觉得很好。

因为你演不出，所以欣赏他们?

因为我五官的轮廓跟她不同，我就算演她那种人物，就算演，也不可能像她那样，那么切合。

你如何看待演员这个职业?

演员就是个职业，没有什么特别的，无非关注度更高一些，仅此而已。有时容易太把自己当回事，有时容易太不把自己当回事，就这么简单。其实你跟普通人没有什么不一样，一些很牛的科学家，他能改变很多人的命运，但因为他的职业特性决定了很多人不认识他，而你的职业特性决定了很多人都认识你，你会有膨胀感，所以不要把自己太当回事。但有时就得把自己当回事，为什么？外面对演员这个行业不理解，然后带着有色眼镜来看你们，你们不就是张着嘴说说话而已。对不起，那你是对我职业的污辱，这个时候我一定要有所为，我要看得起我自己。

你在这个复杂的演艺圈如何做到没有绯闻?

我就没有绯闻啊，有的人为了戏会炒一下，我就不愿干这个事啊。我年轻的时候我都没做，我现在更懒得做了，不也挺好的。现在出来一个人，这个说我知道她，那个说我知道她，但谁知道她拍了几部戏？这叫话题性。对不起，我整不了话题，我拍好戏得了。

你觉得演员应具备怎样的品格？

我觉得不光是演员，所有人都得具备傲骨，还有自由。我得牛逼到我不想做什么就不做什么，总得明白有些东西不能去做、不能去碰的吧，你得有自己的底线。谁不愿意多赚些钱啊，大家说那些小鲜肉，不是说她赚钱多，而是说在赚钱的同时，不应该仅仅提供这样的演出。没有人眼红你钱赚得多，你真有这个本事，你是可以拿到那么多钱的，但你每部戏出来好吗？你像林永健老师赚得不少吧，但他配拿得上这个钱啊，对不对？没有人说他吧，那为什么其他的人就会有那种感觉呢？你演戏吊儿郎当的，组里你又摆大牌，那当然人家看不起你啦。

同班同学赵薇、黄晓明、陈坤现在都比你红，而你成名是比他们早的，心里平衡吗？

为什么不平衡？各人有自己的命啊，为什么要去跟别人比呢？能不能跟自己比啊。很多人容易眼红别人，那是人家的机遇、人家的努力，他所有这些东西你是没法比的。还有很多演戏比我们好的，她没有机会出来，能怎么办呢？所以我觉得就跟自己比。谁说过这样一句话，优于别人并不高贵，高贵的是优于自己，因为自己跟自己才有可比性。

你没有背景一步步走到今天，靠的是什么？

好好拍戏，靠的是我的认真，来的都是回头客。合作完一部戏或两三部戏，其他朋友就过来说，这个演员不错。我觉得认真，这个是很关键的。谁愿意花那么多钱找一个不认真的人？我都愿意找一个对我作品负责的人。我不敢说我的能力有多大，但我能保证，我的付出有多少，我会用心去做这件事。当然也有潜规则，看你愿不愿意做，你要愿意做，那你是另一条路子了。圈子就那么大，你做的那些事，谁不知道啊，我觉得挺丢人的，那就算了吧，我现在这样，已经挺知足的了。

你坚持的力量来源于什么？

我喜欢啊，我喜欢演戏啊，仅此而已。我不喜欢，干嘛还要干这一行，人生就这么短。

你觉得天才的演员是没有的？

天才怎么说呢？姐，这个不好量化的。演技为什么要叫演技呢？它是有技术含量在里面的，演员走位就是一个技术活。三台机器拍你，你要每个机器都顾得着你，在动作当中完成你所有的表演。把台词都说完了，把走位走明白了，这就是技术。多一步少一步，一瞄我就大概知道。电影也一样，拉皮尺，差那零点几，焦点就不直，这些东西全都是技术性，这是你必须要掌握的。所谓的天赋就是你演这个角色，你处理的方式比别人多那么一点点，就会觉得特别真实，特别能打动人。可能那一点点，是你生活中的积累也好，是你的演技不一样也好，是你的天赋也好，占的比例可能就是那么一下。好多东西都是积累起来的，很难用语言来表达的。

时至今日，最想感谢谁呢？

感谢崔新芹老师，她不把我招进电影学院，我就没有今天。崔老师教了一个很好的方法，这个很关键。还要感谢爸爸妈妈，没有他们，就没有我，虽然他们对我这个圈子没有太大的帮助。

今后有什么发展方向？

没有，好好拍戏就完了。演员相对来说，单纯一些，但是也不绝对。会不会做导演或制片人，我觉得是这样子的，当你想有东西要表达的时候，ok我可以去做这个。现在还没有哪个剧本或者什么，我特别想去表达，我特别想把它拍出来。如果我想当导演，不是说我要挂一个导演的名字，因为人家都多栖发展了，我也来一个，那样没有太大的意义了。

你也演唱，当主持人，想演而优则唱吗？

我对所有东西都不排斥，但我也不是一定就要怎么怎么样。因为我这个人的个性就是这样子的，你找我来，我给你弄好了，我也挺开心的。

你现在成立了自己的工作室，是以真人秀、公益事业为发展方向吗？

也没有，不完全是。

以独立的人格去塑造人生

> 我愿意把世界想美好。我得到挺多的，这是应该回馈出去的。踏踏实实演戏、认认真真做人。婚姻也好爱情也好，必须我爱了才行。女人要有自己的事业，要保持独立的判断力

生活中你是怎样的人？

我就这样啊，喜欢遛遛狗，这条狗是《北方大地》捡的。我不喜欢泡夜店，不喜欢去酒吧，我就喜欢遛遛狗。或者跟好朋友分享美食，聊聊天，锻炼一下，看看书，觉得挺开心的。

有什么样的个性？

我没什么明显的个性，大家都喜欢跟我聊天，跟我倾诉，我愿意把世界想美好。

有什么业余爱好？

遛狗，游泳，健身，看看书，觉得生活特别美好。

你有些写真，都是些性感妖娆的照片，跟你的本性不太符？

那有什么，我就是个演员，不就得多面性吗。如果有导演跟我说，颜丹晨你能不能演性感的？那好，有性感的照片你看一眼，我有性感的那一面在那。因为我觉得做演员，各种东西都要去尝试，要不然你怎么知道你能不能够驾驭呢？

喜欢跟什么样的人交朋友？

能聊得来，才会有进一步的了解。三观一致，人生观、世界观、价值观都一致。

你们北电96明星班，现在各人的发展高低都不同，但依然很团结友爱？

我们是没有血缘的亲人，我们之间没有觉得有什么不同，只不过所有

的外人都在那说，有没有觉得人家红了，心里怎么样？我说没有，人家好了我当然高兴呀，谁好了我都高兴。大家在一块儿就是同学。现在很难找着四年都在一块的那种情感。当初又是那么纯。很多人都理解不了，其实没那么复杂。我们在一起玩得挺开心的，各种开玩笑，学校怎么样，还是怎么样。最近有什么好片子呀，看什么书呀，都聊。各方面如果都合适，会一起弄个片子，大家都有这个愿望，不是现在就可以的。

你做慈善活动和公益事业的动机是什么？有什么感悟？

因为我觉得我得到挺多的，这是应该回馈出去的，而且得到的永远比我付出的钱和精力多出很多。因为你会更加珍惜你现在的生活，看到他们你会学到很多。不是给人家钱就完事了，我就做了善事了。真正到了那后，发现跟小朋友们在一起，他们更喜欢你跟他们玩一节课。她给你梳梳辫子，你跟她们聊聊天，挺难得的。在现在的社会，物质反而容易得到，他们在外面打工父母也给他们寄钱，但缺的是什么？是这种情感的交流。

你是个孝女，对孝道如何看？

做好本分就好了。我每次回家我爸都不让我出去，在我们家小院，陪我爸一起种菜。他们喜欢种菜，把我花园全占上了，这就算孝顺吧。

父母对你演戏有要求吗？

没有，就是踏踏实实演戏，认认真真做人。还有我参加《星光大道》，让我给他们朋友弄票呀，哈哈。

说到《星光大道》，我觉得你做评委跟你的个性一样，很温婉，不张扬？

我觉得每个人都需要鼓励的，他们能站在那个舞台上，就已经很优秀了，也是全国海选出来的。

至今你没有结婚成家，是不是对另一半要求挺高的？对婚姻爱情有什么看法呢？

没有什么要求，聊得来、平等就行，我不会做很多假设。我觉得婚姻也好爱情也好，必须我爱了才行，无论多高、多帅、多有钱、多大产业，我必须看顺眼了才行。我觉得就是缘分吧，碰着了再说。

你觉得一个女人如何做到内外兼修？

有自己的事业，有自己对事业独立的认知和看法。首先你有了自己的事业，你可以不依附别人，能够保持独立的判断力，这很关键。如果你钱也要靠人家，你就不能很平等的、用自己的观点和态度来面对这个世界。现在更重要的是，不要对女孩有要求，不要去付出太多，男孩能做到的事，女孩一样能做到。

对粉丝有什么话说吗？

我挺感谢他们的。本来完全不认识的人，就因为我演的戏，他们喜欢我，我觉得挺开心的。他们帮我做照片，什么的，我挺谢谢他们的。

何晟铭：何其圣明
坚定前行

他可以是皇爷专业户，将《宫锁心玉》等数十部清宫剧中的皇帝形象演得出神入化深入人心；也可以是军人专业户，将《桐柏英雄》等一系列军人剧中的英雄人物演得感天动地催人泪下。他可以将《少年四大名捕》中的反面人物安世耿演得阴狠毒辣令人不齿，也可以将《欢喜婆婆俏媳妇》中的喜剧人物铁长华演得嘴甜舌滑让人捧腹。他可以是中国最早的歌唱组合“中国力量”的主唱何敏，也可以是轻松驾驭各种角色的实力派演员何晟铭。

20年的风雨虹霓，20年的跌宕起伏，20年的沧海桑田，青年影视演员何晟铭有着怎样与众不同的心路历程，有着怎样独具特色的艺术追求，有着怎样特立不凡的人生思索？2016年11月26日中午，横店影视城拍戏间隙，着一身戏装的何晟铭，对我侃侃而谈、畅所欲言。

锲而舍之，朽木不折；锲而不舍，金石可镂。骐骥一跃，不能十步；驽马十驾，功在不舍。只有不畏艰难在陡峭的山路攀登的人，才能到达光辉的顶峰。机遇运气、成功辉煌只会垂青坚持不懈、持之以恒、勇往直前、坚定前行的跋涉者。

以军人的情结去塑造军人

我有军人情结，如果小时候不从事文艺工作的话，我可能会参军。正因为有了军人，才会让我们更安定，更有安全感。我一直在坚持、坚持、坚持，坚持里面有坚韧、坚定、坚强，我觉得这都是做军人应该具备的。

请问桑华导演为什么找你演《桐柏英雄》中的赵永生？

我也不知道，反正严从华大哥他等了我半年，当时我还在拍清宫戏。我记得当时我们是从横店转景到怀柔，来到北京，那是冬天了，中间还有些很小的故事。当时导演桑华他也是北影厂出来的，其实我是第一次跟北影的导演，包括一些北影的演员合作，之前我都是拍于老师的戏，你也知道。本身有这样一个过程，就是要选择拍摄《笑傲江湖》还是《桐柏英雄》。其实我从小是有军人情结的，所以当时对这个项目也很有兴趣，而严大哥不知为什么又非常看好我，这个过程，差不多有半年时间，我觉得他也非常有诚意，我又是这样一个人，人家对我好，这么有诚意，这么看得上我，我也要倾尽全力去做这件事情，于是就选择拍《桐柏英雄》。但拍《桐柏英雄》的过程是比较艰难的，导演桑华，包括好大哥张志坚老师，都说我是清宫偶像剧的演员出来的，所以就不看好我，出现了一些小插曲，我觉得插曲反而增进了我们这份情感和友谊。导演桑华说，严从华你找他，你找他我就不导了，张志坚老师也表示怀疑，他们都想退出。当时我正好在北京拍戏，严从华制作人大哥就带着桑导来了，他说不管怎么样，你先去看看这个小朋友。然后他们来怀柔看我拍戏，大家聊得还挺开心的。拍戏时我正好住张志坚老师楼上，通过一个星期或十天半个月的拍摄，他每天听我念绕口令，我早上有起来做早课的习惯。他说不需要闹铃了，被我这个做早课吵醒的。他觉得我挺认真一个小朋友，后来我们也成为好朋友。当《桐柏英雄》呈现在观众面前时，我自己有时间也看过。我记得当时我在横店拍戏，回到房间又很少看电视，看自己演的电视剧。因为我们在拍戏时，酒店的电视机实际上是不会开的。但是我觉得，我对这部戏还是倾入了很多的情感在里头，所以有时间也会看。没想到当时这部戏在央8播得还是非常不错的。

你没有当过兵，你是如何塑造赵永生这个军人角色的?

首先演员靠想象力，我也跟你说过，我是很有军人情怀的一个人，从小如果不做艺术这个行业，可能会参军当兵。包括这次刚从新疆乌鲁木齐回来，在部队实习时，一直跟部队首长聊天。我说我有军人情结，只要给一把枪给我，我就来了神，我就让自己变得像个军人样子。因为形式感的东西通过学习是可以做到的，但有时候你要让自己心灵上，要相信自己是一个军人，可以为国家付出、可以打仗的这么一个军人。所以外部要跟内部结合，把想象力也好，把专注也好，把对军人这种情怀也好，注入在你的身体里面，你就自然而然呈现一个军人样子。

在部队体验过生活吗？

我目前接了一部戏叫《砺剑》，当代现役军人题材的，讲武警特战队的，所以可能要求会更加严格。这一次为了拍《砺剑》，我提前了差不多半个月，参加军训吧，在乌鲁木齐，天气非常寒冷，每天带装备先去跑五公里，这样一个训练，包括射击，包括跟不同的枪打交道，我还是很喜欢，就像我刚才说的那句话一样，有了枪就来了神。

你对赵永生这个角色满意吗？

这是好几年的戏了，首先赵永生是一个比较经典的形象，要突破他还是困难重重的。事隔好几年了，但我现在依稀记得，我是很认真、很用心地去诠释这个角色。我也看过后来的一些片断，觉得还是不错的。比如说有那么一场戏，就是永生哥从外地回来，穿了一身国民党的服装，我的娘还有小花，她们都是特别地不开心。但是小花觉得哥哥在外面受了很多苦，在吃饭的时候，因为吃的都是那些馍馍，用开水泡开的，她就偷偷地把鸡蛋埋在碗里头。我在那边吃，吃着吃着发现碗里有弄碎了的鸡蛋，我回头看了下小花，因为娘没有让我去吃这些东西。然后我就比较感动，在吃的过程当中一颗眼泪掉在碗里头。我觉得还是有一些比较难忘的画面吧。

你塑造军人角色主要靠走心，并不依赖外在形象？

当然外在的军人形象那是必须要有的，对一个军人的诠释它应该是一种正面地树立一个军人的形象。

时隔多年，你现在出演的《砺剑》，是怎样一个军人形象？

这是当代的一个武警现役军人的形象，目前刚刚开始，我刚刚在乌鲁木齐的反劫机部队接受了半个月的军训，对武警特战队有了更深刻的了解，做军人真的是不容易的，每天训练首先就是带装备徒步五公里，还有很多的手语技巧啊作战的能力啊。现在的中国武警特战队，他们的作战能力真的是非常强，包括每一个人所配备的装备都是很国际化的，所以我觉得一定要把这个武警的军人形象塑造好，就像打造一个中国的武警的一个名片一样。在这个过程当中，我也初步了解了我们所在的这个部队。这个部队叫反劫机武警特战队，中国应该只有九个地方有，新疆乌鲁木齐是其中一个部队。所以我塑造这个军人的形象，也是非常投入和用心地想把他诠释好和完成好。因为本身我自己就有军人情结，如果小时候我不从事文艺工作的话，我相信可能我会参军，真正成为一名军人。

你为何会有如此强烈的军人情结？

可能内心深处吧，对军人这种职业，包括军人这种威严，有一种向往吧。我觉得这都是潜意识的东西，我前世是个军人都有这种可能，这个很难讲，所以我对军人真的是尤为看重。之前拍的《生死黎平》《猎天狼》《怒海红尘》等等一系列的电视剧，包括我目前拍的这一部《制裁者联盟》，都有军人的气质在里头。虽然是年代架空的这么一个超能力的人，但他还是有些军人的情怀。

你对英雄人物如何看？

当然首先是欣赏，而且有责任和义务把军人的形象塑造好。我个人觉得，我们这个题材是反恐的，这是一种军人的责任。反恐现在是全世界的话题，之前有美国式的英雄，但我觉得在这样的一个时代，在现役的这样一个状况，更重要的是塑造一个中国式的英雄人物。

你心目中的军人形象是怎样的？

军人只要是穿着这一身制服，首先我觉得最重要的就是执行命令，可能有时候在人性和命令中间会有那么一点点的缓和，就像我看到的很多这种例子。有些军人他脱了这身衣服他要回家探亲，在路途中他发现有人溺水了，军人的第一个反应就是要为人民服务，就是要去救人。我听到这么一个故事，有这么一个军人他回家探亲的时候，发现有人溺水了，他其实不会游泳，但他下意识就要去救人，所以他第一时间就跳下去，把人救起来，然后他自己就牺牲了。

怎样看待和平年代和战争年代的军人?

我觉得大家都是尽自己一份责任，特别是和平年代的军人更需要我们去塑造好，要让人民大众觉得，在这样一个和平时期，正因为有了他们才会觉得安全，因为现在整个世界都有恐怖袭击，还有暴恐分子的活动。其实我在乌鲁木齐这一次的感受非常深刻，真的是非常的严格，就是到处都有岗亭，可能三步五步就有警察，有特警在。我觉得中国在反恐这一块对军人的要求，包括国家对这一块的投入，对所有民众安全的保护都出了很多力。所以在我们国家，正因为有了这些军人，才会让我们更安定，更有安全感，在这个和平的年代，我们会更快乐、会更舒心、会更安心、更踏实。

你演了很多英雄，对英雄梦有怎样的诠释?

英雄梦是这样的，我觉得现在更应该体现的是中国的军威，中国军人在国际上的威望和作战能力。刚才提到中国式的英雄，我觉得中国式的英雄，不仅仅要展现个人英雄主义，更多的还是要以国家为荣，它是一个团队、是一种精神、是一种力量，它让所有的中国民众觉得安全。你不觉得现在整个世界中国挺安全的吗？我走了一圈，我觉得到外面去看一看，是需要的，但我个人觉得我还是更喜欢中国。因为人生活的各个方面首要的是安全感，你总觉得在中国会很安全，在别个地方你不够安全。我在乌鲁木齐从机场回酒店，两道安检，进酒店哦，你从大门进来安检，全部后备箱打开检查，看了后才能进酒店，进了酒店后还要过一次安检，像上飞机一样，所以你就会感到非常安全。在加油站，所有人要下车，只有司机拿着身份证才能加油。这就是我对整个中国为何很安全的认识，因为我没有去过乌鲁木齐，没想到这么严格。那其实反过来想，它是很安全的，国外没有这种安全感。

你对军人作品有怎样的期待?

其实如果你要是发现的话，我最近一直咬着军人题材在做，比如我先演了《桐柏英雄》，演了《生死黎平》。《生死黎平》也是遵义会议那场战役，是非常重要的铁桶计划。然后到了《怒海红尘》，《怒海红尘》写的是国民党最精锐的一个部队，叫德械师，我也做了。接下来是现役军人题材的《砺剑》，这个是中国武警的戏。之后我希望有机会拍飞行者，拍空军，或者是拍海军陆战队的。我是希望，因为我自己本身有军人情结，一部接一部地让大家对何晟铭的军人形象深入心里，我是希望一部接一部地让大家觉得我在塑造一个军人的形象。因为就像拍清宫戏一样，大家都认为我是王爷是皇上，但我拍完军人题材的戏以后，大家一看何晟铭，就是一名军人，我想这么去深入它，这就是我对军人的一种情结。如果有这种条件和这种机会可以选择的话，我必须选择以军人题材的优先，就是说至少在一到两年或两到三年的时间内，我希望都能接军人题材的戏。

有喜欢的军人作品吗?

比如《亮剑》，柳云龙演的《暗算》，都是不错的作品。而且柳云龙那样的形象，我觉得我是可以向他那边靠的。所以我很喜欢拍这种军人题材的戏，军人还是以男人为主吧，军人嘛，硬汉的形象。

你的成功经历对我们部队官兵有怎样的启示?

我没有觉得我自己成功，我觉得我是在专心地、专注地做事，就是把戏演好，把角色刻画好，包括之前一系列的清宫戏，我都是在努力地塑造角色，并且很集中地在打一张牌。我现在希望把军人这个题材尽可能做到极致，就是不断地反反复复去刻画不同的军人形象，可以是海军的、空军的、武警的、陆军的，我是这样在做一件事情，我把我所有的精力，还有我的专注、我的努力都放在里头。就像刚才我说的，我出道20年了，我最近出了张唱片，是我入行，不管是歌手还是演员，它是我进入这个圈子行当的一个里程碑、一个总结，那起码就是说我一直在坚持、坚持、坚持，坚持里面有坚韧、坚定、坚强，我觉得这都是做军人应该所具备的一个元素。

以坚韧的精神去塑造角色

> 我从来不会后悔，这二十年经历的每一次选择。一切都是最好的安排。何晟铭就是我的定位，我可以诠释无数的角色。演员是非常高尚的职业，不是什么人都能做的。没有一个角色最喜欢的，永远是下一个。

是什么原因让你改行不做歌手而做演员了?

没有什么，就是顺势而为，可能当时我做歌手，唱片不景气，进入一个低迷时期，我就试着去改变自己，去做幕后，就是要混口饭吃，然后认识了于老师，于正老师，这样我才走上了影视之路。

觉得做演员有前途？

没有这么想，就是为了吃口饭而已，但是我拍着拍着，就是拍了一部、两部、三部之后，我发现我很适合做演员，因为我的性格，我是巨蟹座，我有时多愁善感的，对吧，有自己很多不同的情绪，这种元素正好可以塑造角色，再加上我又是慢热型的人，我在剧组里面拍一部戏花三个月，或者半年的时间，正好可以慢慢融入，慢慢跟人接触，慢慢去了解，这样我才能深入剧本、深入角色。

刚开始拍戏并不顺利？

当然不顺利，我很怕被人换掉，比如我拍的第一个戏叫《椰林滩大道东》，在三亚拍的，当时还没有认识于老师，那是第一部，第二部我就拍于老师的《玫瑰江湖》。我在拍这两部戏时，同样都很担心被人换掉。

那你后悔选择做演员吗？

不会，我从来不会后悔，这20年经历的每一次选择。如果是错的，我相信那时做出的判断，哪怕在别人眼里是错的，我也觉得我做的每一次选择都是对的。因为我们要为自己所做的任何决定负责，每个人都有年少轻狂过，沉淀经历之后，他的想法和思想就不一样。

你是在清宫剧中站稳脚跟的，对此你有怎样的认识？

我只能说我在那样一个时期里，接了同样都是光头的戏，其实我是在打何晟铭的一张牌，就是大家看到我都是一个光头的形象。其实我也蛮适合光头的，如果有机会演一下佛教题材的戏，宗教的一些戏，我都是很愿意去参与的。

不觉得这些清宫穿越戏没有什么思想内涵吗？

没有，我觉得清宫戏说穿越不一定就是没有思想的，我从来不会这么定义。如果你这么定义、这么去想的话，我觉得你在表演上是不会有突破的。我当时演《宫》的时候，我是把二月河的《雍正王朝》上、中、下三本小说带在身上的，我一直在看的，我是结合于老师这个剧本来诠释角色的。所以我觉得你如果把清宫戏定位成一个偶像穿越剧，一个没有深度的戏，那我觉得在诠释角色的时候你就会受限制。不要这么去想，我觉得每一个角色，首先我从来不认为它是一个什么样的类型的东西，我只会说，我会认真努力专注地去把角色诠释好，这是我们做职业演员要干的事情。对于刚才你提的这个问题，我觉得也很好，如果有机会演那种比较正，就是正剧的这种清宫戏，我还是愿意参与的。因为我现在经历人生的这个过程，包括思想、包括表演方式和表达方式，人生给我的历练，让我更加丰富，所以如果有机会演这种比较正的清宫戏，我还是非常愿意尝试的。

就是像陈道明演的《康熙王朝》这样的戏？

对。

于正说你是他戏剧中的人物，你怎么看？

于老师在戏剧当中，别的先不提，我觉得在戏剧当中他是一个很有天赋的人。他的直觉、他的灵感，包括对戏剧的理解，包括对人的识别，他是很有能力的。

之后你不再演清宫戏了，演了《幸福的方向》《妇产科医生》等很多现代戏？

对，演过农民工，演过城管，演过华佗，演过现代医生，然后又演了《杜心伍传奇》，我的题材还挺广的。

那你怎样定位你的表演风格呢？

我没有太多的定位，就是说以前我是在集中拍清宫戏，然后我又在尝试不同的角色，希望能同观众走得更近一些。现在我觉得我又要回归了，我可能又要集中拍军人题材的戏。其实人总是在某一个阶段在做该做的事情。

我采访过很多演员，第一次听说，要集中拍一类戏的？

是的，所以我比较奇葩。

你不觉得这样集中拍戏，会限制你的表演方向和表演风格吗？

不会，我觉得表演源于生活，当然也要高于生活。就是我们对生活，对人与人之间有多少了解，有多少理解，把生活中的这些元素放在角色里，我觉得就是最好的呈现。

但是观众会把你定位，觉得何晟铭只适合演军人？

没有关系，就像人家说我是皇爷专业户一样，没有关系呀，它并不影响我的发展。

但你要突破出来，那就不容易了？

我从来没想过要怎么样，我只觉得这是一份事业，是一辈子的事业。人生总有高低，你把石头扔出去，还有最高峰、最低谷是吧。我个人觉得不要想得太多，认真做好一件事情就行了，你就当做一份工作，演员不就是一份工作。我是一个很随性的人，我也没有太刻意说我是明星、我是怎么样，我是活在我的世界里的人，我喜欢拍戏我就努力地拍戏、努力地工作，我喜欢唱歌我现在就开始出唱片，做自己想做的事情。李安不是说了一句话吗？我们不能够去在乎太多人的想法，我们只说在这个时代里面，在做自己喜欢和该做的事情，一切留给宿命吧。这就是李安说的话。

就是说，你不会去定位自己的演绎风格？

我不需要定位，我就是何晟铭，何晟铭就是我的定位，我可以诠释无数的角色，有无数的名字会跟何晟铭有关系，比如说《杜心伍传奇》，比如华佗，所有一切我曾经演过角色的名字。不要说我的定位就是怎么样，其实都是个符号来的，最终我要告诉大家，何晟铭是一个演员，是一个很用心演戏的人，这个我觉得就够了。我不需要说我的定位在什么地方，我需要被观众说什么框住了，被我的类型框住了，那些都不重要，重要的是我活在当下，每一个角色我都是认真对待的。很多媒体问我，你最喜欢的一个角色是什么，我说没有一个角色最喜欢的，永远是下一个，因为每一部我都用心在演。

你演过反面人物，比如《少年四大名捕》中的安世耿？

我从来不介意演反派，我觉得更多的是挑战。反派他杀人，他是坏人，他的动机其实没有好坏之说，就是一念之差。安世耿本来是一个很好的人，皇上的一个兄弟。他不问正事，自己写写画画呀，写写诗呀什么的，喜欢一个跳舞的女人。当这个女人受到迫害，他觉得心爱的女人没有了，他为了这个女人，然后跟全天下的人为敌。我觉得为了一个女人，在这个点上，我抓住这个点就好了。他究竟杀了多少人，究竟有多坏，做了多少事情，都是为了爱那个女人做的，我内心是可以接受的。

就是从人性去刻画角色？

对、对，我内心可以接受的。

正面人物和反面人物，你更想演哪个？

这个问题我真的很难回答，只要是我没有演过的角色，只要这个剧本能挖掘我，能够让我更多地释放我自己，那我就会去接。

《少年四大名捕》中的主演张翰、陈伟霆等四人都是小鲜肉，跟他们合作，有怎样的感觉？

我觉得时代不一样了，我们也要去接受很多东西，比如现在的市场都是90后的市场，我们也是顺势而为的。我只是喜欢拍戏对吧，我认真地去演好每一个角色。这个时代是怎么样的了，或现在主流是什么，我们都不去管这些东西。我只是像茫茫人海里的一分子一样，我来演我该演的角色。

有人认为小鲜肉演军人不像，有市场无价值，你怎么看？

我觉得还是要公平公正地去看这个问题，如果把小鲜肉丢在部队里，训练一两个月，他们一样可以做得很好。而且我觉得现在的年轻人很有想法很有思想，可能某些老前辈传的那些规矩，他们会有一些违规的、比较个性化的行为，但是我觉得总体来讲，现在一些新的演员，他们的反应、他们的表演都是很好的。

那《少年四大名捕》中的反面人物安世耿为何不让小鲜肉演呢？

因为我那个角色小鲜肉演不了，我那个角色正好是跟他们四个小鲜肉为敌的，再加上我一开始就跟导演说，我希望我一出来就跟小鲜肉拉开距离，我就是一个长辈或者是一个年纪大的人，所以我一出来就是一头白发。我觉得不要把我划在小鲜肉范围里，因为我不是了。包括我这张唱片，你看我这张唱片都是抒情的歌曲，我都是留着胡子的，因为我是在转型。既然现在是小鲜肉的时代，那你就别去碰吧，你年纪也大了，那个市场不再属于你了，你就要开拓另外的市场。

你也演过喜剧，《欢喜婆婆俏媳妇》中的铁长华，你觉得喜剧和悲剧，哪个更难演？

我觉得喜剧更难演。不要以为喜剧很容易演，因为喜剧要搞笑，自己不笑让观众笑，这个很难。包括喜剧感的节奏，也是真的很难拿捏的。当然我身上也有很多喜剧元素，我生活中很逗比的，也不是幽默吧，我觉得我是一个可以给人家带来快乐的人。

你出演过多部电影，觉得电影和电视剧有什么不同？

没有什么不同，只是演员会把电视剧和电影有一个这样的区分。我个人觉得电影是导演的艺术，电视剧是一个工业的东西，就是你有好的剧本，我把它很好地完成，然后这部电视剧会得到大家的认同。然而电影不是，电影有更多的艺术性，它不仅仅是商业的，虽然有商业电影。电影它是有深度有高度的，它能够阐述到人性深处，值得我们去思考，甚至我们在电影里要去寻找自己，什么东西该是我们要追求的。所以我觉得电影就像信仰一样，那是我的最高信仰，电影。

所以《白色婚礼》这部艺术片你也去拍？

没错，叫艺术文艺片。这一次跟章家瑞导演结缘，我觉得非常好。就像刚才跟你说的，我是这种个性，如果拍清宫戏，一段时间我就拍清宫戏，如果演军人，一段时间我就去演军人。我在生活中接触的人也是这样的，我跟于老师合作，一合作十部十五部。我希望接下来，通过章家瑞导演把我带进电影殿堂，跟他一直合作下去。

这么说你只拍艺术片，不拍商业片了？

不会，因为章家瑞导演也会拍商业片的。

不想拍军人电影吗？

这个需要找到合适的机会，一切都是缘分。就像人与人之间相遇一样，也是讲究缘分的。你跟那个角色有没有缘分，是很讲究的，我很相信这些。

想演话剧吗？

话剧会的，一定会。因为我是歌手出身，我是有直接感受到现场、分享现场、驾驭现场的这种能力。其实话剧就是这样，你在台上表演，跟观众是能够互动的。你跟观众演戏时，你能够触碰到他们的心灵。但是目前我还没有那么快去接触话剧，可能十年后，我觉得在影视行当里没有再高的突破时，我会静下来，就像人要回归一样。比如我进到影视圈几十年后，我最后

归隐山林了，喜欢爬山，喜欢看大海，喜欢喝点茶，吃点素，过着很禅意的生活，这就是回归。可能我进到影视圈一段时间后，就是我没有办法，在我事业高峰时再去突破的时候，可能我会接下来去尝试话剧。

但话剧市场不景气?

没有关系，你追求的是台上的一瞬间。人总是在找自己，不断地寻找自己。

你演过那么多作品，觉得哪一部印象更深刻?

我觉得《杜心伍传奇》蛮深刻的，也是我最用心、吃苦吃得最多的一部戏，《一代宗师》还没播，没关系，一定会播的。

有影迷问你，你拍过的很多作品都没播，怎么看这个问题呢?

我永远都是那句话，一切都是最好的安排，现在不播不代表它以后不会播。因为既然是个作品，我们花了心思心血，我相信总有一天会呈现出来的。

以后接戏会不会考虑，它是否能播出？

不会，就是因为那段时间我考虑得太多，太自我了，太个性化了，所以去接些自己喜欢的角色，可能有这些方面的问题。

就是说很快播出的戏，你没有去选择？

没有那么多的想法，只说选择一个自己喜欢的角色。

你选剧本有什么标准？

我的标准很简单，就是这个角色一定能够打动我，能够触动我，然后通过这个角色，可以释放我内心的一些情感，我就会去接。

不去考虑它有没有市场？有没有人喜欢看？

这个我觉得是其次的。

每拿到一个剧本，你是如何走入角色内心的？

我觉得每一个角色，每一个剧本拿到手上的时候，我们在做功课时，一般功课是做到前头的，首先考虑的是自己能否驾驭。比如我这次演《白色婚礼》，其实就是想借这个机会去认识章家瑞导演，并没想拍这个角色。当我坐下来，跟章家瑞老师侃侃而谈的时候，发现我们很投缘，我们一聊聊三个小时。之后他也在出品人面前说了，我要的这个阿三就是他了，所以导演给了我很大的信心和支撑点。他对我说，其实有时候你自己不一定全部交给自己，你可以交给导演，可以交给摄影师，可以交给对手。

有没有脱离不了角色的情况？

《白色婚礼》有这种感觉，还有就是《国色天香》，也会让我有这种感觉。就是在那样一段时间，你非常地深入、全身心地投入在角色里，才会有这样一个感受。

你跟章家瑞、桑华等很多导演合作过，从他们身上学到什么？

我更多的是看到一个导演的全面性，从他们身上我也可以学到很多东西。因为他们都是有经历的人，他们的经历给我感受到后，我就会把它储存在我的记忆里面，如果有机会去诠释一些新的角色，我就会把他们的经历放在那个角色里。

你如何看待演员间的友谊？

演员是一个很特殊的工作，也是做人的工作。演员间是互相碰撞的过程，在这个过程当中，如果说有些人能成为你生命中的伯乐，或者是导师的时候，我觉得这份友谊可能会更深刻一点。

你跟哪个女演员合作，感觉最为默契？

我只能说我对某一个演员会比较深刻一点。可能是因为刚开始拍戏吧，我觉得霍思燕是非常优秀的演员。她能够给对手很多空间，让对手能够放松，让一个新人可以放松地去诠释角色，这是一个演员的品质、素养，把你带入戏。

你最想合作的导演是谁？

我很想有机会能拍拍李安的戏，我觉得他是很有想法很有深度的导演。《比利·林恩的中场战事》第一时间午夜场我就去看了，非常平实、真实地挖掘了人性自然流淌的那种情怀，我很喜欢。可能很多人觉得没有那么的好，但我觉得相对很多商业片来讲，他的这部作品是成功的。

有自己的偶像吗？

当然有，比如梁朝伟、张国荣，都是我的偶像，他们都是很棒的艺人，很专业、很职业的艺人。

梁朝伟演技很好，但你的演技有人却不看好？

没有关系，每个人都在进步，他的那句话不代表永恒，对吧，我还在努力、还在学习。如果一步到了梁朝伟，到了那种地步的话，我们就没有空间了，人生也没有意义了。

在这个纷繁复杂的演艺圈，你如何做到没有绯闻的？

不制造绯闻就好了，安安心心、踏踏实实、老老实实演好戏就行了。就是说你如果不去碰那个东西的话，自然就不会有了。有些东西它就是自然而然地发生的，也不是制造出来的，它就是像流水一样，顺势而为地发生了。

你如何看待演艺圈浮躁的现象?

任何一个圈都是浮躁的，我们要有一颗平静的心去面对就好了。

你对演员这个职业有怎样的认识?

演员是非常高尚的职业，不是什么人都能做的，它是可以充满自己情感、情绪的职业，所以我们要呵护。不管是观众也好，还是身边的朋友也好，演员更需要去保护、去关怀，因为演员比较脆弱。我觉得我们的情绪是最贵的，我们要很爱惜自己的情绪，因为我们是用情绪在演戏。

接下来有什么发展方向?

接下来希望拍更多更好的电影和电视剧作品，希望有自己的演唱会，三年做三张唱片。

会尝试做制片人吗?

制片人是当你很想在戏剧中有更高提升的时候，而周边却给不了这个环境时，你就要去制造这个环境。如果有机会，我又有条件和能力的时候，我也可以成为导演。

做导演想拍什么题材的戏？军人的吗?

那当然拍我最想呈现的戏，不一定军人，更多是刻画人性的戏。

你一步步走到今天，坚持的力量来源于哪里?

就是喜欢。因为我喜欢，所以我坚持。在别人眼里很苦，但我觉得那是你喜欢的一份工作，你就不觉得苦。吃苦太多，是值得的。应该的。

最想感谢谁?

感谢所有帮助过我的人，在娱乐圈有时候讲缘分。很感谢于正，感谢章家瑞导演，感谢那么多的导演和那么多的演员，陪你度过那么多的时间。感谢父母，感谢身边最支持和最懂你的人。

你刚出了张唱片《二十年后》，做这张唱片的初衷是什么?

只是用另外一种方式来表达我自己，我也希望让更多的人，通过不同的渠道来认识何晟铭、了解何晟铭。

唱片做出后，有怎样的感慨呢？

没有什么感慨，只是说才刚刚开始，还要勇往直前，还需要用更多的时间、更多的精力，付出更大的努力，才能够去寻找到真实的自己。

以宽容的心态去塑造人生

生活中我是很随意的人。人要有一颗善良纯朴的心。跟真心的人交朋友。如果能帮到别人，是很幸福的事。陪伴才是最长久的告白。我会拍出更多、更好的作品来回馈他们、来感谢他们。婚姻就是找一个彼此可以托付的人。

生活中你是怎样的人？

生活中我是很随意的人，你看我现在都是很随意的。我觉得要尽量保持一份纯真，要有孩童般的天真，不忘初心，这就是我想做的事情，想做的人。

有怎样的个性？

我的个性，就像周星驰说过的一句话，如果所有人都认同你或者是你要得到他们的认同，那你普通得不能再普通了。就是说，可能很多东西别人是不认同你的、置疑的，那你不需要附和那么多人，你只要安抚自己那颗心，就好了。

觉得自己的优点是什么？

我也在努力地学，我觉得人要学会的是宽容，我觉得人要有一颗善良纯朴的心，不忘初心。遇到困难、遇到什么事，我们努力去克服它，发生任何事都是好事，要有这种良好的心态。

有什么业余爱好？

滑雪，不是才摔倒了。

你书法写得很好？

书法是小时候家父逼迫我去写的，书法、游泳、健身、拍照，还有滑雪，我觉得这都是很有意义的事情。其实书法也好，游泳也好，滑雪也好，它都能让你平静，让你安静。就像滑雪，滑雪是个动中禅，要很集中很专注，滑雪那一刻你突然发现你忘了所有的烦恼和杂念。所以你必须专注地去滑雪，不然的话你就会摔倒。

没有走上书法之路遗憾吗？

对，比较遗憾，但是我觉得一切都是最好的安排吧。我爸爸是老师，他希望我能够成才，成为一名人民教师。他希望我能继承他的光荣传统，所以他逼我练毛笔字，练书法。当然我觉得如果我坚持写的话，我也会写得不错，因为什么东西都要靠坚持，只是我兴趣爱好在表演上。

喜欢跟什么样的人交朋友？

跟真心的人交朋友，彼此尊重、彼此用心，真诚。

你做慈善的动力来源于什么？

我觉得一切来源于那颗心吧，我们既然在路上走，我觉得走的过程，如果能帮到别人，其实是很幸福的事，安抚的是自己那颗心。我觉得不要把自己说得太伟大，其实有时候做去帮助别人的事，只是为了平复安抚自己的这颗心，因为这颗心我们要很小心地去呵护。

你曾被评为时尚人物，你对时尚怎么看？

时尚是一种个性、是一种标志。你成为一个时尚人物，你就必须赋予责任，给予一些传承的东西。你要把你的个性、把你的想法、把你对一些事情的看法，代表你个人的一些观点和态度，去影响到别人。

你是一个孝子，对孝道有怎样的认识？

我觉得孝道是每一个人应该做的，就是大家说的“百善孝为先”。首先要孝顺，要孝敬父母，因为父母生了你不容易。我们活着时父母一直在付出，我们唯有在工作之余，尽可能花时间去陪伴他们，陪伴才是最长久的告白。

父母对你做演员有要求吗？

没有要求，希望我好，健康、快乐就好。

对爱情婚姻有怎样的期待？

婚姻就是找一个彼此可以托付的人，不用那么多的交流，当你发生问题时，她永远在你身边，我觉得这就是最重要的。彼此相互尊重相敬如宾，在你需要的时候，永远站在你身后，支持你帮助你。爱情我根本不想谈论这个话题，因为我每一部戏都在谈恋爱。

听说你想找圈外人？

也不能这么讲只找圈外人，一切都是缘分。

你对粉丝很好，为何把粉丝叫荷花呢?

出淤泥而不染，濯清莲而不妖，我用荷花来作为粉丝名称，其实相当于把戒尺，用来提醒自己。因为人都是有缺陷的，我们尽可能要去完善自己。

对影迷有什么话说呢?

首先我非常感谢他们一路以来对我的支持和信任。我还是那句话，你们那么地爱我，我也会全力以赴，因为他们爱的是我诠释的角色，所以我也会拍出更多更好的作品来回馈他们，来感谢他们，唱出更多更有引导性、正能量的歌曲，或对人生有感悟的东西，希望他们能够在我的身上更快地完成他们的人生之路。荷花节之前在7月份，希望以后能改到11月21日。我的腿现在好得差不多了，谢谢他们。

何晟铭

“你只要采访我，你就会发现，你的采访是绝对有价值的。”

郭广平

“我最大的乐趣，就是陪小孩玩，陪妻子逛街，到超市购物。”

胡亚捷

“我到现在还是缺一部戏，只要有一部戏被我逮着了，我相信我还会绽放。”

吴 越

“我们的口号是：站在半山腰上看风景，没有一个人能宣布，从此就上不了山啦，人总是有希望的。”

王　斑

“我们是多年的朋友，你以前支持我的工作，现在我也要支持你的工作，你的事业。”

曹 磊

“我是内秀的人，情感很丰富，所以立志让自己的生活简单起来。”

郭广平：广泛修炼
平稳上升

他可以将《DA师》中的自私科长桂平原，演得活灵活现生动自然，也能够将《决战南京》中的英雄卧底梁一桐，演得感天动地大义凛然；他可以将《大明王朝1566》中的懦弱皇子裕王爷，演得形神兼似呼之欲出；也能够将《花开有声》中的残疾大哥刘通州，演得深入人心感人肺腑；他可以在话剧舞台上自如地诠释人物的命运，也能够在影视表演中自在地刻画人物的个性；他可以将自己的演艺事业稳步地推向前进，也能够将自己的家庭生活经营得温馨甜蜜。

这个实力雄厚、热爱家庭的演员，叫做郭广平。作为南京军区前线文工团的一员，他走过了整整20年的艺术人生。他对军人有怎样的理解，他对演员有怎样的思考，他对生活有怎样的感悟？2010年8月8日上午，前线文工团他的办公室，他对我敞开心扉坦然相告。那种令行禁止的军人品格，那种平和踏实的演员道德，那种坚定负责的男人情怀，让我从心底里，庄严地对他敬了个军礼！

像蜜蜂一样辛勤酿蜜甜美人间，像黄牛一样默默劳作不计得失，像大海一样广纳百川丰沛自己，那么，一定会在雨后，看到七彩的虹霓；一定会在久旱，逢着甘饴的雨滴；一定会在雪霁，感到阳光的温暖。因为，风和可以日丽；因为，水滴可以石穿；因为，春华可以秋实；因为，广泛的修炼，可以平稳地上升。

以军人的品格塑造英雄

我特别崇敬那代人，他们特别有信仰。英雄人物就是干好自己的事情。军人要有上下级观念。现代军人更加要有责任感。想演一个更加立体的、更加复杂的、更加真实的军人角色。喜欢以文化、以知识、以内涵而取胜的军人作品。

在《决战南京》这部大制作里担当男一号，你的心情怎样？

心情还好，其实演男一号已经将近一二十个了，我刚出道的时候是1993年，拍的第一部戏，我当时22岁，就是男主演了，到现在拍《决战南京》演男一号。无非有一点不同的是，应该是这部戏的班底更强大、投资更大、阵容更强大，其他对我来说倒没有什么特别的。没觉得特别忐忑，只是这个戏压力比较大一些，身边这么多对手这么强，这个戏当时又是奔中央台去的，又是南京解放60周年，等等诸多外部因素。压力会有，但我这人还好吧，我从干表演这行第一天起，我第一次拍电视剧就没觉有太大压力。我经常会说一句话，压力是最好的动力。我每拍一部戏之前我都会做案头工作的，拍《决战南京》之前也是这样。我如果不做案头工作，我可能演起来心里没底，我觉得那样会很可怕。但我已经把这些案头工作做了的话，相信自己干了这么多年表演，这个自信是有的，如果压力太大的话会影响自己发挥的。

你说这部戏对你的意义很重大，为什么？

你想拍南京解放的电视剧还没有，这是第一次，而且又赶上南京解放60年庆，另外我又是我们团的演员，我们军区的演员，很多人会关注这一点。而且你身边所有的都是腕儿，这个戏播完我身边朋友也说，你这个戏，身边这些绿叶帮了很大的忙，就是这个机会挺好的。确实是这样，可能你拍其他戏不会赶上身边这么多优秀演员托着你，我觉得应该是这个吧，其他还好，我觉得主要是这个原因。新中国成立60周年庆，赶上南京军区一个部队演员拍了南京解放这么一个戏，我觉得意义在这。毕竟我在南京20年了，能主演这个戏很幸运，拍其他戏跟这个意义还是不太一样。

会不会觉得拍这部戏有利于自己的演艺事业发展，所以特别激动和兴奋？

有、有，但是还是有好多睡不着觉的时候。当时接到这部戏，正好《勇者无敌》拍完是冬天吧，然后回去过春节去了，在东北过的春节。那个春节过得特别不踏实，因为当时没看到剧本之前，就是剧本定稿之前，我就到南京新华书店买了好多书。我当时把中共方面的关于特工的，包括军统中统方面关于特工的书，甚至《戴笠传》都看了，我觉得还是先了解一下那段历史好一些吧。因为说实话，就像我现在在看《粟裕传》一样，跟下边拍粟裕一样的道理，我必须之前就要做足功课。所以那个春节过得就是特别累，基本上睁眼就看书，家里的应酬也不大去了，正月初五我就离开家进组报到，初八就开机了。到了剧组我才看的剧本，才把剧本从头到尾认真看了一遍，那时候我再看剧本我就觉得挺好的，因为剧中提到那些事件、那些人物，很多我心里都知道了，包括戴笠跟他们这些人物的关系我都明白了很多，因为你以前毕竟只是听说而已，没有太多去研究这些事情，提前看书的话会好很多，就是那个春节过得不太好。毕竟拍这个戏心里还是有忐忑，心里没底，因为时间很短，准备工作还是比较仓促，在那样的情况下，还是尽量让自己准备得充分一些。

你说你跟这么多知名演员一起演戏感到压力，你是怎样缓解这种压力使自己发挥得更好的?

我是这样，每个演员都会坚持自己，我觉得每个演员都有自己个性的东西，反正我的特点就是不会随着别人表演的风格去改变自己。包括像潘虹老师、高明老师，高明老师我们以前都合作过，他们每个人演戏都有自己的特点，包括宝国老师，都有自己的风格。有的演员是这样，他在演戏过程中感觉容易会被其他人，或者更强势的人带走。反正我有个观点就是，不管怎么着我要坚持自己表演的风格，我不会让你牵着我的鼻子走，我要保持我的一个状态，因为我必须把梁一桐这个人物从第一集到最后一集牺牲，整个这个脉络我要理得很清楚，我不会随意跟着对手去改变，只是说跟着对手在交流过程中即兴的鲜活的细微感觉会临时调整，但大的脉络，他的那种基调和思路是不会变的，我觉得这样就会让自己不会乱，也不能乱。其实这么多年拍戏，跟挺多的很好的演员合作，我发现每个演员都有自己的特点，包括我自己，我也在调整我自己，我也在把自己的风格特点通过不同的戏尽量发挥到极致。我在这个圈里20年了，说新不新，说老不老，怎么说呢，压力肯定有，我拍哪部戏其实都有压力，好在我从不惧怕。我说的压力是那种压力，就像我拍《潮人》一样，演一个大学生村官，第一毕竟没演过，第二演个80后，这个也是压力。没有一个戏不会没有压力的，如果一个戏对我一点压力没有可能是一个挺糟糕的事情，那除非是我不想好好演了，那就没有压力了，其实每个戏都有压力。

你是说演员演戏会被更强势的演员带着走?

表演是这样，是一种相互交流相互反应和相互刺激。有些年轻演员刚出道时特别容易被别人的戏带着走，他会忘了自己的人物目的和人物身份，会这样的。这时导演就会说，停停停，你的感觉不对了，你怎么跟着他跑了，你要坚持自己。每个人上场就像演话剧一样，你有你的任务，你有你的目的，你如果稍不留神，你就会被一个很老道很有经验的演员带着他的感觉跑，就丧失了自己。对，这是年轻演员会遇到的问题，要是成熟一点的演员他一般不会的，他有时会顺便也带着你往他那边跑，演戏是这样的，它应是相互刺激的。

梁一桐这个人物好像是有原型的，你在塑造这个角色的过程中遇到什么困难没有?

我觉得还好，我看完剧本后，问过编剧，这个人物有原型吗？他们说，没有原型，你不要考虑那么多。其实应该有原型的，他们是把很多人给综合在一起了，我也无法去考证到底是哪个人。当时编剧也是考虑不要给我太多压力，因为当时这些历史人物，像毛泽东、周恩来，这都是历史真实人物，你像我演的梁一桐、陈宝国演的秦时关这些人物都是虚构的，虚构的肯定是在原来真实人物上经过综合加工提炼而成的人物。当时编剧也没让我太多去考证，他说你就把那段历史了解一下就行了，历史上没有梁一桐这个人，随便你演，你放开演，你不要考虑这些东西。当时导演也是这样跟我聊的，他说没关系，每个人有每个人的特点，演自己的戏，把你的特点发挥出来就行了，不要考虑太多。

有遗憾吗?

当时导演在二度创作过程中改动比较大，可能有些戏在衔接上有点问题，我就不好太多去评价，演员还是管好自己的戏。遗憾肯定会有，每部戏多少都会有遗憾，因为这个戏拍摄大概不到一半的时候，我就摔伤了嘛，我当时做武打动作时，没用替身，肋骨摔伤了，其实蛮遗憾的。这一摔伤对自己状态来说，包括再拍其他动作戏都会受影响，加上我拍那个雨戏的时候感冒了四十天，拍到杀青都没好，一直在感冒的状态下完成了这

部戏，这都有影响。而且现在拍戏，周期都比较短，工作量又特别大，如果把时间周期再放宽一些，给大家时间充分一些，就会好很多。加上那时拍戏又疲劳，曾经连着七个晚上没睡觉，都是白天睡，都是有遗憾的。

我是问你对梁一桐这个角色的塑造有什么遗憾之处？

其实这个戏完了以后，他们网上也聊，这戏最大的受益者是我。梁一桐在我拍过的戏中是相当成功一个角色。我不能说他很成功，只是相对来说成功一些吧。前两天一个记者问我，这么多戏你喜欢哪个人物？我说一个是《花开有声》中的大哥刘通州，一个就是梁一桐这个人物。我觉得他是背负巨大使命的一个人，承受极大压力，从我个人来说，是非常钟情的一个角色，也是这么多年我把五脏六腑都掏出来演的一个角色。至于遗憾，仁者见仁智者见智吧，因为我已经尽了最大努力了，这个遗憾应该让观众去说吧。对于戏来说、对于我的角色来说、对于我自己来说，我已经尽了最大努力。

就是说你已经对这个角色感到很满意了？可以给自己打多少分呢？

对，我觉得在那个特定情况和身体状况下我已经尽力了。分我还是不要打的好，我觉得没法打分，艺术是没有一个分数界定的，我自己尽力就行了。我就是这样一个人，我干什么事情除非我不答应，答应了我一定做好，我不会让自己留遗憾，这也是我这么多年演戏的一个感觉，就是说拿到一个角色除非你不演，要演就演好他，不管这个戏成败与否。其实就像我下边的几个戏，还没播的几个戏，不管观众反应好还是不好，我都没有遗憾。

有的网友认为你有些感情戏没有放开演？

我觉得应该没有，因为感情戏本身就不是特别多，他可能指宝国老师和韩雪的感情戏没有过多展示，我的其实还好。如果按照剧本来说，我的感情戏基本都拍了，只是我跟高梁花之前打日本鬼子那段戏删了，导演删掉了没有拍，该拍的、该体现的都体现出来了。我的还好，包括我跟我妈妈那场戏，我妈妈死那场戏，当时也是跟武行导演、摄影师我们三个人，站在那里大概商量了十分钟时间，确定那个拍摄方案，包括空中机位啊，等等。当时我跟导演说这场戏我不想轻易放过，这场戏是我个人感情非常重要的高潮戏。确实最后播出来，很多观众看那场戏也是记忆非常深刻，自己母亲死在自己面前。当时自己也是下了功夫，包括枪毙杨百川就是高明老师演的角色，行刑后回到家里那场戏。其实这部剧有几场重场戏，我个人感觉还是比较满意的。

我觉得你在这部戏里演得挺好，一出场那个武打动作就把我震住了，干净利落、英俊洒脱，是你自己设计的吗？

哈哈，我可设计不了，不过拍武戏还是很好玩的。拍《决战南京》是我第一次拍武打戏，之前从来没拍过。后来我还跟我们武行导演聊了，我说我以前没拍过武打戏，凭着你这么多年的经验，对我这个新手的表现有什么评价？他说挺好，还不错，不像第一次拍。其实我是第一次，真的是第一次拍，但我好在会照葫芦画瓢，演员就是模仿嘛，一看武指或者替身怎么打，赶紧动手比划，剪出来挺好。武行确实也帮了很大的忙，加上自己的努力，你想如果自己不认真也不会摔伤了，哈哈。

梁一桐为信仰牺牲了很多，你怎么看待那代人的信仰？

我其实特别崇敬那代人，怎么说呢，网上朋友也聊，现代人应该看看那个年代的戏。我觉得他们特别有信仰，现在社会我觉得有信仰危机，我觉得那个年代能为了信仰做到那一步是不可想象的，他们真的是为了国家为了民族为了那种大义放弃自己所有一切，对我来说不仅仅是敬佩和崇敬，我觉得无法用言语表达，他们太了不起了。如果没有他们，一定不会有今天。我记得当时宝国老师说得特别好，拍这个戏也是为了纪念那些先烈，给他们一个说法，毕竟他们为共和国解放真的是抛头颅洒热血，所以我拍这个戏特别想还原那个年代历史，还原真实。我当时跟导演聊《决战南京》梁一桐这个戏的整个感觉，不想玩噱头，跟其他的那种决战片不太一样，我们更多完成它的真实性。其实很简单，说一个例子，当时拍这个戏，我是给自己留了胡子的，因为我以前拍其他戏没有留过胡子，我特别想拍这个戏造型上给自己有一个变化。但导演给我否了，导演说不用，我说为什么，他说你是什么气质你就去演什么气质，不用刻意去加那个，根本不用，我说好。他说另外一点，你去翻那个年代书看，国民党的黄埔生非常注重仪表的，那个年代不管胡宗南也好张灵甫也好，他们很帅的，他们的美式装备，包括他们的仪表仪容，戴军帽时非常帅，他说我们就还原历史，历史上是怎么样就怎么样，包括他们的发式，他们很注重仪表的。我们共产党这边，由于当时条件环境经费等各方面的因素是很艰难的，不可能也不允许那么注重仪表。既然那个年代历史是那样，为什么不去还原历史，干嘛要去违背他，导演跟我这样一说，我说我明白了，还原真实，是怎么样就怎么样。所以我们这部戏为何定位重大题材，就是在一个真实的基础上去完成这部戏的创作，我觉得是这么一个态度。

你个人的信仰是什么？

因为我是演员，对我来说戏比天大。我前两天跟朋友吃饭还说，作为演员，虽然我现在在文工团话剧队当队长，行政职务是这个，实际上我的职务我对自己下的就是演员，我在会上也这样说。我经常跟别人说，我就是演员，我一辈子都是演员，演到死还是演员，我这辈子就是演戏演戏再演戏，这就是我的信仰。还有一点，对我来说生活中家庭跟工作是一样重要。我觉得是这样，家庭如果有问题的话，那你工作一定是不顺利的。所以这几年工作比较顺利，我觉得家很重要，确实是，演好自己的戏、干好自己喜欢的事，我觉得是最幸福的事情。

你觉得这部戏在当今这个物质社会，有什么现实意义？

我觉得现实意义是，现在社会出现了那么多问题，做这种戏，一是不要忘记那些人，如果忘记了那真是应了那句话，忘记历史就意味着背叛，二是让后来人知道有那么些人，他们干了那些事，想想自己做的事，我觉得意义在这。就是包括我们所有的人，看完那些人做的事，想想自己干的事，对还是不对，我觉得意义在这。现在包括拍《人间正道是沧桑》也好，包括拍《勇者无敌》都是这样。我觉得这种戏为什么有市场，还是因为跟观众有共鸣的东西，观众喜欢看这种戏，像我小时候包括现在也喜欢看这种戏一样。只是我自己平时看电视剧看得也很少，基本没太多时间，自己拍的戏也没有每一部从头到尾都看过，偶尔看一看，一回到家更多陪家人孩子在一起。

这部戏在好评如潮的同时，也有人认为编剧有漏洞，有些历史事件与史实不符，你怎么看待这个问题？

你想一部20多集的电视剧，要把整个四年的解放战争写进去，这本身就是件比较困难的事，只能把大的事件作为一个背景去交待，主要还是描写虚构的人物，这是没有办法的。不仅作为编剧来说，我个人感觉也只能这么去做。你要是展开去说，包括《人间正道是沧桑》同样一个问题，把大事件作为背景，突出这几个家庭这几个人，跟《决战南京》有异曲同工之处。都是这样，大事件作为背景，把历史虚构人物推到前面去，让观众看这些人。我觉得观众没必要去挑剔这些，而且说到底像电视剧它就是一个快餐文化，就是很快，你最近需要什么东西我就做给你看，你看故事就好了。如果当成一个纪录片去看，看的出发点就有问题，我觉得没必要，太累，那你这样的话还不如找一个专题片、纪录片去看，不要看电视剧。电视剧就是看一个故事，我们经常说拍电视剧首先有一个好的故事，里边有好的情节和人物设置，这就行了，然后大家看觉得挺好玩、挺开心的，看完能给自己留点思索，我觉得就够了，没必要太去强调当时这个战役比历史上早一点还是晚一点。说实话《决战南京》发生的事我也没去考证，我也没必要去考证，我只是去演其中一个人物，我相信编剧写这个剧本时，包括中央台重大办审查时，他们应该对这段历史是了解的，会把握住的，我相信不应该出现这种现象吧。

这部戏你最大的收获是什么？有什么心得体会？

我觉得最大收获还是自己业务上进了一大块，如果将来再碰到这样的戏，甚至比这个制作更大、担当的角色更重，就会有很好的这样的一个基础，业务来说是这样。另外对自己，今后如果再有机会拍这种大制作的戏，能有一些经验，创作上完成的更好。其实拍《决战南京》对我来说最痛苦的是睡眠问题，如果当时我不是这么疲劳去拍，可能有些戏的状态会更好。因为当时签约时也没说能保证我每天多少睡眠，这也是一个遗憾。太困了，每天睡三四个小时，工作却20个小时，一般人身体是承受不了的，加上我受伤也没休息一天，所以将来这都是拍戏的经验。如果将来再拍这么重的戏，可能会调整自己的状态，状态永远第一位的。拍这部戏确实累，睡眠保证不了，但没办法，高明老师有一次还跟导演给我求情，他说不能这么拍了，广平太辛苦。

你演过很多军人，但最初让人记住的却是《DA师》中的桂平原科长，当时怎么会找你演这个反面角色的，你的气质看起来很正？

你这个问题问得特别好，《DA师》之前有一个话剧你听说过没有？这话剧是在前，我在话剧演了谁呢？你看过那个片子吧，我在话剧里演景晓书，电脑专家。后来拍这个电视剧，筹备的时候，我正好不在南京，我在杭州浙江拍个戏，突然团里打个电话说，马上拍个戏就是我们话剧《龙腾沧海》改编成的电视剧，我说好好好。我当时想我肯定还是演那个景晓书，后来通知我说不演景晓书，而是桂科长。我说桂科长是什么角色，话剧里没这个人物，他就给我讲大概是什么人，我说我不喜欢这样的人，我觉得这个人太胡扯太龌龊了，我说这个角色我不演。后来编剧说，这样吧你回来看完剧本再说。我把那个戏拍完回来后，就把那本子看了，看完后觉得这个人物挺有意思的，觉得这个人物很真实，你在部队你知道，这种人很多，而且非常有典型性，非常有特点，而且以前部队影视作品还没有写过这样的人物。所以《DA师》到现在还有人记得这个人物，前段时间同学聚会，还说到这个人物很经典，令人难忘。后来他们就问我还演不演景晓书，我说不演了，就演这个桂平原吧，我就开始演了。后来这个片子播出后他们聊，说这个人物太有特点这么坏，我说我倒不觉得这个人坏，我倒觉得这个人有好的一面，你像提拔他的吴义文师长对他那么好，他对他绝对是忠心耿耿，这个人还是挺可爱的，也挺真实，但是他是一个悲剧。片子播出后我相信很多部队观众会有共鸣，身边都会看到很多这样的人，你说这样的人坏吗？他们为了生存对吧。后来没想到反响这么大，对这人物印象这么深，过了十年八年还有人提到这个角色。对我来说我没想到自己还曾经演过那样一个人，留有那么一个角色。后来连着拍了四五个反面，演多了我忽然觉得戏路窄了，好多人找我不再让我去演正的了，我突然觉得挺难过，我说完了，我长得也挺正的，怎么老演反的？后来从2004年开始我就开始调整，没怎么演反面角色，改了。现在演了5年正面形象，我又开始想演反的了，那天我跟导演朋友聊，将来有大反派角色让我演一把。

《国家行动》中的林虎也是有些毛病的？

对，但林虎是一个我非常喜欢的角色，我觉得角色尤其到后期时很有意思。我当时跟导演定位林虎这个角色，咱们一般接触一部戏，里面有正面人物，有反面人物，一般一部戏由正反人物和矛盾构成，但我特别不想把林虎演成反面。林虎其实跟桂平原也有异曲同工之处，很真实。你说他坏吗，他不坏，你说他有没有毛病，他有毛病，他想不想当官，他想当官，你说他耍点小手段他也耍，你说他工作能力不强吗？他很强，不强也不会坐到那个位置上，这是个很复杂的人。其实生活中人本身就很复杂的，拿到本子我特别想把林虎演成很复杂、很纠结的这么一个人，工作又想干好，但又想当官，自己老婆也不争气，自己又想往上爬，有时不得不耍点手段，总想使点仕途上、官场上的东西，本人业务能力不错，很强，可不留心又被别人算计，他是很矛盾很复杂的这么一个人。《国家行动》最后一场戏，是我自己写的，当时剧本就一句话没有台词，就是“林虎喝醉后刘长寿背着他消失在大街上”，就这么一句话。我想这样不行，这就变成过场戏了，于是我跟导演说我想加一场戏，导演说什么情况，我说了后，他说你自己写，我自己写好后拿给导演看，导演看了说可以。于是我加了一场戏，刘长寿背着我，我就说了一大段话，其实是对自己一个总结，借着酒话说出来的。那场戏大概拍了四五分钟，一个镜头完成了。这是最后林虎一个人性的回归，我特别想他有人性的回归，我不想把他演成坏人。我觉得生活中这种人很多，我觉得他们本质不坏。你想在他位置上谁不想当官。不想当元帅的士兵还不是好士兵呢，对不对？所以我就把握这个基调。他想爬，但是他只是方式方法错了，或者是他本身人性有劣根性。我没想扼杀他本质，所以我才把这人物从后面拽回来了，包括他到安徽移民县当技术员，骑着自行车忙这忙那从头再来，这么写这个人物就立体丰富人性化了。

《人间正道是沧桑》中的穆震方也不太受观众喜欢，但我从头到尾看完这部剧后，却认为他是个大好人？

你说对了，你这想法跟我一样。很多观众看这个戏，他们是带着一种偏见，孙红雷的粉丝或什么人的粉丝，他们很恨穆震方，把孙红雷演的杨立青的老婆撬走了，我不想评价观众怎么样，我觉得个别观众还是看得表象一些，如果咱们从深处想，老穆绝对是一个大好人。还有一点因为我当时看了很多历史资料，在那个年代，那个肃反的情况下，错杀冤杀了一些好人干部，但你不能把这个责任完全怪在穆震方头上。你试想一点，穆震方当时跟杨立青说了这样一句话，“四一二”中你是不是抓了枪杀了我们18个人，他说是，你是不是在场，他说对，你是不是曾拿着枪对着那个瞿恩，他说是。杨立青他在场嘛，你想“四一二”那个事件，那个年代没有手机，也没有电话，他哪知道当时发生了什么。但这个事实是事实啊，所以穆震方要处决杨立青是没有毛病的啊，从这个意义上讲是没有毛病的，但穆震方犯了一个错误，就是没有进行论证和考证，只是凭着大义。你说穆震方有没有小心眼，他当时发展他入党，杨立青笑话他，你要我入党，我看你还没有我成熟，确实他也有心里那种伤自尊的感觉。但是后面穆震方不是改过来了嘛，瞿恩去跟他谈了一次话，跟他说现在杨立青怎么样了，穆震方也就改过来了。你看穆震方多好，后面跟他像哥们一样相处。你包括瞿霞从监狱出来，8年以后你想瞿霞是没有生育能力了，身体受了折磨，你按穆震方当时的条件，一个级别那么高的干部随便找个女兵，找个漂亮女孩，那不太容易了，穆震方能选择她，从这点讲，穆震方也挺伟大的。而且杨立青动手打他，他连还手都不还，连一声都没吭，就让你打，也没说你为什么打我，就让你打，从这方面理解穆震方也是一个挺男人的人，是个大男人。所以瞿霞对他的感觉，既像丈夫又像大哥更像父亲，他是很复杂的。我觉得老穆是一个挺了不起的人，他所承受的东西也很重，当然有些观众不喜欢这个人或者认为他比较左也好，我觉得还是看问题的实质，不要抛弃那个年代的特定环境，如果抛弃一个特定环境去看那个人，我觉得是有问题的，那个年代就那样，那个人就那样，没办法。

你是想好这个人物的走向才这样去演他的？

我当时因为看了些书，把那个年代情况了解一下，我觉得那个年代的人是那样，很极致很疯狂的，而且穆震方又是一个坚强的共产主义战士，坚强的布尔什维克，绝对坚持原则。其实穆震方也在调整，后面的好多行为证明他也在变化，包括对杨立青的态度。他原是不苟言笑不太爱开玩笑的人，最后他跟林娥、瞿霞也爱开玩笑了，其实穆震方也在变化啊，他不是一成不变的，从这个角度来说，穆震方也蛮可爱的。对啊，如果共产党没有这样的干部也不会打得下江山，那绝对是。

你说张黎的《大明王朝1566》是最好的历史剧，《人间正道是沧桑》是最好的电视剧，你对他为何会有这么高的评价？

我觉得跟他合作过的人对他都很佩服，张黎对我来说是一个恩师级的导演。从裕王到老穆，我两部戏其实都不是男一号，对吧，应该说戏份都不是特别重，但是看完这两个戏却都能记住这两个人物。这两个人物都不太好演，从观众口碑来说他们不是评价这两个人物演得好坏，而是这两个人物在里边不太讨巧。你像《人间正道是沧桑》里老董、老范这两个人比较讨观众巧，你像《大明王朝1566》里的那几个太监，观众比较喜欢。其实裕王和老穆都属于观众不太喜欢的人物，应该都不太好演的，恰恰阴错阳差那两个都让我演了。演了以后觉得真不容易演，就是让观众能喜欢你或是能记住你那真是太不容易了。我跟张黎合作了两部戏，我觉得他是一个智者，他是一个驾驭作品、驾驭戏来说功力非常了得的一个导演。我跟他聊过一次，他是北电78班的，跟陈凯歌、张艺谋是同班同学，他们有十年文革的生活阅历，有自己对艺术的追求、对人性的解释，所以他们作品跟别人不太一样。我觉得跟张黎合作更多的是心与心的碰撞，是思想上的碰撞，就像他跟演员说戏一样，他不会特别张扬地说，你这样那样演，他可能就走到你身边，在你耳边轻轻耳语一下，“这个时候老穆或裕王跟其他人物是这种关系，”你立刻能够会意，噢，原来是这种感觉。他一直都是心与心，激起演员灵魂深处的东西，所以很多人佩服这一点，他是站在角色思想上跟你说戏，谈到的是一个人的灵魂而不是一个简单的调度。你从这走到这，然后你把杯子放下，说完这话你可以出门走了，OK这场戏完了，他不是，他永远是在说这个人的灵魂和思想。此时的裕王他在想什么，他要得到什么，这场戏他要完成什么，你自己去琢磨去吧，这个很了不起。导演能达到这么高一个境界对演员来说是一个考验，所以很多演员为什么愿意跟他合作，就是说在他的作品中你会让自己不去浮躁地拍一部戏。你在他作品中一定要静下心来，一定要把自己的心摆正了位置，把自己心沉下去认认真真思考一个人物，是去思考而不是想当然地去演一个戏，我觉得他这点很了不起。

我看过张黎的很多作品，觉得他是特别有责任感的一个导演。

特别有责任感，你看他所有作品，他马上要准备辛亥革命那个电影，他的作品都是那种比较史诗品格的东西，非常大气的东西，我觉得这样的导演中国挺缺的，尤其像这样的电视剧导演，我觉得这种导演不是打情骂俏、呼哧哼哈就完了的那种，他站的高度跟别人不一样，我觉得挺了不起的，我将来如果有机会我还想跟他合作。他的《孙子春秋》这部戏让我去了，但我正在拍《潮人》所以去不了，包括现在拍的那个电视剧《圣天门口》也叫我去了，也打电话了。但我有戏在身没去成，你刚才说到演男主演，这个更多是制片方决定的，像《决战南京》一样，投资方要一线的，他左右不了的。这个我倒觉得无所谓，我跟张黎合作我不太计较角色大小，我觉得跟张黎合作主要在于参与，跟他合作就是让自己感受那个创作氛围，让自己学到些东西，所以我老说跟张黎拍戏就是在学习，跟他拍戏的过程就是一个学习的过程。

你后面演了很多英雄人物，对于你来说，你觉得英雄人物好演还是有缺点的人物好演？

从我个人来说，我觉得有缺点的人物好演，英雄人物不太好演。你看英雄人物这几个戏吧，梁一桐也好、王晓农也好，包括书生，我刚才拍了一个《潮人》，其实杜水泉是一个有问题的人，个性张扬。有毛病的人我觉得还好演一些，恰恰是像王晓农这样的人不好演。我当时拍这部戏，看了本子，最后一集没看之前，我觉得这个人物太难演了。他很平，他很稳，没有什么太张扬的东西，非常内敛，人也很好，对战友很热情，没毛病，但缺少拎起来的东西。我想这就完了，当时我就后悔了，这人物怎么弄。但我看了最后一集就把我震憾了，我没想到王晓农最后留下来了，他说郭军长你们撤，我留下来掩护你。就我跟周啸风我俩一起，我要走的话周啸风就坚持不了那么长时间。这一笔，包括他去谈判，包括他留下来，包括陪着周啸风一起审判一起牺牲，这一笔一下把王晓农这个人物抓起来拎起来了。所以很多观众为什么喜欢王晓农，我想也是王晓农最后的这一下。勇者无敌，其实王晓农也是个勇者，是咱们不多见的一个勇者，是一个可以去生却自己选择死的勇者，这个勇者可能更加了不起，他在某种程度上跟周啸风的意义还是不太一样。其实这个人物他打动观众不仅因为他留下的这个行为，而是通过行为展示的人格的魅力和高贵的品质。

其实我觉得你的个性跟这些英雄人物很相似，你是比较完美的一个人，王晓农的平和冷静跟你的性格很像？

因为我的血型是A型血、处女座，A型血、处女座是比较追求完美的吧，我跟导演没合作过，那个戏跟导演和制片方跟谁都不认识，就导演看了我一张照片，觉得是那么回事，一问哪儿的，说是南京军区的，他说可以，我看过他的戏，就马上定，定了后就演，一开机导演就特别满意，跟他想象中很吻合，王晓农就是这样的。

我觉得你的可塑性也很强，有些小人物演得也挺好？

对，我演的每个人物都不一样。演戏其实是挺有意思的，我觉得我最早的梦想不是干这个的，90年高考的时候最大的梦想是考上北京广播学院当播音员，后来阴错阳差就干这个了。其实我演大小人物花费的时间都差不多，聊到这个我觉得可以聊聊《花开有声》这部戏，这是我第一次演残疾人，可能也是我最后一次演，那个角色花费的精力特别大。

《花开有声》这个大哥形象跟你本人也是很相像？

对，也相似。其实你发现没有，我演的这些人物很多跟我有相似的地方。演员是这样，创作时有两种方法，一种是让自己靠近角色，就是拿到一个剧本一看这个角色就让自己往上靠，还有让角色靠自己。有的戏我会让角色靠自己，有的让自己尽量靠角色，不一样的创作方法。你像《花开有声》我就尽量让角色往我自己身上靠，有的戏，你像梁一桐，我尽量让自己往人物上靠，创作方法是不太一样的。

怎么说“让自己靠角色或是让角色靠自己”？

这两个片子你看完后，觉得郭广平本人更像大哥，不太像梁一桐。梁一桐有像的地方，但刘通州更像。你把郭广平放中间，一边是刘通州，一边是梁一桐，你会觉得我郭广平更像大哥刘通州，而不是特别像梁一桐。我指的意思是梁一桐跟我本身性格差别大一些，那个刘通州大哥跟我本人的性格差别不是特别大，相似的点多一些。对，我创作上让我郭广平更多往角色梁一桐身上靠，一种是让角色大哥刘通州往我自己身上靠，这是不太一样的创作方法。你看裕王，跟我本人八杆子打不着，我只能往角色上尽量去靠。但有些人物跟我比较像，你比如说这个王晓农，跟我本人很像，那么这样的话我就让王晓农靠我。我不在演王晓农，可能我在演郭广平我自己，我就这么处理就这么干，这不太一样的。这种创作方法对我来说是蛮好的创作方法。对对，我觉得这样比较好一些，你看什么样的戏什么人物性格，你比如说这个戏《潮人》，演杜水泉，这个人物跟我本人不是特别像，我就尽量往角色上靠，演一个我心目中的80后，是怎么样的，是一个特别张扬、不苟言笑，特别闷骚的。那我就尽量往角色上靠，是这么一回事。

你演了那么多英雄人物，你对英雄人物有怎样的理解？

我觉得就是干好自己的事情，英雄人物就是干好自己的事情，他们就成了英雄。就像我演话剧《那一方灿烂星空》一样，我演的那个人就是王庆平他牺牲了，其实他是干好自己的事情，对自己的父母也好，对自己的孩子也好，对自己的战友也好。在手榴弹爆炸的那一瞬间，他把战友推下去，自己把手榴弹捡起来炸掉了，他就是干好了自己的事情，没想到自己成为英雄。梁一桐为什么成为了英雄，他的任务就是拿到江防图解放南京，他为了完成这个任务，他才做了这么多事情，所以面对妻子对他的埋怨，母亲的死，父亲的死，他都没去暴露自己。他为了完成自己的任务，做好自己的事情，自己的事情就是拿到江防图迎接南京解放。王晓农的任务就是来谈判，他干的事情就是要和周啸风能拖一分是一分，让郭今秋离开敌占区到解放区，完成任务他就成了英雄。生活中也是这样，你说刘通州大哥是不是英雄，我心目中的大哥就是英雄，他的任务就是照顾好弟弟妹妹，他没有更多大的东西。我觉得英雄就是简单的东西，完成本职工作就是英雄，就像我们生活中一样，我把团里这个话剧队队长干好了，如果我干得特别出色，从某种意义上我也是英雄。能领导队里几十号人干得有声有色，能干出成绩，那不就是英雄嘛，我觉得这就是我对英雄的理解。如果每个人在本职工作中都能发挥自己的极致发挥自己的特长，我觉得这就OK了。

你觉得这个社会还呼不呼唤英雄?

当然太呼唤了，我觉得这个社会就是应该把自己的事情做好，其实有时也挺可悲的。前段时间看报纸，一个老大爷倒在路上，所有人都不去救他，都怕救完他反被人误认是自己撞倒的，我觉得真挺悲哀的。但那天一个老师把他救起来了，当记者问她，你不怕老人反误会你吗？她说我不会考虑这些的，我觉得这是我应该做的。我觉得她也是英雄。生活中太应该呼唤这种东西，现在这个社会当经济和物欲更加强烈的时候，我觉得思想上更加应该呼唤这个东西，这是真实的东西，这是人性的良知。

如果遇到这种事你会去做吗?

我觉得我会做，我碰到过这种事情。那是有一次配完音的时候，我们从江苏电视台出来，两个女的被车撞飞掉了。我记得当时我手里还拿着宵夜，把宵夜扔掉了，抱着那个女孩打车到南京鼓楼医院抢救她们。碰到这种事情我肯定会做的，只要自己能做到的，就应该会做，除非自己达不到的，选择报警也好，或者选择其他办法。就像我们那年在广西拍《桂北剿匪记》，剧组不是跟宾馆人员打架嘛，我冲上去了，我拉架，他们把我拉开，我当时男一号嘛，他们怕我打伤了，就说，你赶紧撤，就怕我也打伤了。我说你们不要打了不要打了，后来我出了门就打110报警，警察来了。

你觉得你跟粟裕大将是形似还是神似？

他们说挺像，开始我没往这方面想，他的眼睛比较抠，应该有形似之处吧，神似需要我慢慢去捕捉（说着拿起放在办公桌上的关于粟裕的一本书），这个时候粟裕应该是1955年授衔的时候。他是非常平和的一个人，毛主席说论功、论历、论才、论德，粟裕都可以领元帅衔，而且抗美援朝第一首选司令员就是粟裕，粟裕当时因为身体有病去苏联疗伤，去不了，后来就选择林彪，林彪身体也不太好，最后才选了彭德怀，彭德怀是第三人选，粟裕是第一人选。你想淮海战役谁立了第一功，也是粟裕，他是非常了不起的一个人。我觉得这些书读读对我们有好处，就是不拍这个戏，了解历史都有好处。

有网友评价你去演粟裕是最合适的？

我去演有几个好处，本人就是部队演员，这是第一，第二我拍部队戏相对比较多一些，第三我的年龄跟他当时年龄是吻合的，当时他大概在三十八九岁到41岁之间，正好我现在就是这个年龄段，另外一点可能我长得有点像吧，眼睛抠，唯一不像就是我个子高了，粟裕没这么高的个儿。这些都是我的优势，但是有一点，我没有演过粟裕，有的演员可能演过或者怎么着，但我没演过。我没演过也有好处，我可以放开演，对吧，没有压力嘛，反正我演的粟裕就是这样，我认为粟裕就是这样。看了书我对他又有新的认识、重新的认识，他是非常厉害的一个人，我是指军事上，他只要把这个事想透了、想通了，而这事又没有第二个或者更好的方法能解决问题，他只能这么办的时候，谁他都不会听的，非常坚定的一个人。他曾经给毛主席发了三次电报，因为在那个年代，下级给上级发电报就算是提意见也只能提三次，就是同样的意见只能提三次，三次以后就不能再提了。但他斗胆直陈，坚持真理，所以毛主席很欣赏他的，他的确是非常厉害和了不起的一个人。

他也是“以巧拨千金”的将军？

对，他是这样的统帅，所以将来演粟裕跟梁一桐不能一样。粟裕毕竟他这个位置历史功绩在这，又是一个统帅，梁一桐是粟裕手下的一个中层干部，所以跟他有很大的不一样。演粟裕既要演出那种真实的东西，那种细腻，还要突出他那种大气的东西，因为统帅要有大的战略思想大的谋略，这个可能是我在梁一桐的基础上要做的工作，就是在梁一桐那种细腻的不经意的东西之中，突出那种大气的东西，那种军事家的战略思想，那种大的眼光。梁一桐他更多是在基层局部游走，粟裕更多是大兵团作战。梁一桐如果是从小演的话，粟裕可能要找大的东西，但大是在小的基础上去做的。

演粟裕对你来说不会有那么大的压力吧？

压力也有，肯定会有。因为第一次演，我第一次演这种历史真实人物，以前都是虚构的，这是真实的，而且是有名有姓的，又是老百姓无人不知、谁人不晓的人物，又是咱们共和国的开国将领，这压力肯定是有。压力就变动力啊，我的口头语就是压力变动力，没有过不去的坎，只要船离开了码头一定会靠岸的，哪怕船沉了他漂也得漂过去，就一定要朝前走啊。

你演的这一系列的军人形象，对你的精神世界有什么提升作用吗？

有，有提升，会潜移默化吧，你了解这些人演这些人的过程中，不自觉中自己会约束自己的行为，修正自己吧。演员就是演到一定时候，演得多了这种人物可能会指点自己平时的为人处世和做人。如果你要演粟裕，平时你又是那样的人，可能对你演这个角色也没有什么好处。我们这一行属于什么呢？就是会把你演的角色的精神世界的东西带到自己的身上，我觉得身体会感应到。有些演员出不了戏，或者跳出跳进会非常痛苦，就是他沉进去了。就像我拍完《决战南京》，拍完《特战先锋》一样，当时也是很痛苦，会沉在角色的精神世界里，会有影响的。

有的影迷觉得军人形象最适合你，因为你正气英俊，你自己觉得呢？

我觉得好多角色都挺适合我，我演地方戏也挺好的，我现在也是在谈一个本子，写深圳改革开放三十周年的。我现在是赶上了，拍的都是军人戏，一个接着一个，老是跟军人有缘，就是包括杜水泉还是个退伍军人，都是与军人有关系。我现在还没有等到呢，等到一个大反派就好了，特别好的我就会去演。演军人对我来说我觉得挺适合，演地方戏、古装戏什么的，我觉得都应该适合吧，只要是自己喜欢的，都想尝试，我从来不划定自己演哪方面更适合，只要自己喜欢的都可以去尝试，哪怕演一个小人物都可以，就像《花开有声》中的刘通州，也是小人物嘛，那不是军人，那是最底层的一个普通人，对吧。

你对军人怎么看？

我觉得军人要有上下级观念，要有约束力，要遵守纪律，在一个团体里，在一个部队里，这是最基本的，我觉得这是一个军人的基本素质，没有规矩不成方圆。我在队里跟这些年轻演员也说，排练了你就尽量不要迟到，不能自由散漫，这是最基本的。不管在军队也好、在地方也好，有它条条框框的东西。但是我认为在业务上还是要突出个性的东西，在共性的方面尽量避免迟到早退这种低级错误。团队有团队的纪律，尽量要遵守，我自己带头这么做，但我觉得这不影响演戏的。说到底，你在剧组拍戏你天天迟到那大家不就反感你嘛，对吧，会影响创作气氛的，这是一个基本的东西、一个基本的素质。现在部队跟以前不一样了，部队现在高科技建军对文化要求特别高，现在大量的军校生也好，国防生也好，学历很高，个性很强，管理上就不能简单化，处理好个性与共性的关系，同时也要强调一个纪律性，纪律性是有好处的。

你怎么看现代军人？

我觉得现代军人是那个年代军人的延续，一种传统和思想的延续，又是一个新世界的开始。现代军人秉承着过去还要开创崭新的未来，面对现在的军事革命和世界军事形势，现代军人要敢于面对，要有勇气，要有责任感和使命感。我是一个现代军人在演过去的军人，我觉得这两者有相通的地方，我会在创作上把现代军人意识加到那个年代上，因为毕竟是现代的观众，创作上必须把现在意识加在上面。

把“现代军人的意识加在上面”怎么理解？

表演的理念，一种人的精神，这次演粟裕，我会按照我心目中的粟裕去演，可能更加人性一点，我要突出人性的东西，更加真实。可能在他那种性格深邃，不温不火的情况下，突出一点有个性的东西，张扬的色彩，寻找这些东西，戏比较好看一点，还是为了戏好看，戏是最主要的。我考虑过这问题，粟裕是一个内敛的人，不爱说话，但毕竟是文艺作品，如果我们拍传记片可以这么演，艺术作品来源于生活高于生活，我觉得可以做些适度放大。还要考虑一个受视群体观众，这个我不会太多去做这种工作，但我可能会有一些，要你演的目的就是要二度创作。我想粟裕很多人并不十分了解他，有些时候我要把他心里的东西外化出来，通过外部手段突出一些东西，让观众看到一个生动的粟裕。

战争年代的军人更富于牺牲精神？

战争年代更多是面对生生死死，现代军人正处和平时期，但要居安思危，要有责任感和使命感，和平时期同样要创造性的干好本职工作。我觉得那个年代军人更了不起，真是太苦了，他们没有得到什么东西，有些人就死了，他们很伟大，他们是为了下一代，为了我们。

你为什么强调自己先是军人后是演员？

是当兵锻炼的军人生活，给了我演戏的基本。20年的部队生活，让我很看重这身军装看重这个团。我在团里说过，没有这个团就没有我个人的发展，我是高中毕业来这个团的，什么也没学过，是这个团体给了我全部。我经常跟他们讲，你作为一个演员，你离开单位、离开这个团你怎么牛都可以，但你回到团你不要牛，这是你的家，一个孩子回到父母身边不会跟爹妈牛的，除非他脑子有病，爹妈就是爹妈，家就是家，回到家要把自己摆正位置，是家里一分子，要把自己单位当作自己的家。我经常跟他们讲这些话，我觉得业务上你怎么都可以牛，但你回到家、回到这个团体，就要像兄弟姐妹一样，就像你回到家你不会跟自己父母那样的。所以我强调业务上你一定要有个性，回到单位这个集体管理要突出共性，大家要互相尊重互相帮助形成一种和谐的创作氛围，我觉得这样比较好。

你是怎么获得成功的？你的成功经历对部队官兵有什么启示？

我觉得我也不算成功吧，可能第一我比较踏实，做三年学员然后又跑了几年群众，又到军艺上学，中间又提干，入党，包括毕业又拍戏，一步一个脚印走。我觉得按我自己的想法是一件事情就是一块骨头，要一块一块去啃。我觉得我就是不太会想，今天我把这戏演好，下面的戏，我不太会想，明年我会演什么，我也不知道明年会做什么发生什么，干好现在的事情。我不会好高骛远，我觉得踏踏实实挺好，就像当时我军艺毕业我老师给我说句话，这句话这么多年一直作为我自己的座右铭：保持一颗平和的心态，你会一生幸福。我觉得平和不是不去追求，平和是一种在你追求的过程中放平自己的心态，踏踏实实地积聚自己的力量，做一个有准备的人，等待机会降临的时候你就会爆发，我觉得我心态比较好。第二这么多年话剧影视剧我都没有耽误，能兼顾到尽量兼顾到，我觉得话剧对影视剧有帮助，反过来影视剧对话剧也有帮助，互相补充相互促进，这个我是充分认识到了，将来也还会这么走。

你对军人角色有怎样的期待？

将来我希望能演那种有人物命运的，反差大一点的，就是变化大一点的，矛盾强一点的角色，当然角色越复杂越好了，我不想演那种特别单一的，你像王晓农这样的角色，其实你说好演也好演，你说不好演也不好演，演不好他就完蛋了，演不好就麻烦了。所以将来想演角色更加复杂的，而且我现在特别想演有历史跨度的戏，最好能从20多岁演到七八十岁这种角色，一个是想演这样的戏，第二是想演大大的反派，我心目中的反派是一个特别善良的反派，想演一个特别有人性的、特别让人喜欢的反派，但他做的事可能不太好，但他绝对是人性特别善良的，可目前还没遇到这样的角色，也许以后会遇到吧。军人角色想演一个更加立体的、更加复杂的、更加真实的这样一个角色，没想好演什么，我估计随着自己年纪慢慢增大，可能演团以上干部会多一些，团师一级的这类角色更多。

你喜欢什么样的军人作品？

我喜欢的作品还是有思想、有深度、有内涵、文化气息浓一些的作品，我不是特别喜欢那种粗鲁的，动不动就骂粗口的，我喜欢文的，我觉得部队将来发展方向就是像粟裕这样的，以文化、以知识、以军事思想和内涵而取胜的军人作品，那种打打杀杀的我不是特别喜欢，我期待多一些这样的作品出现。

以演员的道德塑造角色

能打动我的剧本，肯定接。相信自己一定能做好。我的表演风格是外柔内刚。站在自己的舞台上，跳跃着不同的人生，对我来说是最幸福的。不要把演艺圈作为名利场，要把它作为艺术品去做。让观众通过一个作品喜欢你，这是我要达到的目的。

你是1990年参加高考，因为数理化成绩不理想，才考的南京军区前线话剧团？

我是文科生，不存在因为数理化成绩不理想。当时是这样，我当时报考北京广播学院播音系，可那个时期一个省也摊不到一个名额，好比考状元，难度相当大。当时我是考上安徽广播学校，是个大专，通知书也拿到了，到后来觉得不甘心，我又把通知书撕了，决定9月再复读考北广。11月中旬南京军区前线话剧团来合肥招生，我花了5块钱就报名了，这一考，就考进来了。

你怎样考上这个话剧团的？

当时我已经复读两个月了，放学后在家写作业，我们家当时订的《合肥晚报》，报纸有一豆腐块文章，登了前线话剧团的招生简章，我看了一眼就把报纸扔到一边了。我爸下班回来后看到了，这不招生嘛，你去试试吧。我爸冷不丁的一句话，让我又拿起报纸认真看了看，看到招生条件是身高一米七五以上，我那时一米七七；需要高中毕业，我高中毕业证也已经拿到了；还有什么普通话标准、五官端正，我觉得基本上还凑合吧。我爸就说你试试看。我说我没演过话剧，连看都没看过，好像很小的时候看过《七十二家房客》。我爸说无所谓试一试，反正招学员嘛。第二天就报名去了。真没想到，初试复试三试加文化考试，前后考了6个月整半年，我们报到都到了第二年的4月份。当时上千人考试就招了5个人，20年了，我们5个人现在还都在团里，这5人中有的改行当制片主任，有的做导演了，洪卫已经是我们话剧队的教导员了，就在隔壁屋子办公，一起来的还有一位唯一的女演员，当时16岁，现在也早已经做了妈妈。

后悔过这样的选择吗？

不后悔，太好了，真的太好了，那个时候就觉得挺好的，现在想想更好，我挺喜欢的，在部队这么多年，也挺适应的。我跟他们讲我现在一种思想就是，没事大家都出去拍戏，尽量多拍戏，但是有事都得回来。

但你刚到团里那几年却都是在跑龙套？

对，跑龙套，跑了六七年，那时挺痛苦的，那时不像现在影视剧那么发达，学员又演不上大角色，老跑龙套，挺痛苦，那就不让自己闲着，总是想着法的找点事干。什么都干，江苏省电视台同时两档节目主持，电视剧配音、解说甚至婚礼司仪也干过，受了不少罪。其实那时自己还是蛮有野心的，1991年我第一次排话剧，演的第一台话剧，就一句台词，因为不过关，被导演从舞台上骂下来了，因为没学过表演，啥也不懂，一句台词也不是那么好说的，我当时心里想，等着吧，将来我一定会干到最好。当时挺那个的，觉得自己能行，我为什么说自己是A型血处女座，性格中不服输的。那时我什么都干，一方面给自己积累经验，第二是挣钱，因为自己到部队了，自己照顾自己，独立生活，离开父母了，自己想给自己攒点生活费，第三又能学到东西。多接触一点，说不定会在哪条路上干得更好。但现在想想还是演员干得最好，当时什么都干，挺好的挺丰富自己的。周末也很丰富，没事背个包就出去，去配音，坐公交车就走，蹬自行车就去，挺开心的。那几年给我帮助挺大的，当机会没来时做足准备。有空就买碟看，那时是VCD，很贵，一张碟要30多块钱，反正多看片没坏处。

你这样属于走穴，部队允许吗？

没有走穴，都是好事，哈哈，你看我主持栏目，我不影响，都是业余时间。你像配音也是业余时间，就是每天下班晚上去干活，白天有事不耽误。因为我们文工团毕竟不像野战部队，必须晚上9点钟熄灯，还是有相对的自由度。

后来你考上了军艺，好像还挺不好考的？

当时不好考，那也是各大军区招人，我们那一届一个班才19个人，放眼全国，一个省也摊不上一个。我们南京军区专业团体就考上我一个，到北京考专业课，专业课通过拿到文考通知，再考文化课，文化课不过关也上不了。全班一共19个同学，各大军区都有人。

在军艺这两年对你帮助很大，遇到了恩师刘老师？

刘老师，那是我恩师。那两年我外面一部戏没拍，一直在学校上课学习，反正什么都干，毕业是优秀学员。记得有一回排练给我印象特别深，刘老师当时同时排了两个话剧，《安娜·克里斯蒂》和《雷雨》，我想肯定让我演《雷雨》中的周萍，结果没想到刘老师没让我演周萍，我说为什

么，他说是人都能想到你演周萍，得找一个难一点的，后来就演了《安娜·克里斯蒂》里的男主演布克，一个船上烧煤的工人，就像张黎让我演老穆一样。对老师来说，他非常了解熟悉自己的学生，他从锻炼培养学生来说，可能会给难度更大的更具挑战性的。我觉得这两年对我帮助是最大的，有了这两年我才有了后来，《情感阴谋》《DA师》，包括后面的几部电视剧也好。现在想想这两年对我来说是最关键的两年。刘老师他们现在还经常聊到我，包括师母，他们俩对我也非常关心。我每次到北京抽空都到他们家看他们去，他们退休了。

你从军艺回来后就老演坏人，为什么没人找你演好人？

我觉得他们图省事，哈哈，因为我老演坏人，他们一看，噢，广平演坏人不错，好人就不去想了，这个戏还是演坏人吧，到下部戏，还是这个惯性思维。我开玩笑啊。我觉得他们可能对我演反派还是认可的吧，为什么到现在很多朋友觉得我演反派挺适合的，现在还有好多人说，广平什么时候再演个反派吧，你可以说我是演反派起家的，对，“改邪归正”，我后来演了一系列的正面形象，但我现在想找机会再演个反派。

其实我觉得你有偶像面孔，不应该总是演坏人。

当时从军艺学习回来，加上之前，大概有3年多时间没在南京，很多人对你不熟了，外地来的剧组就更别说了，对你不了解也不敢用你了。那怎么办呢，那不能不演啊，正好有个机会就碰上《情感阴谋》的导演，我在给他的上一部电视剧配音，他说他下面有个电视剧，叫《情感阴谋》，里边有个反二号叫秦韬光，是个小人物，你感不感兴趣，我说好啊，就这么着，演了。因为有4年没演电视剧了，我特别珍惜这个机会，疯狂地设计人物，演得很投入。当时导演包括观众评价还挺好的，就是演完那个戏后第一次有人主动打听找我演戏了，后来的《与羊共舞》，也是他们找到我演的，接着又连着拍了几个，后来我妈跟我开玩笑说，儿子你不能再演了，邻居同事都说这孩子太坏了，哈哈。一直到2004年我才“改邪归正”，是演《桂北剿匪记》，特别巧的一个机会，导演刚从美国回来，他对我在大陆不太了解，不知道我演过好几个反派，他知道我演了那么多反派估计也不敢用我了，哈哈，他来南京见我本人觉得挺适合的，就说你演吧。当时把我乐坏了。这个戏演完后我找到了一些感觉，演正面的男一号，美，然后拍了《美丽的中国结》，我们团做的戏，我演男一号，没想到快开机了，突然让我改演反一号，结果还是被我好说歹说地又给改过来了，县委书记邵宜民嘛。就从那个戏开始，《花开有声》《霓虹灯下的哨兵》，包括后面一系列戏，我就开始往正面走了，后来找我演反的就不多了。

你觉得那几年演反派对你是怎样的积累?

我觉得更多是一种表演经验的积累，对镜头的熟悉，对拍摄的熟悉，我觉得这个对我帮助挺大的。第二演反派对演员有好处，坏人总会有人性化的一面，好人不一定都是没有毛病的人，这就需要演员琢磨角色。有件事很有意思，前一阵我在拍《湖南公元1949》时，有一次导演看监视器，突然说，哎呀广平，你刚才露出一个眼神，蛮凶的挺深邃的，下回我一定找你演一个反派，我说我以前老演反派的，哈哈。其实人都是复杂的，有时好坏不好界定的，可能政治信仰不同吧，你说陈宝国演的秦时关他坏吗？他也不坏，他是政治信仰不同。就像《人间正道是沧桑》中的杨立青、杨立仁一样，政见不同会导致他们的行为和结果，而不是一个简单的好与坏的问题。

你刚才说以后想演一个善良的大反派，大反派会有善良的吗？

他可能在外面杀人放火，可能贩毒，但他特别孝顺，对妇女孩子特别好，对穷人特别好，这都是人性的一种善良。人有时会人格分裂，我会把这个人分成三个、四个、五个、六个人去演，我觉得这多有意思啊。他面对他父母是一个人，他面对自己老婆孩子是一个人，他面对他的下属是一个人，他面对街上的穷人又是一个人，或者恰恰这反派是一个穷人出身，从小是个孤儿，或者从小是个特别穷的人，面对他的乡亲，面对他的家乡父老，面对农民大爷大妈，慷慨解囊，面对社会上腐败肮脏的人，他又不通过正道去解决，所以我想把他人格分裂成好几层去演他，这多有意思啊。对，没碰上，没人找我演，我在等，还在等，但我现在已经把这信号传递出去了，我跟好几位导演和制片方也聊到这个话题，将来你们手里有这样的反派就找我演，我想演黑帮老大，哈哈，我在等，等待这样的机会。

好像闫妮说你很有喜剧天分，将来可以演喜剧？

对，闫妮是这么评价我的，还有一位是周韵，就是姜文的夫人，当时我们在《西藏警察》中合作过，她们觉得我挺有喜剧细胞的。我拍过一个喜剧，叫《下一站阳光》，张家港有一个社区是全国精神文明先进社区，我就演这个社区主任，特别好玩的一个喜剧。我在《特战先锋》中用到了一点点喜剧，发挥了一些，有点冷幽默的东西。将来我想找一个正儿八经的喜剧演，这个机会也应该会有，我们团目前也在做这样的筹划。

想不想演赵本山那样的乡村喜剧？

赵本山是我特别欣赏的喜剧大师，我很喜欢他！但那个路子好像不太适合我，那个东北大地上二人转的文化，我比较陌生。我更喜欢一种冷幽默的黑色幽默的喜剧，我个人觉得喜剧不好演，但我充满信心。

你觉得喜剧和悲剧哪个更打动人心？

这怎么说呢，喜剧和悲剧其实它的终极目的，都是触动人心。能做到悲喜交加，喜极而泣那是最高明的。我挺喜欢周星驰的东西，你看他的喜剧有时让你有一种酸酸的感觉，就像《大话西游》《喜剧之王》等等，这种喜剧感觉我喜欢，它包含了丰富的元素，让人回味。

喜剧和悲剧哪个更难演？

前面提了一下，我觉得喜剧更难演，这是我个人感觉。让你哭相对容易，而让你笑不太容易，尤其是现在。像卓别林大师的作品太棒了，现在我觉得没有人能超越他，这个世界出了这么个大师，是世界人民的幸福，他的作品永远那么经典，他是永恒的是伟大的演员！

《大明王朝1566》是你的第一部古装戏，你在博客写道你在这部戏里找到了做演员的自信？

可能不是这个意思，我忘了当时自己是怎么写的，我还不是在这里找到做演员的自信，可能是说在这个戏里你会感到演员更像个演员。因为这个戏的创作氛围特别好，导演对演员，工作人员对演员，很尊重！我说的是尊重，这会让演员去除杂念，全身心地创作角色，导演是剧组的核心，他的艺术品格和大师级的为人，让我们认识到演员的分量，可能是这个意思。其实这不是我第一部古装戏，这是我第三部。第一部是1994年拍的《三言二拍》，拍了两部，时隔12年才拍了这个《大明王朝1566》。这么多年我为什么没拍古装戏，虽然也有人找我拍但被我回掉了，因为基本上都是那种打打杀杀的，我不是很感兴趣，所以就没去演。

你对武侠戏没兴趣吗？

我更喜欢严肃题材的古装作品，武侠戏尝试尝试也不是不可以，现在还没人找我演，哈哈，可能主旋律的作品演多了，人家现在也想不到了。

你之前提到拍《大明王朝1566》这个戏特别累？

心特别累，一是对剧本所提供的明史要了解，二是对那个时期的人物要了解。拍那个戏我把明朝十几个皇帝的史料都看了，历史上的裕王在继位前是很痛苦的，其实他还有个兄弟，剧中没表现，兄弟争位的矛盾，立为太子，迟迟不让继位的痛苦，父皇的威严，李妃的强势，下面三个大臣也很强势，他夹在中间的痛苦，难啊，很难很郁闷的一种状态，人在那种状态下是挺憋屈的，我是把握了这个基调去创作的这个人物，所以心很累。其中有场戏我印象特别深，有一场是徐阶跟我下跪告辞，我坐在那儿突然流泪了。那场戏剧本是没有流眼泪的，试戏的时候也没有流泪，实拍的时候我突然就哭了，想起来特别逗。导演当时让摄影师不要停机器赶快抢下我哭的镜头。事后导演问我，你为什么哭？我说不知道，就是突然想到我爷爷了，一个70多岁老人给我下跪我很难过，不由自主眼泪就下来了。其实那已经脱离戏本身的东西了，但是导演说这一哭特别好，跟当时剧中裕王的痛苦的心境是特别吻合的。没想到一个不经意的表现，恰恰特别好特别准确地体现了人物的状态。

最后还有一场戏，就是演你父亲的陈宝国跟你交待后事时，你哭了好几次？

对，其实裕王不是一个特别有主见的人，他那场戏挺复杂的感情，父亲即将离去，作为儿子肯定很难过，等了那么多年，终于修成正果，有激动释放的成分，再有父亲死后我继位了，继位后面对一大摊的人事我怎么办，想想挺可怕的。那种痛哭是复杂的宣泄。那个镜头大概8分钟，一条完成的，导演喊过了，当时我跪在地上还没出戏，迟迟没起来，黎叔走到我背后，一边扶我同时轻轻地说了两个字：牛逼。就因为这场感情戏黎叔要求我必须自己配音，怕这场哭戏别人给我配砸了，当时我在外地演出，除了我，整个戏的配音工作都已经结束了，一直等了我8天，8天后我才去北京配的音。裕王所有的憋屈在这场戏得以释放，这哭一定是复杂的。

其实如果按中国历史上的事件，父亲死了裕王应该高兴的，因为他终于可以当皇帝了?

那个就是你想的了，个别观众可能也会想，他父亲死了他高兴极了可以当皇帝了。但我没这么演，我不能这么演，我没有把裕王想成那样。裕王就是历史上的隆庆皇帝，他其实是一个挺善良的人，他实行了君臣共治，推行了8年的隆历大改革，可惜36岁就驾崩了，如果他死的没那么早，明朝也不会从万历年间那么快走向衰败，编剧刘和平老师跟我聊过隆庆，在明朝这么多皇帝中他是非常喜欢隆庆这个皇帝的，只可惜隆庆身体不好，才执政6年，否则历史将改写。有了这些历史考证，我才没把裕王简单化。他对父亲是敬畏的，虽然有埋怨，但父亲真要撒手而去，作为儿子，一定伤心而泣。包括对徐阶、高拱、张居正的先后使用，他是真想听他父亲的意见，所以我没有把那场戏像你说的这样处理，没把他演成一个小人，父亲死了，还暗自窃喜的人，那样的人也不会推行君臣共治。包括对李妃，他更多是宽容。你想一个妃子那么强势，当着别人的面说话也不注意场合和分寸，换作别人可能直接贬了，或者她也不敢。实际上倒过来推裕王这个人的性格，还是宽厚的善良的。

你演了三部农村戏，但你对《潮人》似乎特别偏爱?

对，我挺喜欢《潮人》的，这是部很有现实意义的戏。其实三四年前就有人找我演村官的戏，后来那个戏不知道什么原因取消了。我还有一个考虑，我即将步入不惑之年，《潮人》中杜水泉这样的80后，如果我现在再不演，以后肯定演不了了，毕竟快41岁了，总得在自己的人生履历中留下这一笔，回想起来还演过80后，哈哈。面对这么一个机会，所以我宁愿把别的戏放弃。因为有的角色还有可复制性，这个角色不能再复制了，我

不可能将来还去演一个80后村官，不太可能。

80后是特别自我的一代，不太好演吧？

不好演，80后是比较自我的一代。后来我在读报告文学，查资料，包括跟大学生村官聊的时候，我发现他们不容易，对80后的认识我有了改观，跟我原来的想法有出入。我接触的这些村官是很优秀的年轻人，他们到农村的发展给我了很大的启发。我说我演的80后是我心目中的80后，是我所认为的80后，基于我的接触和认识。后来在这个人物的创作上，我突出了几个特点，一个闷骚男，表面冷酷内心燃火的人，一个不玩阴谋玩阳谋的人，有意见明的暗的都一样，同时也是善于接受正确意见的人，即使嘴硬，等等吧，反正是很有特点的一个人。我觉得这是我创作的艺术形象中将来有可能说到的一个角色。

你接触这些80后以后，觉得他们也是有责任有担当的一代?

对，有责任有担当的一代，80年出生的现在都到了而立之年了。大学生村官这个事情是国家很重大的一个工程，人才战略储备，说不定将来我们的国家领导人可能就从这里出。在目前的情况下，未来的领导干部必须要从基层做起，一个不了解农民的人，一个不了解中国农村最基层的人，将来怎么当领导呢？他们有责任也必须有这个责任，你说对吧，我觉得国家鼓励大学生去农村发展的意义在这。

现在偶像剧很盛行，你考虑过演一部偶像剧吗?

这个没考虑过，估计也考虑不了了。年轻的时候有过这样的机会，因为要下部队锻炼，就失去了，加上那个时期部队管理很严，在业务上还比较稚嫩的时候，团里不是太希望把我们撒出去拍戏，还是希望我们多在团里打基本功。现在进团的都是经过4年科班学习的艺术学院的毕业生，加上管理上宽松了一些，所以拍戏机会也多了。那个年代别说偶像剧，就是电视剧也少，现在已经过了这个年龄了，根本不会考虑这个问题。

你选剧本有怎样的标准?

那肯定是能打动我的，这是最主要的。能打动我，让我心里为之一震，我肯定会接，如果不能打动我，我肯定就不会接了。现在我手里好几个本子。我现在接戏有个原则，必须先看完剧本。

你想演哪种类型的角色?

没那么具体，肯定最想演我没演过的那种类型的，就像拍粟裕一样，虽然同时也有别的角色，但是因为粟裕没演过，所以才选择这个。如果下边还有什么戏找我，也是我没演过的类型，我可能去演，如果再有一个写村官的戏让我演，我可能就不去演了，因为我不想重复。

想过跟港台地区合作吗?

有机会会合作的，我跟港台地区的演员和摄影师有过合作，《决战南京》《特战先锋》就有台湾的摄影师，合作很愉快，成了哥们儿。演员你像庹宗华唐文龙，合作都非常好。这个没问题，只要有好的本子。

好像你为了拍《国家行动》放弃了李安导演的《色戒》？

对，《色戒》演一直跟着梁朝伟的那个人，后来没去成，之前《色戒》的副导演到南京找演员，看过我，把我的资料给了李安，李安说可以。等副导演通知我时，我已经到《国家行动》剧组报到了，下飞机又坐了9小时车才到的剧组，到组第一天就接到电话，但肯定不能去了，虽然我很想感受一下大导演的创作氛围。记得同时还有《冈仁波切》，一个在西藏拍摄的电影，也没去了，这两个戏就这样放弃了。

有过后悔吗，毕竟是跟李安大导演合作？

不后悔，因为这个无法后悔。记得拍《西藏警察》，当时《历史的天空》也找我，让我演万古碑，因为合同已经签出去了，后来于和伟演了那个角色，我就去拍《西藏警察》了，我不后悔，人就是这样的，既然你已经做出了选择，你还后悔什么，有些东西必须放弃。

有些网友觉得你应该拓宽戏路，不要总是去演历史戏和一些军人角色？

这个不是我的问题了，因为没人找我演我怎么拓宽？我现在就是尽量接一些自己没有演过的角色。现在都是制片方、投资方定演员，他觉得你演军人合适，所以总会找你演。如果投资方认可我演别的类型的角色，那我自然就拓宽戏路了，我在等待这个机会。

在你演过的一系列角色中，你觉得自己更擅长演哪一类角色？哪类角色让自己更得心应手？

目前拍这些戏我觉得都得心应手，都很好，包括残疾人大哥、梁一桐、书生也好，你让我演张飞可能费点劲，开玩笑啊。如果让我演周瑜、赵子龙、诸葛亮我觉得会有些把握，大概是这个比喻吧，演《人间正道是沧桑》的老穆让我有点费劲，剧本中老穆是工人出身，是个搬道岔的铁路工人，这个跟我外型有些出入，所以当时我很困惑。《人间正道是沧桑》最早不是让我演老穆的，让我演楚材，后来黎叔说楚材对我相对容易些，就没让我演，换了个难演的老穆。反正我是这样，除非你不答应，答应了就得尽自己最大努力吧。

哪些角色自己印象最深刻?

印象最深刻就是残疾人大哥刘通州和梁一桐，这两个角色是最让我动心动情的两个角色，也是创作过程中最累心的两个角色。

有些网友觉得你以前的角色有些青涩，你对自己成功和不成功的角色有怎样的认识?

随着年龄的增长，随着自己慢慢长大慢慢成熟，人生阅历的丰富，还有一个就是经验的丰富，表演的深度和内涵会有提升的。以前的戏肯定青涩，你像我第一次拍戏，拍摄《黑水洋》时，我连表演都没有学过，拍就拍了，但肯定很稚嫩，即使现在一个很成功的演员，他的第一部戏也是稚嫩的，一样的道理。我觉得要放眼未来，吸取经验教训，然后争取把下个戏拍得更好一些。

有自己的代表作吗?

代表作不好说。你拍的那些戏，现在通过博客也好，其他网络途径也好，他们聊得最多的可能就是你的代表作吧。如果有些戏不怎么提，那可能就不是你的代表作，对吧。

每拿到一个剧本你是怎样让角色立起来的?

拿到剧本首先读本子，我跟别人不一样，看剧本特别慢，看一个剧本大概需要10天以上时间，我是逐行扫描，别人的戏我都要看的，每个标点符号都要过。慢归慢，基本一遍下来，剧中人物什么脉络什么情况就很清楚了。有些戏可能要找资料找一些书籍来看，让这个人在自己的脑海里成活。就像一颗种子一样，表演老师曾说要让角色成为种子，慢慢在心里发芽、长枝、开花，这是一个过程。根据这个过程创作角色，是鲜活的。

演完戏后有过脱离不了角色的情况吗？你是怎样抽离角色回到现实世界中的？

有，有，但还好，我会尽快调整自己状态。有些角色拍完后，就像《决战南京》，梁一桐那几场大感情戏拍完，真是非常疲倦，不爱说话，回到房间关在屋里发呆。慢慢调整吧，听听音乐、看看电视、喝杯咖啡、喝点茶，看点别的什么或报纸，让自己慢慢忘却这些东西。有时候有些角色自己生活中多少会受到影响，这是心理上的东西。但自己要分得清，要把角色与我撇开，剩下本人自己，要分得清，否则会影响下一部戏的创作。这几年拍戏，基本一部接着一部，你像湖南这个戏，周里跟杜水泉就是风马牛不相及的两个人物，可基本同时在拍，所以逼着自己要很快跳进跳出，要不两个戏都会受影响。

你最困难的是什么时候？如何挺过来的？

最困难的时候应该是刚从军艺回来的时候，大概有四五个月小半年时间，那时没有戏找我演，是比较郁闷的时候。我在家天天看碟子，我买了好多片子天天看，没戏上就不上，但也不让自己闲着，一天看五六个片子，最多一天看七八部片子。这就是学习。现在我跟我爱人在家看碟片时就经常聊，你看他这段戏演的，将来我们就可以借鉴，我们俩经常探讨。看片子不能傻看，看看剧情就完了，作为职业演员要多学习，这点我爱人对我也起了很大作用，几乎所有的角色她都给我提建议跟我聊。对，她也是演员，挺优秀的演员。她为我放弃了很多，这个没办法，家里孩子还小，怎么办呢？所以目前她还不能出来拍戏。

你一步步走到今天，这种坚持的力量来源于哪里？

一是来自于我自己的喜欢，一是来自于我家人，这个是很重要的。从第一次拍戏被导演说了一通后，我心里一直立下一个志向，包括以后我到军艺上学，都一直坚持着。我这种坚持就是相信自己一定能做好，我还是比较相信自己的实力，一个人再没有比自己更了解自己的人了，我就是相信自己。另外我爱人、我家人确实给我很大帮助，让我少了很多后顾之忧，他们支持我这么多年，就是相信我能行，所以这两点很重要。这些年我通过一部部作品的拍摄，更加坚信这一点。

有些合作过的演员名气比你大，你心里平衡吗？

很平衡，包括拍《DA师》，跟王志文、许晴在一起都很平衡。我心态一直很好。这个没办法，有的就是出名比你早，或者说比你有名气有市场，不用考虑这个问题，你要天天琢磨这个那还不得累死了。我经常开玩笑，比上不足比下有余，这不挺好吗？做人就这样，学会满足和知足这挺重要的，我觉得不仅生活中这样，演戏同样也这样。演戏大家是平等的，哪怕我跟一个群众演员演戏，我也会很认真地跟他搭戏，因为都是人，虽然他是群众演员哪怕他只有一句台词。就像我在剧组对待一个场工也这样，因为大家是平等的，你这样才会赢得尊重，你才会在剧组有良好的一个创作环境，你才会更加松弛地去演戏。

你跟很多知名演员合作过，有怎样的感觉？从他们身上学到什么？

每个人创作方法都不一样，看他们演戏，吸取他们的长处，同时还要坚持自己的东西。为什么要坚持自己的东西？因为人和人长得不一样，人和人的气质不一样，既然不一样，表演风格自然不一样。所以演员一定要坚持自己的个性，就像看超女快男唱歌，点评这些歌手时，经常说不要老模仿别人要有自己的风格，就是这个道理。别人的东西要学，学他什么呢？你像陈宝国老师学他认真，每天那么晚回到宾馆还能对着镜子在走戏、演戏、琢磨戏，那么我也应该这样，收工回去要琢磨角色，把本子吃透，我更多是学这个东西。至于表演风格每人不一样，没法去学这个。

你跟郑方南、张黎等很多著名导演合作过，觉得他们的人格魅力是什么？

郑导是一个工作狂人，60岁的老人像一个小伙子一样，每天永远身先士卒走在拍戏第一线，不管道路多难走、景多难搭，他永远站在第一个，

我老说他是个狂人。张黎也是这样，他拍戏从来不让别人替他拍，他自己身先士卒。他们那种敬业精神会感染你，你想一个五六十岁的老同志那么认真、一丝不苟地在拍戏，你没有理由在现场懈怠。我跟郑导至少合作了8部戏，他是看着我成长的，1993年第一部戏就跟他，他很了解我，他也知道我身上的优点在哪，不足在哪，哪个戏能发挥我这点长处，他对我太了解了，所以说跟他拍戏很放松、很松弛，我有什么想法都能很快跟他沟通，没有什么障碍。和张黎拍戏也同样如此。

你最想跟哪类导演和演员合作？

那就太多了，是好导演好演员都想合作，哈哈，像刘江导演就不错，看了他的电影《即日启程》和电视剧《媳妇的美好生活》，很有才华的导演。虽然我还不认识他。只要是优秀的有想法的就行，不一定要出名，包括演员。有些导演和演员现在还没有出名，但是作品我看了后挺喜欢的，我就很想合作。

你跟很多女演员有情感戏，会影响个人生活吗?

那不会，戏就是戏，生活就是生活。我前面不是说嘛，戏完了我很快就跳出来了。这是必须的，这是你的职业操守。

你夫人对你也很放心?

很放心，我们俩之间很放心，在一起这么多年了。戏就是戏，不会有影响。拍戏也很快，一场过了马上就是下一场戏了，很快的，没那个闲空。

在这么复杂的演艺圈，你怎样做到没绯闻?

淡定，哈哈，我在剧组他们都叫我哥，你像傅淼都大哥、广平哥地叫。别人都是叫我广平哥，很亲切。跟我演对手戏的女演员基本上都比我小，除了闫妮，我们是同龄人，大部分都比我小，都是80后的。本身我年龄比他们大，又是部队的，比较有亲和力，都叫我大哥，解放军叔叔，很有安全感，哈哈，蛮好的。

你现在最想感谢的人是谁?

要感谢的人很多。比如说郑导，我第一部电视剧就是跟他，《黑水洋》，1993年拍的。邵均林，我的老团长，也是我的恩人。你像张黎、陈宝国，还有陈应岐。《情感阴谋》《月色撩人》都是陈应岐导的。我觉得这几个人都是我命中的贵人和恩人。军艺的刘老师更不用说，那是我的老师，肯定是我的恩人。他们在我这么多年的从艺历程中，确实对我帮助特别大，应该说没有他们就没有我的今天。这些人提携我也好、帮助我也好、关心我也好，确实是在戏上。包括郑导前两天我们在一起吃饭还在聊，我就跟他讲，我跟你拍戏我特别放松，你有什么就说什么。他也是这样，有什么说什么，广平你这场戏不好，应该是这种感觉。我说，好啊没问题，马上改，就是特别融洽。因为大家太了解了，很默契，非常的默契。张黎跟他这两部戏下来，对我的提高确实很大。还有陈宝国和邵均林，当然我还要特别感谢我们这个团，20年的培养，受用一辈子。

今后有什么打算？作为演员最大的目标是什么？

我可能把队里这摊工作做完后，每年拍两部好戏，就是我说的自己没怎么演过的角色类型，不想再重复自己。有优秀的好本子，争取能拍上，至于获不获奖我不太考虑。演员就是拍好戏，成为艺术家这是最大目标。做偶像明星我也不用想了，哪一天到了我七八十岁的时候，观众说到我，郭广平算一个艺术家，那就是我最大目标、最幸福的事情。我经常开玩笑说，到我老了，带着孙子，看爷爷的作品，这是爷爷40年前拍的戏，这是38年前拍的戏，我觉得这是挺幸福的事。

你怎么看待现在演艺圈的这种风气？

你看我拍的这些戏，基本上没有乱七八糟的事，都还挺好的。演员这行容易心浮气盛，总觉得拍了一部戏就能怎么着怎么着，这种情况年轻人比较多，我觉得踏实很重要。不要把演艺圈作为名利场，当你把它当成名利场时，工作就很难做好，会分心会掺入杂质。我觉得应该把它作为艺术品去做，要单纯。当你把演艺圈看作名利场，把自己当成名利场的一分子的时候，那演戏就变成了游戏人生，就会急功近利，就会想入非非，就会好高骛远，失去了从事艺术的本源和意义。只有单纯的全身心的创作作品，出来的人物才会有生命力，才会被观众津津乐道。

只要业务好总会有人认可的？

对，你说对了，就是这样，像我也没有什么背景，我到南京这么多年除了机遇，主要靠自己，师父领进门，修行在个人。好多戏都是初次合作，你像《大明王朝1566》，当时跟谁都不认识，《勇者无敌》也是跟谁都不认识，都是初次合作。靠什么取胜，一是本人合适这个人物，第二就是你的口碑。说白了还是自己做得怎么样，就像前面说的，自己把自己的事做好，自己把自己的戏演好，自然你的口碑就好，人家自然就会用你。你像《粟裕大将》这部戏，我跟谁都不认识，人家就是看了《勇者无敌》

后定的我，就这么简单。

你对演员这个职业怎么看?

前两天我参加了团里的述职，要申报国家一级演员，我述职报告里最后有一句话，我说我是演员，我怎么评价我这个职业？那是站在自己的舞台上，用心去跳跃着不同的人生，这对我来说是幸福的，这个职业我是这么理解的。还有一种说法就是，用自己的眼睛流着别人的眼泪。正常一个人只过一生，但一个演员可能会过几十次人生。我演了这么多戏，感觉自己特别充实，演得越多内心的世界会更加丰实，就像滚雪球一样，越滚越大。多演戏，演好戏，为将来对自己挑战更大的角色做准备。我觉得演员这个职业既不容易、也挺有意思，一般人体会不到，可演员却能在戏中体会各种各样的生生死死，各种各样的爱情故事，各种各样的悲欢离合，各种各样的亲情友情，各种各样的命运多舛，真的很有意思。

话剧、电影、电视剧你都演过，在同等情况下你会选择哪一种表演形式?

我是军人，话剧演员，这是我的根，如果这话剧本子很好，肯定我会先选择话剧，因为我根本的东西在这儿。话剧不像电视剧拍得那么密、那么频繁，可能一年或者两年才能演一个话剧，虽然排话剧收入少，但这是我的单位，话剧毕竟是自己的专业，我就是话剧演员。前线文工团没有话剧，那这个队伍就不存在了。我坚守话剧，是因为话剧对影视剧表演确实起到相当大的作用，它会保持戏的连贯性、稳定性。因为电视剧可以一个镜头一个镜头拍，这个镜头不行废掉再来一条，话剧谁给你再来一条？大幕拉开两小时从头到尾演完了，这就要求演员的功力，不一样的，更加要功力扎实，很多好的影视剧演员一定是个好的话剧演员。

话剧是有些夸张的表演，而你在影视剧中的表演却没有受此影响，很是真实自然?

我们那天述职考核，专门问到这个问题，你怎么看待话剧表演和影视剧表演的相同点和不同点？我说话剧表演和影视剧表演都属于表演艺术，不同的是话剧表演需要在真实自然的情况下做适当的夸张，因为舞台跟观众是有距离的，如果放大不够的话就显得你的戏特别温，可你放大过度戏就会变形，所以这一点把握很难，要求演员收放要自如，这是一个演员的功底，一个有经验的话剧演员会做到。影视剧表演更多的是自然真实，在这个真实自然的情况下，把演员的个性魅力放大。但是影视剧表演又是一个镜头的艺术，依靠一个镜头一个镜头的完成，影视剧演员就要把这个角色的整体性和完整性保持的时间比较长，通过三四个月，甚至更长的时间才能全部完成，这中间有很大的调整时间。而话剧两个小时左右就完成了，这更考验一个演员的功底。

你对先锋话剧和明星话剧怎么看？

这是市场的需要和产物。我个人来说，更喜欢突出话剧本体的作品，我经常跟队里的年轻演员聊，你们上大学演的那些话剧，很多是先锋话剧，更多的是靠外部包装，形式感特别炫，对演员的帮助，我个人感觉不是特别大，真正最有帮助的、最基本的还是斯坦尼斯拉夫斯基这种体验派，这种体验可能对你将来演戏更有帮助。

以男人的情怀塑造人生

> 我生活中是一个既严肃又搞笑的人。最大的优缺点就是对人好。我对每一个人都很尊重。朋友就是有福同享、有难同当的人。最大的爱好就是逛超市。夫妻间互相信任很重要。儿子健康快乐成长是最主要的。喜欢通情达理的影迷。

生活中你是怎样一个人？

我生活中是一个既严肃又搞笑的人。我是这样的，在一种该认真的环境，我还是非常认真的一个人，比较严肃。比如拍戏或排练，该认真我特别认真，该严肃就特别严肃，他们年轻人都知道。但如果在一种不工作的状态下，工作之余，生活中我是特别搞笑的人，很乐观的一个人。他们老说我爱笑爱乐，在你身上永远看不到悲伤和痛苦，我就说，人活着快乐也是一天，痛苦也是一天，何不让自己快乐一天呢？我觉得是这样，没必要让自己那么累，因为人活着就那么几十年，说实话我半辈子已经过去了，我老说没那么大的坎儿过不去的，就像船离开码头一定会靠岸一样，哪怕沉了漂也会漂到岸边去，一定会到达终点的。人也是这样，保持一个快乐的心情做事、做工作。我博客不是写《告别快乐〈潮人〉》吗，其实拍摄是很苦的，但精神上是快乐的。将来有一天演不动戏了，我也许会写一本书，我会把这么多年的一些真情实感写出来，我觉得挺有意思的。包括我那述职报告写了十几页纸，好多人只写了三四页纸，我却写了十几页纸，有人说你怎么写那么多。你想这是5年来的一个总结，还是有很多感想体会的。每拍一部戏都有收获，是需要总结的，对以后的创作是有意义的。

有网友问你对40岁的人生满意吗？

满意啊，挺满意的，我现在39周岁，从艺20年，这么多年过来，酸甜苦辣咸都有，但是收获很大，得到了很多，没有理由不满意，要感恩，我很知足。每天一睁开眼发现自己还活着，就已经很幸福了，不是吗？

但你有句话却很悲观，就是"人到世上不是享福，是磨难和痛苦"？

这不矛盾，人来到世上就是受苦的，你像单位上的事，我拍戏遇到这些事，都是生活对你的一个考验。社会本身就是矛盾体，所以你更要快乐地面对它。天将降大任于斯人，必先苦其心志，劳其筋骨，饿其体肤，没错，有追求首先必须要有承受，必须要快乐面对它，否则累死你。其实我也很累，这两天天天在医院做理疗，颈椎不好，眼睛长麦粒肿，加上脸上长痘，我还在吃中药。前两天来了3位战友，喝了好多酒，战友20年不见，你必须得喝，不喝能行吗？但是喝了自己又难受，难受就自己调整，

哈哈，20年后再聚，多开心啊。单位还有这么多事情要处理，都要靠自己慢慢去调整，如果每天回到家再耷拉个脸，没必要。人活着就这样，开开心心的比什么都重要，而且拍完一个戏休息几天特别好，给自己加加油、充充电、看看书、看看剧本，调整到一个好的状态，再去拍下一个戏，多好。如果一个演员一辈子演一百个角色，有些人用5年、8年、10年把这一百个角色演完了，但身体垮了。有些人一年就拍两三个戏，能拍30年、40年，一直有个好身体和好状态，我愿意选择后者，没必要那么累，还是踏踏实实一步一步在走比较好。

你最大的优点和缺点是什么？

我对人太好了是我的优点，缺点也是对人太好了。我觉得我是比较善良的一个人，我这人比较尊重人，不管大的、老的、小的我都比较尊重。

缺点也是因为有时候太善良了。我觉得还是真诚待人比较好，我自己也是这么做的。

你有什么业余爱好?

没事喜欢看看碟子，看看小说什么的，或者开车出去玩玩。现在最大的爱好是能陪陪儿子，其他就没什么了。我是生活相对比较规律的一个人。还喜欢跟我老婆儿子逛逛超市、逛逛街、逛逛商场什么的，这就是我最大的爱好。我估计文艺圈里像我这样爱逛街的没几个，哈哈，我最爱逛的就是超市和商场，尤其是超市。我逛超市不管跟老婆在一起还是一个人，可以逛半天，而且每次必须满载而归，必须买东西，哈哈，我乐此不疲。什么苏果、沃尔玛、宜家、华联、大润发等等，都是我经常去的地方。昨晚我就逛超市了，跟我老婆逛到晚上十点半才回家，哈哈。服装店还好，如果逛服装店、买衣服一定是跟我老婆一块去。我觉得每次逛超市是自己最放松的时候，因为超市东西比较多，而且不像服装店就是衣服，它那里什么都有。看看这个挺好的可以买，看看这个新出的也不错可以考虑，博客上的那些卡通动物全是我家里的东西，有别人送的当然更多是我自己买的。

你爱运动吗?

运动我不太喜欢，但我爱看比赛，虽是伪球迷，可世界杯真的没少看，比很多自称真球迷的看的还多，哈哈。因为在剧组拍戏很累，多睡一会儿觉得是第一位的，但是自己也确实在这方面比较懒，以后真应该办个健身卡多多运动。

你喜欢跟什么样的人交朋友?

真诚的人，我身边朋友都比较真的，玩虚的，虚头八脑的人我不太爱交，而且我不爱交酒肉朋友，没事就喝啊，也受不了。

你对朋友有怎样的理解?

我觉得朋友应该是经常想到对方，有快乐好事要与之分享，要能提供帮助。不要平时没事想到朋友，有了利益有了好处就把朋友忘掉，我觉得这就不是朋友了。说句最通俗的话，就是有福同享、有难同当这样的人。我朋友挺多的，异性朋友也有，好多合作过的演员关系都挺好的。

你是孝子，你对孝道怎么看?

我觉得孝道肯定是把父母放在心上，而且现在成家后不光对自己的父母好，对岳父岳母都要一样好，一视同仁，甚至对岳父岳母的好还要超过自己父母的好。我觉得这是相互情感的东西，必须做到这一点。说实话现在跟自己父母在一起的时间很少，所以没事就打个电话关心一下，回到家多陪陪家人。每一次我拍的戏我爸妈都看，他们也提意见，从某种程度来说，片子能给他们带来一些慰藉。物质上更别说了，每次回去必须要做到的，但我觉得精神上更重要，经常关心他们打电话聊聊，他们看片子过程中实际上也是对他们尽孝了，但是没有时间守在身边肯定很遗憾。

父母对你做演员有什么要求?

没有，他们的要求就是我刚到前线话剧团的时候，父亲说了句话：清清白白做人，踏踏实实工作。我爸妈对我一辈子的要求就是这一句话，足够我受用一生。

你是个好丈夫好父亲，你是怎样经营爱情和婚姻的?

家庭是需要去经营的，都说爱情时间长了会变成一种亲情。我觉得这个很重要，包括对你岳父岳母好也非常重要。其实人是有感情的，付出肯定会回报的，你对她的父母好，她同样也会对你的父母好，整个大家庭和睦才会保证两口子之间也会很和睦。我和我爱人这点还特别好，我俩这么多年了，她从来不干涉我的拍戏工作，她也不是没事就去探班的那种，很相信我。我觉得这种信任很重要。她为我放弃了很多，她自己的事情、她自己的业务，那没办法，孩子这么小。我以后肯定会帮她的，我答应过她了。她是非常优秀的演员，她在大三时的第一个话剧就获全国话剧个人优秀表演奖，包括全省话剧小品比赛她都获很多奖，她的奖比我多，但是她没办法，为了我为了儿子，两个人都出去拍戏肯定不行。我挺好的呀，所以当初她选择嫁给我。哈哈，是我追她的，她毕业于南京艺术学院表演系。

你对儿子有怎样的期许？

健康快乐成长是最主要的，我不太刻意他将来做什么，将来他做什么对我来讲都不重要，保持一个快乐和健康的身体和心理就够了。现在的孩子压力特别大，我觉得孩子的心理健康更重要，保持一个健康的体魄和心理，快快乐乐地成长这最重要。我儿子太逗了，他对车的痴迷让我想不到，他还特别爱跟大人玩，不爱跟小朋友玩，最近好了一点。我觉得我将来跟我儿子更多是朋友，不是父子关系，因为我跟他在一起的时间很少，老板个脸教育他对他也不利。现在我在我儿子面前经常没正形，他没事就捏我鼻子捏我脸什么的。

你对影迷也非常好，为什么？

我尊重每一个人，记得刚结婚，有一回我和我老婆在单位附近散步时，她发现门口烤羊肉串的、卖水果的、卖报纸的跟我都很熟，特别能聊，我说这都是我朋友。我尊重每一个人，对影迷也一样。因为影迷看了你的片子喜欢你，作为演员要尊重这份喜欢。喜欢你本来就是好事，干嘛对人家摆谱，不应该。

对影迷有什么话说？

团结吧，他们更重要的是搞好团结，因为每个人个性不一样，处事方法都不太一样。有的影迷认识我时间比较长，有的刚刚才认识，我觉得还是搞好团结，读好自己的书，干好自己的本职工作，有时间的情况下多多关心和支持我。

哪种影迷令你最满意？

通情达理的、知书达礼的。我是挺喜欢安静的人，有个别影迷朋友晚上10点、11点还给我打电话发信息，就太晚了。我在家里有老婆孩子要休息，我不在家我要看剧本当然也要休息。当然他们都是善意的，关心我，真是谢谢他们，我希望有什么问题白天问我或是通过博客留言什么的，这样比较好一些。

是什么原因让你深夜都在回复影迷的留言?

互相尊重。白天没时间，只好晚上，甚至深夜。只要我有时间我尽量满足大家，回答大家的问题或留言什么的。

在访谈结束时，我突然想问一个问题，你是一个完美的人，你对人的好是天生的还是后天的?

我觉得这是天生、后天都有，有些东西是与生俱来的，我从小就这样，从小家庭教育就这样，所以才有我待人接物的态度。曾经有人问我如果出了名是否会跟以前不一样，我说你看我进团20年了，20年来我不还这样吗？再过20年我到60岁我还这样，我就这样的人，挺好。我觉得我挺幸福的，单位有单位的事，家里有老婆孩子，圈里圈外有一帮朋友，到北京或到哪儿打个电话就来看我，来探我的班，好得很。

胡亚捷：长风破浪
捷报再传

他少年成名，一部《便衣警察》让他的名字家喻户晓；他崇尚军警，十余部军警作品让他的梦想光荣绽放；他功底深厚，数十个迥异角色让他的演技炉火纯青；他质朴睿智，四十年人生阅历让他的心灵纯真如昔；他孝顺顾家，无数次在外拍戏让他的责任重于泰山。

这个钟爱军队、钟爱艺术、钟爱家庭的演员，叫做胡亚捷。20多年过去了，《便衣警察》中的“周志明”对名利有怎样的认知，对事业有怎样的思索，对人生有怎样的感悟？2010年12月26日上午，空政文工团会议室，他对我真诚相待、真情相告。那种如菊的淡泊、如松的挺拔、如山的坚韧，让我情不自禁地要为他击节而歌，击鼓而鸣！

骏马总是要驰骋大地，海燕总是要穿越雷雨，雄鹰总是要翱翔天空。只要信念坚如磐石，只要雄心堪比万丈，只要壮志飞升入云，就一定会看见黎明的曙光，一定会听到胜利的欢呼，一定会捧起金秋的捷报。因为天生我材必有用，因为欲上青天揽明月，因为长风破浪会有时。

辉煌后的淡定

一个人不能永远辉煌，识时务者为俊杰。是你的一定不要谦让，不是你的也不要去争抢。好好地蓄势，保持一种淡定的心态，自己磨炼自己，一旦有机会就爆发出来。主角和配角都不重要，只要适合我就能把他演好，不管是什么角色。

你是在很偶然的情况下得到《便衣警察》中周志明这个角色的，对于这从天而降的机遇，你的心态是怎样的?

当时我只是个学生，没什么心态，只是我的一个实习的作品。因为那个时候在大三，是实习期。在实习期里，不管是电影还是电视剧，能有得拍，有实习的剧目，算是一个比较幸运的人，就是这么一个很简单的情况。就是说在教学的过程中，去完成某个阶段的教学任务、教学目的，对我们来说就是完成自己的实习作品。

当时这个角色是有很多人竞争的？

对啊，很多人竞争。对于我来说，所谓的幸运就是偶然，因为我没有名也没有影响力，只是一个普通的学生，得到了这个机会。当时也没有觉得它会怎么样，就是一个实习的剧目，然后看完这个本子觉得还不错，写一个警察的执着，就是这么点心情。

就是说你当时的心态很平和，在这么好的机会面前？

当时没有认为是这么好，也从来没有想过它在播出之后，会让你一夜走红，会万人空巷，根本没有这样的想法，就是在完成一个作品，为毕业交一个好的答卷。这所谓的好的答卷，就是把自己所学的东西融在这个戏里边，融在这个人物身上。学院嘛，就是真听、真看、真感受，揣摩人物的心理，一切都是按照学院教的这种东西，再体验、再落实，就这么简单。

当初你对这个角色的完成有没有信心？这是你第一次担当男主角。

说实话这个男主角当时对我来说，也是很平淡的一件事情。如果那个时候让我换一个角色，我可能也不会因为他不是男主角，或因为他是配角我就不演，不会这样的。当时对我来说，演戏的主角、配角这种概念，还不是很明显，就是在我的意识当中，不是那么强烈，不是非得主角不演，实习吧，逮到什么算什么，就是这样。所以说运气比较好就在这里边，当时导演看中的也是我身上的这种朴实，所谓的朴实无华，思想的简单，没有想那么多乱七八糟的东西，两只眼睛透出的是执着，就是两只执着的眼睛赢得导演的信心，就是这么简单。

据说你是替代黄小雷上《便衣警察》的，就是《今夜星光灿烂》中的男主角，对吗？

对，因为他当时在另外一个戏里，他在张铁骊导演的一个电影里可能下不来。据说是要用他的，但他在别的戏上没下来。

他好像跟你有点像，个头啊、长相啊，等等？

对，可能是，一个类型吧。作为他来讲，当时已经是一个名演员了。

所以我的心态是极其的平和，没有任何的急功近利，没有任何的名利思想，和现在完全不一样，老天还是比较眷顾。前些日子我看到一条信息，就是现在编写成功等各个方面的这种信息，其中说道，关于成名或者成功，就是机遇正好撞上了一个有准备的人，就成功了。我觉得这句话用在我当时，应该说是挺合适的，因为那个时候确实是，机遇是一夜之间的，跟现在一样也是很难得的。其实不管得到得不到，你干的是这行，你努不努力，有没有准备，都很重要。所谓的有准备，就是你的储藏量是不是已经足够，是不是在不断地吸取，不断地学习，这个很关键。所以我觉得有准备也就是说，在不断地吸取、不断地积累，然后厚积薄发，就是这样的。

你塑造周志明遇到的最大的困难是什么？

遇到最大的困难可能就是阅历问题，因为他蹲过监狱，而我是一个很平淡的从学校到学校、从学校到学校的人，基本上是这么一个过程，没有多少社会阅历。所以我的生活就显得很平坦，那么唯一能够补充的，就是体验生活。这个在学院里边，包括在斯坦尼拉夫斯体系，苏联的表演体系里边，都是首位、首重，放在第一重要位置的，体验生活、揣摩人物。而且那个时候，不管是创作氛围、创作班底还是导演，正好赶上都是学院派的，所以一切都按照这种艺术创作体系一步一步地进行，因此就很规范，就很有创作冲动，研究人物啊，包括现场啊每一个镜头的拍摄。最重要的就是它有充裕的时间，让你去感受，让你去琢磨，让你去发挥。一部12集的电视剧，那时候算长篇的，能拍将近七个月，所以你想这么长的时间，足够让你很放松的，进入到每一个创作环境里，体验每一个人物在镜头前的感觉，不管是情绪复杂的戏也好，还是内心复杂的戏也好，都有足够的时间来让你准备，现场都可以等着，所以那一定是真情的流露，而且要求的也一定是真情的流露。

《便衣警察》中的周志明，你也是一种本色演出？

那个时候追求的就是这一个，在20世纪80年代以前，对导演来说，对创作者来说，追求的就是这一个，你就是你。那个时候说实话，确实是没有多少创作的东西在里面，更多的是本色的东西在里面，然后就是真听、真看、真感受，把学院学的那些东西融会贯通在里边。那个时候确实还谈不上塑造，因为还是一个学生。这一课是在什么时候补起来的呢？是在《便衣警察》之后，慢慢的就补起来了。其实有的人说这么多年，《便衣警察》是胡亚捷最好的一部作品，因为那时候万人空巷，全中国12亿人都认识他，他创造了一个奇迹，一个收视的奇迹，就跟很多当时的知名剧一样，万人空巷，甚至犯罪率都会下降，当每天播放电视剧的时候，犯罪率都会下降，确实是胡亚捷非常非常有名的成名之作，之后胡亚捷再也没有超过这个巅峰的作品了。但是有一点，就是从那以后我的作品，越来越多有超越周志明我所扮演的这个人物的表演水准，而且是不断地在超越，不断地在提高，各方面都是在不断地提高，包括对社会的认识，对思想的深化，经历的是是非非，都不断地在深入。我觉得走到今天，从《便衣警察》走到今天，23年、24年了，这个时间里面，到现在可能还没有第二部戏，让我超过《便衣警察》这个名望，但是我的表演水准，我对社会的认知要远远深于那个时候，大于那个时候，高于那个时候。

《便衣警察》播出后，你成为家喻户晓的明星，面对这突然而至的名气，你的心态又是怎样的？

那时候说实话没有人生的阅历，对成功和失败没有鲜明的一种界定或是一种感受，因为没有过痛苦没有过失败，也就无所谓这种成功的喜悦，就没有多少这种感觉。而且当时因为是一个学生，还在懵懵懂懂之中，更多的可能还是因为有太多的事情要做，太多的业务压身，来不及欢乐，也来不及翘尾巴，又被社会的各种声音压盖，所以就遵循着“夹着尾巴做人”的道理。或者对于一个成功者来说，越是夹着尾巴越会有一种高尚的感觉，就是这种信念使自己慢慢地冷静下来，就是这样吧。那时候主要还是一种理念的灌输，一种传统的美德吧，因为我在学校的时候，或者说从

我进到这个圈子的那一天起，我听到最多的人们对我的感受，人们对我的评判，就是我是一个朴实的孩子，我是一个谦逊的孩子，我是一个好学的孩子，都是这些加盖上传统美德的语句，因此在我的脑海里，这种传统美德始终是挥之不去的一种理念或是一种信仰。

但是之后你好像没有更好的作品出来?

其实后面我的作品我觉得挺好的，只是因为一个运作的问题。你像《道北人》就比《便衣警察》那个剧本、那个人物要好得多，那是彻底写到老百姓的生活当中去了。你看《满天星》，讲改革开放花旗村的事情，跟仲星火老师拍的，在上海、江南一带很火的，包括《紫藤花园》。《紫藤花园》应该说是中国第一部言情剧，就是我拍的，对呀，琼瑶那个类型的。你像中国第一部偶像剧，那就是《便衣警察》，那也是我拍的，《便衣警察》就是偶像剧。电影作品你像《血色清晨》《老娘土》，还有《太监秘史》，我觉得都是我很满意的作品，都是很好的电影作品，但只是没有赶上一个恰当的时机，一次一次错过了社会的高峰。比如说我演的《太监秘史》，那时候在香港上映，正好跟姜文的《大太监李莲英》打擂。《太监秘史》按现在说法票房率要比那个《大太监李莲英》多得多，但是在国内正好赶上净化银幕，就把很多镜头给掐掉了，就是小德张变态呀和人性呀这些镜头都给掐掉了，所以它就变成不那么完整的东西了。你像《血色清晨》，《血色清晨》也是一个很好的片子，李少红执导的，在东京拿了奖，但是也是那个原因，也是遇到中宣部要求血腥的东西都不能展现，也是掐掉了很多东西。那时不是像现在，现在自由度高一些，准备足一些。所以说自己满意的作品还是很多的，自己拍的这类好作品还是挺多的。

就是说后面有些作品超过了《便衣警察》？

对，在表演上，表演能力和功底超过那个时候，但是受众面不一样，没有接触到社会热点，可能这是一个问题。另外现在多元化，而部队文艺团体相对封闭一些，跟社会接触还不是那么广，就是这样。

封闭的只是演员，作品应该是社会广泛的？

对，作品是社会广泛的，但是团里有演出啊，我现在每年要有三四十场演出，其中绝大部分都是社会上各种名家名段朗诵会。我还是很喜欢舞台的，相对来讲影视和舞台我更喜欢舞台。我在舞台上可能发挥得更淋漓尽致一些，你像朗诵，不管是古诗词也好，还是现代诗人作品，那是我自己能掌控得了的，是我自己掌握自己的。在影视上那不是你自己说了算的，你只是个演员，要和许多部门在一起合作，各个部门都不会那么尽人意，像你想象的那样。有的人要迁就些东西，有的人要发挥一些特长，填补一下你的不足，但有的人可能就会给你拉分，很多各种各样的情况。但舞台上你要朗诵起来那是你一个人的世界，我自己想怎么发挥就怎么发挥，可以让你达到淋漓尽致，让你发挥到最高的这种效果。

《便衣警察》让你达到了事业的顶峰，但你却没能一直保持下去，而是淡出了人们的视野，你的心态又怎样？

我觉得这和人本身的性格和喜好有关，因为我的接触面相对窄一些，交往能力不是那么强吧，社会活动量可能要差一些，我更注重的是个人感受，换句话说我这个人不太善于交际，这个可能是制约我发展的很重要的一个因素。我是一个比较喜欢静的人，喜欢独处的人，社会的这种名望、这种名气、这种名利对我来讲是不占主导地位的，我更喜欢服从于自己感受的东西，喜欢个人的世界，在个人的世界里去发展、去学习、去补充。和社会会有某些脱节的地方，但我对这些名利，或者说比我出名的这些人，我看得不是很重，我的攀比心没有那么强，很淡。我就觉得个人头顶一方天，关键是自己能干好自己的事情，开开心心比较愉悦，就可以了。至于说现在热播热门的电视剧都不会有我的身影，这个说明一个问题，那就是我到现在我也没有经纪人，我也没有经纪公司，这是制约自己发展的一个很重要原因。其实现在团队力量很大，很有助于个人发展，团队精神应该很重要，但我没有刻意去找，就是想把自己这块相对地做好，个人满足于这块差不多就可以了，可能这也是个问题。

《便衣警察》的主题曲《少年壮志不言愁》也是一首深受大家喜爱的歌曲，你对这首歌有什么感觉？

我觉得这首歌是时代的一个声音，拿到今天来讲可能不太符合当下，但是作为从那个年代过来的，不论是警察也好还是普通人也好，都记得这首歌。直到今天，在所有的歌厅里，或者在各种娱乐场所，或什么大会上，都还会唱到这首歌，人们都还很喜欢，就是因为它是一个年代所留下的一种声音。经典，对，它很经典，是那种既有年代的烙印，又有一种精神在里边，一种灵魂，一种时代的灵魂在里边。“历经苦难痴心不改，少年壮志不言愁”，歌词本身写得就很有内涵，激励人们向上，激励人们冲破束缚，然后去奋进，所以会给人一种力量，这个很关键。

其实这种精神现在还是需要的?

是的，但现在的歌曲，怎么说呢？给劲的东西少，多元化的东西太多了，执着这方面的东西可能会少一些。另外每一时代的歌曲都有每一时代的特点，社会发展到今天，更现代了，不管是国内的环境还是世界的大环境，年轻人网络信息化，追求的东西也多了。所以说现在的人和过去的人想法不太一样，尽管说是需要一种精神，但是我觉得那种精神一是被物化了，另外一个就是被转移了，生成了另外一种东西。我对现在社会很多东西也搞不懂，说白了已经不是说可以站在社会领军的这一行业了，毕竟现在有些观念已经感觉落伍了，跟现在年轻人没法比了，现在年轻人接受社会信息量那种快、那种应用，真是不得了。但是话说回来，这个社会永远是年轻人的，年轻人是七八点钟的太阳。我觉得其实作为一个人来讲，活到今天，在年龄上是逐步退化的一个过程。当然你像王学圻那样越老演得越好，这是一种资历这个没问题，但是一定是年龄越大和这个社会的主流分得越开，离得越远，一定是这样的。

为何不改变自己去适应这个社会呢?

如果现在再去适应这种东西，我觉得是挺痛苦的一件事情，是挺难为自己的一件事，现在想得更多的还是巩固自己已有的东西，发挥自己身上的能动性，在不变应万变的状态中，来发挥自己长处，做好自己目前的工作。如果现在我还在想着我要出名我要奋斗，像20多岁时一样，不可能。为什么说识时务者为俊杰，那就是人一定要认识到自己在每一个阶段该干什么。我在现在这个阶段还像20岁、30岁一样去冲击，不太可能了。那么好和美在于什么呢？我在我这个年龄，还能干适合我这个年龄和我这种意识所能干的事情，这就是很完美的一件事。

所以你就安于现状只演配角了?

因为要承认一点，这个现实不可以改变，你一定不会永远站在主角位置上，尽管演员不愿意说这样的话，演员都想永远演主角，但是客观事实是很残酷的，他跟你的意愿不是那么时时都相符的，而且这个世界是年轻人的世界，永远是年轻人闯出去的。从主角到配角，痛苦肯定有，但这所谓痛苦的过程并不是很明显，也许说还并没有完全显现出来，我觉得没戏演那可能很痛苦。所以说现在也没有什么，就是一个转型，我的心态调整得很好，什么角色适合我，什么角色我觉得好，就去演，这个宗旨会盖过一切虚荣、会盖过一切杂念。

这首歌对你没有激励作用吗?

有啊，这种激励就是精神不垮，是对事业的执着。他们很多人都说像你这样还这么热爱这个事业的人，太少了。感觉我还那么幼稚，还那么精神不垮，因为现在太多东西已经被物化了。所以人到什么时候精神还不能倒，另外还要顺应这个社会变化呢？你刚才说我比较安逸满足于现状，这种东西对于我来说有，因为对名利的追求，欲望不是那么强烈了。虽然我曾经辉煌过，但你不能说一个人永远辉煌，跟打牌一样，风水轮流转，不可能永远站在风口浪尖上，顶得那么高，所以现在我不能像以前那样永远演主角。我不是说我缺一块嘛，从地面到桌子这之间不是缺一块嘛，我觉得我现在就在补这一块，等把这一块补齐了，我就有根了，或者说我的根基就更厚了。我就差一部戏，我还会东山再起，再起来的时候，我就是一个全新的胡亚捷了。前些时我看电视《铁梨花》，我觉得巍子是一个很好的演员。你看巍子沉默了几年后，一部《铁梨花》演得真棒，我非常敬佩他，他比以前成熟得多，比以前提高得多，这就是一个演员，一个好的演员。就是不在于他沉默多久，但是一旦有了机会，你一定会看到他的一种质变、一种蜕变、一种提高、一种表演功力的升华。所以说我到现在，你说我比较满于现状，实际上我觉得我是在这种状态下，准备着。

就是说在“蓄势待发”？

对，是这样，如果现在我再去进行所谓的追求，我现在再去闯，那种东西换一个思维来说，我觉得就是很浮躁，浮躁是挺害人的。到了现在这个年龄，我觉得做事情要扎扎实实的，该是你的时候，你一定不要谦让，不该是你的时候，你也不要去争抢。就跟刚才说的一样，在你没事的时候，你就要好好地补养、好好地蓄势，一旦给你机会，就把它爆发出来，那种爆发可能是三年、五年甚至十年，但是那种爆发会跟你每年都在这个水平上、都在这个平面上，都能看到你，那是两回事，会比那个要有意思得多。当然现在还有一点，因为要吃饭、要生活、要养家，那么拍戏主要是解决这个问题。

聊到这里，我真的很佩服你的心态能调整得这么好。

这也不是调整，这种东西不是能主动去的，实际还是被动的一种。因为当你不再如日中天的时候，或者过了这个风头的时候，那么这一切给你带来的起起落落，一方面是风动的时候你自己的心没动，或者动得不大，没有那么大的风波；另一方面，在人生的波动中它不是你能够去驾驭的，你只能够去适应，这样就会减少很多的痛苦折磨啊。最主要的还是一种自练，自己去磨炼自己的意志，既经得起风吹也不为草动，保持一种淡定的稳定的心态，相信一点，一切源于细水长流，不求大红大紫，有抱负或者怎么样。如果一辈子不温不火慢慢走下去，对于喜欢这个职业或是以它为生的人来说，能够这样永远走下去，应该也是一件很得意的事情吧。

同为海岩剧的男主角，你现在却在《守候你的幸福》中给佟大为配戏，心里平衡吗？

没有什么问题啊，因为那个角色适合我，佟大为那个角色不适合我。佟大为那个角色20多岁，我现在再演20多岁的年轻人你信吗？你自己都不信。所以演员说是很悲哀，但是我觉得这个悲哀就悲哀在没把自己的位置摆正，如果能把演员的位置摆正，其实演员的一生是很幸福的。就是到你演主角的年龄，你都是在演主角，等过了这个年龄，就演适合自己的角色，不一定是主角，但是有很多配角比主角还放彩，还鲜活，更有戏可

做。主角和配角在我脑海里的这个概念或者说这个份量是有区别的，不是说无法超越的，或者是非常在意这样一件事情的。我觉得到了我现在这个年龄，主角和配角对我都不重要，最重要的是适不适合你去塑造这个人物，适合的就是好的，换句话说你不能永远演主角。所以我现在演配角，只要适合我，我就能把他演好，不管是什么角色。在《守候你的幸福》里，我觉得那个角色我演得非常有味道，就是一种个人发挥，很流畅的，是自己曾经有过的或者自己擅长演过的那种角色。

你博客中好像说你没演过这种类型的角色?

对，没演过，是在上学时演小品时演过的，就是不声不响、默默无闻、像老黄牛苦干一辈子的这种感觉的小人物。我为什么说演这个人物的时候，让我非常非常地喜欢和踏实，因为他跟我现在的这种状况也有相似之处，所谓的相似之处就是我对他感兴趣。原因就在于我的心气还很高，遇到这么一个人物，他能帮我拉下来，让我看到我的另一面。实际上另一面在我身上也隐藏着，只不过因为现在我的社会地位啊，还是影响力啊，还是在社会上这种生存形式吧，不允许我这样。但是呢我能在艺术作品中演这样的人物，能让我演绎成那个样子，我就挺满足的，对我来说这是一种补充。

崇敬中的塑造

> 我对警察了解很多，他们那种精神我很敬佩，演再多警察都会有不同的亮点。军人无上伟大、无上光荣，为国家为民族壮烈牺牲，非常感动，震撼力非常大，我对军人挺崇尚的。信仰也是一种精神，只有那种精神才能够翻天覆地。

有的人演过一个成功的角色后不敢再演，怕超不过，你却一直在演警察，为什么?

对我来说这个怕不怕的问题不存在，因为我演完了《便衣警察》后，我对警察了解了很多，他们那种精神我很敬佩。我觉得演再多警察都会有不同的亮点，从来没想过怕不会超越《便衣警察》中的周志明就不去演警察了，不去碰警察了，作为一个孤品把《便衣警察》封存起来，不会这样的。我觉得警察也是各种各样的，我会不断地接触警察和演警察。

你演那么多警察会不会影响其他角色的塑造?

会呀，所以这几年演警察就少了，演军人多一些，演一些现实题材的戏，没有成为“警察专业户”。我觉得我演的这些警察好像内在的东西多一些，玩枪、玩动作啊这些形式上的东西少一些，因此在可看性上可能会受一些影响，不那么噱头，或者不像情节片，就这样。

重复的人物你觉得容易出彩吗?

其实还是故事本身，剧本中这个人物写得圆满，给你提供了很多可以发挥、可以参考的东西，让你联想到很多，那么你就会出彩，发挥得好。如果一个剧本很苍白，或者不那么生动，不那么鲜活，就会制约你的发挥。

你的第一部军人作品《雷场相思树》，当时有很多配合你们演戏的军人，后来上战场都牺牲了，这对你的内心有怎样的触动?

觉得军人无上伟大，无上光荣，很壮烈，为国家、为民族那种牺牲和拼死，非常感动，震撼力非常大，那时对军人挺崇尚的。对，都是在前线拍的，前线或是前线的后方，还到医院看了那些伤残的战友，当时战争还没有结束。事到今天再回想起那个时候，就觉得真是不堪回首。伤残军人他们现在的生活状态怎么样了？离开部队进入到民政部门，有工作还是没工作？真是人生百态啊，那个时代过去了，时代人物也变了。

这部戏是在前线拍的，担心对自己的生命造成威胁吗?

当时年轻，没想那么多。年轻好胜的时候就觉得越往前越好，甚至跟敌人面对面，冲他开枪那才威武有劲。年轻时是最不怕事的。

当时有很多这类题材的好电影，比如《高山下的花环》?

我们这部戏跟他们都不一样。当年这个戏我们每个人都得奖了，是那个“金鸡特别奖”，我们演员是集体奖，每个人都有份，每个人都拿了金鸡奖的。因为《雷场相思树》这部戏被中国影评界划分为战争题材的一个分水岭，包括《高山下的花环》很多电影都是写战争的，但《雷场相思树》这部电影却是写战争中人的心灵的，从外写到里。一个是题材新鲜，另外它是战争题材的一个分水岭，由战争的直观到写人的内心，战争中人的心理。韦廉导的，那是他第一部独立的作品，相当不错，只是时机不好，因为正好赶上中越问题，所以没有轰动起来，演了一段时间马上就封掉了。

《特殊使命》中的秦剑，《江姐》中的彭咏梧都为革命献出了生命，你怎样看待那代人的信仰？

那代人太伟大了，为了信仰，现代人是不太能理解的。那是一种精神，信仰也是一种精神，是精神的产物。只有那种精神才能够翻天覆地。那种信仰、那种精神你现在不理解也好，但它是存在的，那个时候确实那样。现在很多年代戏写间谍什么的，就有些把那种精神淡化了，因为间谍戏你中有我、我中有他。但他们对事业那种执着、那种不怕牺牲真的很伟大。信念是支柱，演年代戏这个是最基础的。

你有自己的信仰吗？演艺圈中很多人都信佛，你信吗？

过好自己的生活，做好自己的事情，这就是我的信仰。我敬仰佛，因为我觉得任何一个能流传至今的东西，都有它存在的道理，都有他的精华，都有他的精神在里边，所以我对佛教我很敬仰。尤其在现在的社会里，构建和谐社会，很重要的是自我修养、自我完善。当社会的宣传力度还达不到让每个人都有一套自我完善循环系统的时候，我觉得个人的这种自我完善很重要，做一个好人很重要。这是我的座右铭，就是要做一个好人。

你演了很多空军戏，从原来的主角——武官飞行员，到现在的配角——文官政委，你觉得你转型转得怎么样？

我觉得这个转型，有一句成语用在我身上比较合适，就是“随遇而安”。我说过你不可能永远是主角，你的年龄问题，尤其在部队里，军队永远是年轻化的，加上我个人这种性格因素在里面，所以就由原来的生龙活虎或者说很强壮的表演，转为一种内敛的、比较成稳的表演。这可能跟年龄也有关系，现在就是这种状况，我觉得不能说转得很好，但是就这个类型我现在能够把握，这也是一种表演类型吧。如果让我再回到武官那上面去，我完全可以做到。

你好像说过“以前要塑造军人的偶像，现在要塑造政工干部的模范”，你觉得这两种塑造有什么不同的地方?

对，原来是那种心气，现在是这种心气。武官是比较吸引眼球的，文官是比较走近人们心灵的，这就是我对文、武的理解。因为武官在动作上、在活跃性上、在性格上是比较突出的，文官相对沉稳一些，这是搞政工工作必须的，要讲政策、讲策略。怎么样才能起到一个稳而不乱，起到一个“定海神针”的作用，这个是需要有潜力、需要有定力、需要有文化才能做到的。

就是说武官要走外在，而文官要走内心?

这是两股劲，可以这样说，追求的东西不一样了。如果以前追求事业上的发达辉煌，那么现在有了家有了孩子，随着年龄的增长，这个追求的内容就不同了，就会有变化。它不是一个单一的个体，也不是生活在一个真空世界里，它要接触到最实际的问题。所以追求的东西是在变，但是追求不会变，永远是在追求。

你的军人角色塑造都很成功，这跟你的军人情结有关?

对，我就在部队里，跟部队有感情，总是下部队体验生活和演出啊。我还是很喜爱部队、喜爱军营的，真正到了部队营院里，你会感觉到那是非常可爱的地方，很有朝气。军旅的生活和地方生活是不一样的，我喜欢那种生活。

和平年代和战争年代的军人，你觉得哪一个更好塑造?

我觉得战争年代比较容易展现自己的个性，和平年代的军人比较难塑造。这在于他的统一性、他的规范化、他的思想性，都是挺要劲的。有的东西能掉劲，有的东西不能掉劲，有的要换一种方式才好表现，讲究挺多的。

空军、陆军、警察你都演过，哪种形象你更擅长一些?

我演空军多一些，别的兵种演得少，所以我觉得演空军比较好。最起码我得自己对得起自己，每演一个角色就是一次创作，留下的影像将来看的时候，自己身上不起小米粒就可以了，所以要对得起自己，而且经得起推敲。

你怎样看待和平年代的军人？

和平年代的军人，永远是在提高警惕、常备不懈。人都是有极限的，就像皮筋一样，你永远撑那么长，它慢慢就会松懈。军人是干吗的？就是打仗，没有实战的话，观念意识各方面都会发生一种变异。而光演戏，再多的演戏也不是实战，意识里都会产生一种变异的东西，所以和平年代的军人我觉得是挺不容易的。要保持住军人那种本色那种精神，把它强化在自己身上。而战争年代不用强化，那是很自然地流露。现代军人价值观和这个社会的发展也是连在一起的，虽然都在保家卫国，但现在的军人更多是在为人民服务，这个作用大一些。当地震等各种灾难、各种突发事件发生时，军人还是表现出了无可替代的作用。

你的每一部军旅作品都有爱情，你对军队爱情如何看?

我觉得军队的爱情还是隐晦一些的好，因为毕竟有军人的形象在此。但军队爱情跟地方爱情没有什么大的区别，只不过形式不一样而已。穿军装和不穿军装那种感觉是不一样的，走在大道上，走在公园里，感觉是不一样的，穿着军装看电影很拘束的。

出演了一系列的军警作品，对你的世界观有怎样的影响和提升作用?

我觉得是这样，演戏毕竟是一种形式的东西，你说对自己的世界观有没有影响? 会有一定的影响，但不是主要的，主要的还是生活，还是生活中的东西最重要。反倒是生活中的东西指导了自己的表演意识，然后贯穿到人物当中去，所以还是生活中的东西最重要。演戏对自己没有什么太大太深的作用，倒是生活中很多东西要灌输到人物当中去，所以要用生活中的做人处事、生活中的理念，去指导戏中人，文艺作品中的人物。

你对军人作品有什么样的期待?

我的期待就是要有突破性，演得才有劲、才新鲜、才有意思。如果还是墨守成规，或者还是概念性的人物，演得就没多大意义，也提不起兴趣。这个东西也得遇，不是你说有就会有的，一千个作家的作品也许三年才会出那么一个好的。所以这种东西有时候吃不准，这个社会就这样，太多元化了，都吃不准什么时候会怎么样。

今后还去演军人吗?

我什么都可以演，对我来说来者不拒，什么样的角色都能演，哪个剧本好就选哪个。

你觉得作为军人演员，应该有怎样的要求?

首先要有为军队的服务意识，这个很重要，这是没有回报的。所谓回报就是没有酬金，是无偿的。在这个无偿的问题上就是对人的一种考验。你也可以说军队养了你，让你穿上军装，成为了一个军人，所以你甘愿成为一个无偿的宣传者，这是需要一种思想的，一种思想的提升，你愿不愿意、认不认可，都是这样。

执着后的奋起

> 不断地追求、不断地提升、不断地往高处走，只要有一部戏被我逮着了，我相信我还会绽放。等待的过程中我会主动出击，不管现实的环境怎么困难，都值得我为了自己喜欢的艺术去奋斗。为了那个信念、那个目标，再突破一下自己。

你从小有两个愿望：当兵和做演员，为何放弃当兵去做演员了？而且连高考也放弃了，父母亲支持吗？

我从小也想当文艺兵，但条件不允许，没当成。当兵和文艺中我更喜欢文艺。考齐齐哈尔话剧团那就是一次机遇，我把握住了。当时也挺难考的，就招十几个人，上千人考。虽然放弃了高考，但我不后悔，有些东西是不能逆转的，做事情不能这样想，做了就做了，不能再想假如会怎么样，这个都是虚的。我觉得能为自己喜欢的事情去奋斗、去有作为，这更有意义。父母亲很支持我，当时放弃高考他们是不太同意，但是后来我上了电影学院，那就是上了大学，属于后找回的，该有的都有了。

你在博客中说，自己的表演曾被判了死刑，为什么？

在话剧团也有过迷茫的时候，就是人家认为你不行的时候，就不让你干演员了。可能还是没开窍吧，每个行业都有好、中、差，可能那个时候实践机会少啊，或者自己没开窍啊，指导老师没搞好啊，反正各种原因吧，总之那时候还是无名小卒，可能自己的天赋还没有被挖掘出来，所以在别人眼里就是一个没用之材。

你考北电一次就考上了，没有背景的你为何如此顺利？

老天比较眷顾吧，可能跟那几年在话剧团打下的基础也有很大关系，就觉得拼了，要去拼搏一下。生活中越是没有根基的人，只要有心，就越容易成功，因为没人会帮你，要付出更大的努力。一旦这种努力和需求相吻合，就会发挥很大的作用。这也和我的独立有关系，从小离开父母时间长，很多事情都是自己独立处置。

你毕业选择了空政话剧团，当时知道这是个明星团吗？

不知道，当时也没有这样的说法。因为我以前搞过话剧，喜欢话剧，父亲也当过空军，所以就选择了空政，我喜欢舞台。

你觉得这个团有今日的成就，靠的是什么？

还是靠作品、靠业务说话，任何一种东西都是专业性强，才可能出成果。还有就是一种氛围，一种创作的氛围，创作氛围比较好，就会出成绩。这些东西不是我能聊的，有机会你去采访他们当头的，他们可能会在这方面说得更好一些。

你在这个团体起了怎样的作用？

任何时候做好自己的事，做好自己就可以了，自己能给这个团体添把土加块瓦，就很好，最关键是个人的感受。我就是一个业务人员、一个演员，其中的一分子，有的时候愿意做的和不愿做的还都有区别的。虽然是演员队的教导员，也就是个服务人的职业，看你怎么去管，无为而治吧。上传下达，做工作的方式很多，如果都是死板那种就完蛋了，别人不会支持你、拥护你。在这个团里没什么明星、没什么大腕，回到团里只有演员、只有军人。

话剧、电影、电视剧你都演过，你更喜欢哪种表演形式？

这几种形式都挺好的，都有各自不同的魅力，没有太大的偏爱，如果有偏爱的话，从个人发挥来讲，我更喜欢舞台。不仅仅是话剧，还有朗诵这种形式。舞台对我来说会更自如一些，影视受约束多一些。我更愿意选择挣钱多的，电视电影都行，话剧不挣钱。阔别舞台十年后出演《夜莺之爱》，那个是值了，因为你多年不吃饺子，你就渴望吃饺子。

想演喜剧吗？觉得自己身上有喜剧因子吗？

有机会可以尝试。我身上喜剧的东西少，幽默的东西可能会有一点。悲剧最打动人心，因为是写人物心理的，情感最直接，所以最容易打动人心。

你所有的作品中，对哪一部印象更深？

看到哪个，哪个印象就挺深，没有具体到哪一部上。现在抽出哪个看到时，就觉得这个不错，就会想起当年的一些事情，没有排个队分前后或印象最深，特别怎么样的没有。

你选剧本有什么标准？

人物得有戏，人物得有思想、有灵魂。哪个本好就上哪个。就是人物、故事，故事好看，人物生动，这就是好剧本的标准，不在于什么题材、什么形式。

你更想演哪种类型的角色？

没有更想演哪个角色，只有哪个角色更适合我。只要剧本中的角色是合适我的就行。至于具体到哪一个剧或哪一个人物，我觉得对我来说并不是很重要，重要的是在某一个阶段一个演员对职业的一种认知。所以我就觉得一种理念上的东西、心里的东西很重要。

哪种职业的角色让你更得心应手一些？

得心应手的角色不分职业，就是文戏比较得心应手一些。不是历史剧，我对这种年代的、历史的、现代的角色并不是很挑剔，只要有戏，戏好，就没问题，就OK。演员就是这样，不管什么年代什么戏，都要得心应手，就是这样。

你觉得自己的反面角色演得怎样？成功吗？

谈不上塑造很成功，但是我有我的方式，我会用我的方式去展示。也尝试过一些挤眉弄眼或者愤怒等表面化的那种东西，其实我觉得最主要的还是内在的东西，一个人内在的心灵的这种东西很重要。所谓反面的人物肯定心里有一些畸变、有一些阴影，这才导致他做出一些极端的事情，所以还是心理的问题。杜月笙当时就是串个戏，去帮个忙，那几场戏不能代表一个人物。

你好像特别想演反面角色?

我也不是更想演反面角色，实际我更想演的还是正面角色，因为正面角色可能和我这个人比较接近吧，我更适合演正面角色。这个东西是这样，你能做出的事情别人不一定能信，而且现在别人希望更直观地看到一些最直接的、最靠近这种效果的东西。比如说有演坏人比我演得像的，那长相一看就是个坏人，但你一看我这张脸能说我是坏人吗？我觉得像骗子才行，所以将来我演骗子也许还行。就是说一张诚实的脸后面会有怎样的不同，这是我比较感兴趣的。现在还没有这样的角色，如果有这样的角色，适合我的角色，我一定会演。

你觉得正面角色好演还是反面角色好演?

在我这没有什么正面角色和反面角色，因为都是心理作用，就是演人嘛，不同的人嘛，好人坏人只是心理的不同而做出了不同事情的而已。

我感觉你好像不太愿意谈自己以前的作品和角色?

我是这样，我对演过的东西不太感兴趣，因为那是翻过去的一页，所以请你理解我。过去说一个人总看过去的东西、总看以前的东西没有什么出息，所以我对演过的东西不太过多地想去说它，我更注重的是眼前的。说到角色这个东西，你说得再好，那不算数，因为是老百姓看的、观众看的。观众看得好那才是好，观众看得不好说得再好也没用。但有些作品我会慢慢给自己回放一下，看看那时候的状态，看看那时候的表演，看看我现在，和现在相结合，去改善吸取，然后再提高，会做这样的事情。

你是怎样脱离角色回到正常人的世界的?

其实有时候做演员还有一个痛苦之处，就是每接完一部戏和每演完一部戏后，这之间的调整，这是很烦的一件事情。

就是说出不来角色？

不是说出不来，是因为在剧组演完戏，从忙忙碌碌一心去塑造那个角色，为那个角色抛弃一切想法，单纯地去塑造角色，从那种状态回到现实中，要面对的就是非常现实的生活。如果说在剧组是一个空中楼阁的话，那么演完戏就回到真实的现实生活中。这种调整，每一次这种频繁的调整，是挺烦人的一件事情，要经历浮躁、无聊、无所事事的过程，每一次都这样，只不过是时间长短而已。调整后再渐渐回到现实生活中来，面对单位和家庭，心思也慢慢静下来，看看书，或者是干些别的什么，变成这样一种状态。然后又进剧组了，又过上剧组生活，又和现实生活不一样了。等那个剧组生活过完又回到现实生活中，还是这一套，还是得重新来一遍。这么多年屡屡这样，永远像那个频率一样，永远这么在走。

这么多年已经习惯了吧？

不习惯，这么多年都没有习惯，它总要有一个调整的过程，由剧组生活到现实生活，这是两种生活方式。

这种状态会影响家人吗？

不会，他们只会帮我尽快调整这种状态，因为他们的存在，我会尽快调整过来。对我来说，每一次进剧组都是一种休息，因为剧组生活很单一，而且在剧组那种创作生活状态里边，不会想着别的，就想着人物创作、就想着演戏。可一回到现实生活里，吃喝拉撒所有事情都要想。有时候为什么觉得烦人不适应，因为你在剧组两个月过着海市蜃楼的生活，是和你的现实生活隔离的，是暂时放弃了现实中的自我，或是放弃了现实生活中的社会交往和社会程序，就是过着剧组人物的那种生活。在这两个月当中，你放弃了两个月的现实生活，那么就积攒了很多的事情，等你回来这些事情都要你去处理，你就会觉得一回来那个忙呀、烦心啊。

你怎样看待演员这个职业？

就是一个职业，就是一项工作，是用自己的身体去展示人物内心的工作。这是一个不同于其他职业的工作，做得好与坏、成功与否直接让别人去打分。就现在来讲，这只是一个力所能及的工作。演员这个职业跟老医生、老技师越老越值钱是一样的，活到老、演到老也很容易，只要你不永远逮着二三十岁的时光不放，把自己整容整得乱七八糟再去演30岁的人，不是那种心态，而是随着自然的发展，你就能活到老、演到老。我现在还没有想到转到幕后或是改行。

演员是越老越值钱?

演员这个职业有点像医生，或者有点像学者、科技人员，都是越老越值钱。因为你经历得多、你思想得多，你积淀得就多，表达就越丰富。接触的人，接触的社会面广了，就开眼界了。所以说越来越深入，只要你用心的话。艺术家一定不是在年轻的时候就是，年轻的时候是成不了艺术家的。只有越老越成熟，越黄金的那个时候。尤其是到了秋天，到了秋季那种感觉的时候，那才是真正收获的季节，那才可以称作是艺术家。

你觉得你现在可以称为表演艺术家吗?

哦，不敢当，只能说是对艺术的、对事业的一个追求者，直到现在还没有放弃这种追求，而且是在不断地追求、不断地提升、不断地往高处走，自己的心气是这样的。尽管还没有一个能够让我再释放的、非常淋漓尽致的这样的角色出现，但是我一直是在准备着的，我相信这个时候一定会到来。我到现在还是缺一部戏，就缺一部戏，只要有一部戏被我逮着了，我相信我还会绽放。

你觉得是什么样的一部戏呢?

什么样的戏不管，就是一部好戏，不管年代戏也好、现代戏也好。如果作为我自己的愿望来讲，我希望演一部现代戏。因为现代戏最能表现、最能验证现代人的心理，你演得好与坏，大家很容易就看出来。你演得深入、演得好，大家会肯定；你如果不准确，大家就会唾弃你、就会看轻你。古装戏那是最好演的，年代戏也好演，因为现代人不知道那个时候，也没有多少机会体验那个时候的感觉，那是最好演的。

就是说演古装戏不容易给人挑出毛病？

对，现代戏是最不好演的。因为现代人的心理各种各样，而且现代社会的阶层分得太清楚了，社会底层的，白领的、金领的、富豪啊，各行各业越来越细化，层次越来越分明。因此你演的是哪个层面上的人物，那个东西你是无法作假的。你演得不像他就是不像，这个层面的人不认可你，那你就什么也不是。

越是难演的角色你越想挑战？

对，因为现在可以说自己有这个能力，不管是什么样的角色，来者不拒。就像这次《游戏之王》一样，我跟制片人都很熟，但是他们在准备这个戏、在找演员的时候，从来没往我这方面想过。他们可以想《特殊使命》中的秦剑非我莫属，《江姐》里的彭咏梧非我莫属。可是就《游戏之王》这个人物来讲，我们那么熟，他们却根本想都没有往我这儿想。后来因为演员出现了一些状况，等于我就是捡了个便宜，让我过来演这个角色。他们基于的就是胡亚捷在《东方朔》里边演了一个乾坤子，那个人物的眼神有些小阴险，挺坏的。因为这个因素，他们就说，“亚捷现在在干嘛，有时间就让亚捷演吧。”就这样找到了我来演这个角色。而实际上我对这个角色看的要比他们重十倍，我觉得这就是一个机遇。因为人们都觉得胡亚捷只能演正派人物，或者是只能演比较中规中矩的这样的人物。一说到胡亚捷，就觉得应该演比较正直的形象，别的应该不合适，因为他自己的初作《便衣警察》这么多年来已经给他定了一个型。以前我还会为之喜悦，因为是一个类型的代表。可现在一到这个类型就会想到胡亚捷，慢慢就会有，就像每天你总吃饺子，就会有一种厌烦，会有一种乏味，观众也会审美疲劳。尽管我不断地在每一个人物上都追求不同，都挖掘新的点，但也是八九不离十的这么一个类型人物，类型化的东西，因此我就觉得我特别需要有一个形象来重塑自己，所以演《游戏之王》就是一个机会。

你现在对自己有怎样的定位？

就是生活得好一点，生活品质高一点，把老人好好地养老，让孩子茁壮地成长，生活中就这样定位。演艺事业则是随机会走，有机会就冲，没机会也不后悔，但是始终干着自己喜欢干的事情。

形成自己的演绎风格了吗？

好像还没有，我现在还不到有风格的时候，自己不想给自己定向或是定性，还不到那个年龄、还不到那时候。别人觉得已经形成了，但我自己不愿形成，就这个矛盾，不愿让自己定型。如果说有的话，那就是走心，走人物的内心。

你想跟什么样的导演合作？

业务突出的导演，我欣赏业务型的导演，想跟有才华的导演合作，不管年轻的、老的，只要有才华、有想法，都希望合作，还有像姜文那样艺术第一的导演，也都希望合作。只要能拍出好作品的都可以。

想跟哪种类型的演员合作？

跟实力派的演员、演戏的演员合作，那种玩的、耍票的我不喜欢。年轻人中努力的也很多，有才华的也很多，我喜欢有上进心的人。

跟女演员在戏中的炽热情感，会影响自己的生活吗？

丝毫没有，因为是工作，工作和演戏很简单。只要戏好的女演员，就会合作，戏不好，再漂亮也没有用。

你有艺术上的偶像吗？

有，老一辈艺术家喜欢的比较多，像冯喆、项堃呀，喜欢他们的表演方式以及做人的原则。

一步步走到今天，你最想感谢的人是谁？

感谢我自己，因为我自己不断地努力。在这个路途上还有那么多的伯乐在扶持我，所以挺好、挺幸运的。帮助我的人太多了，所以我是一个很幸运的人。

什么力量让你坚持到现在？

就是喜欢、喜爱这个职业吧，可以活到老学到老，有些事不可以就不要罔为之。公务员到60岁就退休了，想干都不让你干，演员却不存在，80岁的老头还在干的都有。

你怎样看待现在的演艺圈？

现在演艺圈挺好啊，演艺圈不是说随便去评论的，还是拿成绩、拿作品说话。你说现在演艺圈不如过去敬业，但现在也不乏很多作品热播，大家都很喜欢。文艺这个东西检验它的好坏还是在于市场、在于社会、在于人们对他的评价。现在演艺圈炒作的势力比较大，比以前要强大得多，这是现在的优势，但是既然是炒作，它还是有水分，或是有很多噱头。不过都能理解，不管出于什么目的，都能理解。现在的演艺圈真的挺好，而且会越来越好，将来一些正气的、本质的东西会慢慢把俗气的、恶劣的东西代替干净，所以我看到了一些希望，这种希望正是我所期盼的。我特别喜欢姜文，特别喜欢他的做法和他的作品，他真是让我看到了希望。他是一个很执着的人，是一个真正追求电影的人，我崇拜这样的人。说实话他也是个个性很强的人，他始终有自己的追求，我觉得很好，所以他也给我希望。不是一定要怎么样，这里边还有一个主动和被动的问题，演员这个职业本身就比较被动，我觉得姜文做得非常好，向他学习，慢慢来。

你是怎样保持自我不受演艺圈不良风气的影响的？

离远点，我现在不就离挺远。也不是说不跟他们同流合污，只是让自己的身心随着自己的感觉走，就这样。

现在的演艺圈追金逐银、追名逐利的确实比较多？

有一阵我是比较悲哀，觉得这个圈里的创作或者对艺术的追求被金钱腐蚀，铜臭味比较浓，没有什么干头，没有什么好的作品出现。因为在影视的拍摄过程中，在这种艺术创作中，所体现出来的东西跟舞台完全不一样。舞台完全是一种艺术创作，但影视艺术拍摄过程中，整个感觉就是跟民工打交道，跟民工队一样。拍摄的过程不是一种类似舞台的艺术创作，更像是一个工程，一个民工的工作过程，跟各种素质不一的人掺杂在一起，再没有一个好作品，换句话说再没有一个好的信念、一个希望的支撑，那就够痛苦。所以一部好的作品还能起到一个支撑一种信念，平添一种信心这样一种作用。而现在我觉得好作品越来越多，不管现实的环境怎么困难，都值得我去克服，值得我去付出，值得我去为了自己喜欢的艺术或者喜欢的职业去奋斗。

就是说你已经看到自己的希望了？

尤其是很高兴看到了姜文执导的《让子弹飞》，看到了一部真正的、高水准的、高级的娱乐片。所以我觉得姜文的出现，姜文的《让子弹飞》这部作品的出现，给了我很多精神上的鼓励和启迪。我看到了中国真正的电影，真正地走向世界的电影，真正地用镜头语言来说话的，真正的电影艺术作品。在姜文这种真正的娱乐片没有出现以前，这种高级的娱乐片没有出现之前，我们看到的更多的是一种低俗的娱乐片，低俗的东西我很反感，我也很悲哀，替这种现实感到悲哀。但姜文的出现，姜文的《让子弹飞》的出现，就像一杆旗帜，召唤起了我的信念，我觉得在以后的工作中会积极努力的主动去出击。其实我的身上缺少一种主动的精神，缺少一种企求的或者是争取的这种做法。《让子弹飞》里说了一个很好的问题，就是“你是站着挣钱还是跪着挣钱？你是既站着把钱挣了同时又把事办了。”我觉得这个挺深刻的。你站着挣钱还是跪着挣钱，就是做人你怎么文武相兼，或是怎么做到内外因素相结合。不能够一味地按照自己的经验去随心所欲，这在当今社会是不行的，必须要把自己藏起来一些，或去迎合一些东西，才能够干出事情，我觉得就是这样。

你有雄心再攀高峰？

对的，我想我会的，我跟你说的只是一种过渡，我在等一部值得让我去竭尽全力创作的一部作品。对，等待的过程中我会主动出击去寻找，那么这可能对我来说应该是打破以前的一种方式吧。因为你已经过了别人拿剧本找你那个年代，要学会放下所谓明星的架子，去主动寻求一种以前你没有过的方式。我跟你说过我起点很高，没有经过从低点到高点这么一个过程，或者没有经过，比如一个人长大没有经过一个常人吃苦耐劳的过程，或者打拼的过程，从最低层开始打拼的过程，没有经过这个过程，直接就到了12层的楼顶。老天是很公平的，他一定让你把这一课补上，当把这一课补上就是我腾飞的时候。我现在正在补，这是一个挺漫长的过程，应该需要挺大的毅力，需要放下好多的东西。这是一种观念的、理念的更新，甚至可能对做人的这种原则性的东西都要进行重新审视，这应该是挺难的一个历程，但我会尽快缩短这个时间，因为时间不等人，而且确实机会机遇也是要去寻找出来的，光被动地等待，这个是不行的。

要颠覆自己？

要颠覆自己。其实颠覆自己的过程我觉得就是重塑自己的过程，是一个改革自己的过程，虽然痛苦，但结果应该很好，就怕一成不变，一成不变的东西到最后是最可怕的东西。所以我期待自己能够再上一层楼或再拼一把劲，在寻求过程中再展现一下自己。其实要维持一种常态或是维持一种心态并不难，到了我这个年龄和位置，要维持一种常态并不难。但我不甘于这样，我要再突破一下自己，让自己为了那个信念、为了那个成就、为了那种目标、为了那种诱惑再实现一下自身，所以我写了这首诗，叫《远方的红罂粟》。

你今后有什么具体的打算？

演几部好戏，如果有机遇的话，然后再把自己的生活搞好。非常简单，没有那么多人生的大目标。好戏就是我喜欢的，不一定非是要热播或者怎么样的，当然能产生轰动效应更好。我喜欢的是心里面的这种东西，比较厚重一些的。

在艺术上想达到什么目标吗？

达到什么目标没怎么想，没有更高的追求，我这人比较现实，只要做好就行了，自己满意就行了。目标这个东西不像以前谈得那么明确，这个现代的目标不是说你说到哪就能做到哪的，有很多的东西会影响它，会左右它，所以说现代目标应该挺难定的。

质朴中的担当

> 孝顺是人的一种本能，是一种天职。爱情的经营就是两个人要以诚相待、互相适应、取长补短。夫妻都要有一个共同的目标，就是往好的走，这是维系一个家庭最关键的东西。培养下一代很重要，这是我事业的一部分，两者不可分割。

生活中你是怎样的人？有什么样的个性和爱好？

生活中我是一个比较随和，做事各方面比较注重别人感受的一个人，人缘比较好。我的个性比较坚韧，能坚持。我的业余爱好不广泛，就是比较长久的锻炼，也是这个职业造成的，这是我的原动力，锻炼对身体比较好。诗词我也比较喜欢，很多人的诗歌都很喜欢。

你好像很喜欢李白的诗？

李白的诗相对来讲比较喜欢，因为我演出时朗诵李白的诗多一些。我在生活中还不是放纵自己的人，比较拘谨，在李白的诗中可以感受到并弥补自己身上所缺乏的东西，比如李白的那种放纵、那种激情，对我的个性是一种补充和释放。这就是反差，你没有的东西才希望有，所以李白更能满足我一种心理的需求。

你还喜欢毛泽东思想，博客里有很多哲理格言？

我不光喜欢毛泽东思想，还有其他的哲学思想，一切哲理的思想我都喜欢，我对哲学比较感兴趣。我博客里贴出的那些哲理的格言，是我喜欢、我认为有道理的，不是说它指导我，是说他比较符合我的取向，我比较认可这种观点。另外我跟你说过，博客是可以给人看的，但不是写给人看的，是留给我自己用的。我把我博客每一篇文章都打印一份放在我的卷宗里面，那是要留着给我自己积累用的，有些东西不记录下来、不放起来，随意就会丢了，就没了，这只是一种记录吧。

你喜欢跟什么样的人交朋友？对朋友有怎样的看法？

第一有能力，第二为人好，然后有文化，希望跟这样的人交朋友。朋友我觉得就是心灵神会的一种心理沟通，可以有不同的朋友，有倾诉的朋友，有娱乐的朋友，有交谈的朋友，还有做事的朋友。我的异性朋友不多，还是同性的多，因为做事呀、交往呀、交谈呀，同性在一起不会引起更多的非议，我这人比较传统。

你是一个很孝顺的人，对孝道如何看？

这是天经地义的事情，父母养育，儿女孝顺，人类的繁衍就是这样。孝顺是人的一种本能，是一种天职，但我在看《动物世界》时，我觉得我们人做的都没有动物好。父母对我没有要求，他们从来不要求我。他们比较喜欢看《好爹好娘》那种题材，是中央一台的忠实观众。

你是怎样经营爱情婚姻的？我觉得你的爱情很理想。

我是一个不太懂经营爱情的人，但我懂一点，就是要以诚相待，然后互相适应、取长补短，这是最基础的。我们的爱情也不理想，还有很多东西需要不断地磨合完善，这是肯定的。世上不可能有理想的爱情，只能有想象的爱情，想象中的贤妻良母谁不喜欢啊。

你博客中那些对婚恋的独特看法都是你自己写的吗？

当然是我自己写的，因为这就是生活经历，生活中总结出来的。生活中的夫妻没有不吵架的，也没有不磕磕绊绊的，正因为这样，你才能感悟到、领悟到很多东西。最关键是两个人有一个共同的目标，都是要往好的走，这是维系一个家庭最关键的东西。不会因为她有点过失啊，或性格上、情绪上有些什么，或者生活能力上有些什么，这种点点滴滴的小事就起到相互对抗的作用，到了不可调和的地步。各种优缺点都可以存在，但最关键的就是两个人一直要往好的走。大的目标一致，生活中互相适应、互相迁就。这个适应也很重要，人一辈子都不会满足，夫妻关系和人一样，一辈子也不会完全满足，只能是相对的。幸福的爱情只是一种过去之后的感受，现实生活中的夫妻的那种幸福感，人与人是不一样的。两个人最关键的不是说心灵能不能沟通，还有一个很重要就是两个人都要有肚量，能承接对方很多东西，还要有彼此的交流。走到头的夫妻都是磕磕绊绊过来的，最后才走到头。彬彬有礼、相敬如宾的爱情那是不可想象的，那种家庭生活可能有些真空似的，我做不到，最起码我不是那样。

我觉得你是一个很有个性的人，博客里常常很直白地就表达自己对人对事的看法？

因为那里面记录的是我的真实感受，我不是跟你说过嘛，那里面是我的记录，我将来是要用的，说假话那就是白记录。对一个人宽容是宽容，但印象可以不好。我对他印象不佳，并不影响我对他的宽容，只是说明我对他的印象而已。我的博文只谈我的感受，再宽容的人对事情的好坏也有感受。人应该有个性，我是个个性很强的人，说白了，我双重性格比较明显，双重性格比较重。当性格的某一方面一冒出来后，过后一想，差一点差一点，修行还差一点。但是话说回来，修行到什么时候才算好呢？修行到把个性的东西泯灭了，包藏起来，我觉得那是种境界，奔那种境界努力吧。现在离那种境界差远了，离那种修炼程度差远了，很多时候个性的这种东西多些。我跟人吵架有，但打架少，毕竟走哪都认识你。我到目前还没有负面新闻。我博客里对人的看法只是说一种现象，不能说怕他不满意，就失去一种原则性的东西，失去一种标准，这个不是我的风格。一个人干什么都是有标准、有底线、有条件的，就是同流合污也有底线，不能什么污都往自己身上泼，什么泥坑都往里跳，自己对自己得有一个标准。

你对儿子有怎样的期望？

期望他将来在能力上强一些，生存能力上强一些，这就是我最大的期望。至于他考上什么大学啊，成为什么人物啊，我觉得那个东西都不是我所能期望的。所以说我对他最大的期望就是第一健健康康的，第二他自己将来能把握自己，能过得放心。在他整个成长过程中，到现在为止我们夫妻俩都没有强迫他做过什么事情，摁着他的脑袋一定要他学点什么东西，要他跟别人一样，学这学那，上这个学上那个学，补这个课补那个课的，到目前为止还没有过，还是比较尊重他的选择。也许他将来会干我这一行，或者不干演员而是干编剧、干导演，这都无所谓，只要最后能让他发挥能量就可以了，他能发挥他自己的特长、他自己的作用，那就可以了，那就是一种成功。男人一辈子不能不成功，这个成功的标准不一样，但不能不成功。所以不管干什么都一样，就得干好。

你是一个很负责任的父亲，教子很有方？

这是应该的，培养下一代很关键，这就是我事业的一部分，是我生活的一部分，两者不可分割的。如果这两项区分那么明显，要么就是有事业无家，要么就是有家无事业。既然一个家是两个人的家，或者三个人组成，每个人就都有责任，都应该兼顾。我太太也不是为我，她是为这个家庭。我觉得她挺好的，知道什么时候该干什么。不管夫妻也好、朋友也好，知道什么时候该干什么事情，就会赢得别人的尊重。

你对影迷很好，博客就是因为他们才开的？

我觉得他们挺了不起，开了胡亚捷吧。他们不能说是呕心沥血吧，但的确是倾尽全部的能量，把我所有的信息，我没有的、我想象不到的，都整理得那么好。所以我很感动，我很感谢他们，这就是一种动力。

你欣赏哪种类型的影迷？

有文化的、有思想内涵的，不管影迷也好、朋友也好，能互相吸取营养，这个很关键。不管是哪个方面，人生的、读书的、生活的、理财的，能互相给予帮助，这个就很有意义。

你对他们有什么话说?

再多的话莫过于祝一个人幸福，在这个世界上能幸福快乐，这是对每一个人来说最实惠的话。所以我的影迷我对他们唯一的希望就是幸福快乐。

吴越：清雅高洁
无人可越

她是一位资深的年轻演员，毕业13年主演30余部影视剧，功力不凡。她是一位低调的优秀演员，迄今为止未有负面新闻、浮夸之举，人淡如菊。她是一位优雅的知性演员，出生书香门第，喜爱读书、看碟、篆刻，宁静致远。她是一位独立的个性演员，对父母只孝不顺，对朋友仗义执言，外柔内刚。

这个演员叫吴越，她因电视剧《和平年代》中的闻璐家喻户晓，却又未能众望所归红透大江南北。她对事业有着怎样的历练和领悟，对感情有着怎样的磨炼和感悟，对人生有着怎样的锤炼和彻悟？2010年3月13日下午，深圳凯利来大酒店，她与我一见如故、相谈甚欢。

虽然没有站在高山之巅，万众景仰；虽然没有香在开花之季，芬芳四溢；虽然没有翔在辽阔之空，群雄瞩目。但是那一种如松般的坚韧顽强，令人起敬；那一种如兰般的清新典雅，让人回味；那一种如雁般的淡定从容，使人神往。那一种吴越般的清雅高洁，无人可越！

以崇敬之心演军人

军人那种肃穆，军人那种庄严，军人那种尊严，让我肃然起敬。他们身在其中，又敞开心扉去做这种事情，确是值得我们尊重的。他们的团队那么团结，那么积极向上，那么健康，让我最难忘怀。我演这部戏时，心里充满敬意。那个年代的信仰很纯粹，我很欣赏。人一定是有了爱才会有力量。

《和平年代》是你第一次演军人，导演是怎么选中你，让你去扮演闻璐这个角色的？

是我当时一个好朋友叫李童，她看了我前一部戏《北京深秋的故事》，那时我刚大学毕业，她觉得这部戏她还挺喜欢的，就把片花给导演看，导演看了后，正好去上海就见了一下我，见了我后他就把剧本给了我，就定了，特别简单。

你跟闻璐没有一点相似之处吗？

是的，当初一点也没有。因为演戏并不是本色出演才可以，演员表演并不是这个人“是”才能演，“不是”也能演。主要是这个角色符合这个人物设定吧，包括她的气质，她像这个人可能才是最重要的。

闻璐是不是你的本色出演？

当时我刚大学毕业，演戏是个什么概念我并不是很了解，只能说这个团队比较好，张丰毅老师、尤勇老师，包括导演，两个导演都是很不错的，还有剧本是非常好的一个剧本，你只是在里面生活就可以了。其实当你真的了解了表演再去演时，你会觉得无知的时候演得更好，有时候表演是这样的。

就是你判断这个戏挺好的？

当时对我来说，不是判断的问题，因为大学刚毕业，有的演就不错了。这个戏阵容挺强大，剧本也那么好，我没有什么可多想的。

你怎样塑造闻璐这个军队女记者的形象？遇到什么困难没有？

好像这个戏没有遇到什么困难，我觉得一切都很顺利、一切都很天经地义、良性循环。现在看来，有些地方可能会有些困难，就是天气热啊，或者拍戏比较辛苦等等。作为演员来讲，这个罪一定要受的，躲是躲不掉的，哪部戏都一样。

你觉得自己演得挺好的？

也不能说好，当初在做这部戏时，我也不是很有经验，他们让我怎么做我就怎么做，很自然，也没有困难重重。因为这部戏本身剧本也很好，演员对手也很好，导演也很不错，一切很顺利。我觉得一部好的戏，大家都很顺，剧本写得很合理、角色很丰满。如果剧本写得不好、有很多不合理，演得就很累。反正没有一个人会认为一部好戏难演，肯定是一部差戏难演。一个好剧本会让一个演员有光彩，这是最主要的，你只是说她的话，按照她的东西去做，一点点捡起来，这个情节就打动观众了。剧本为什么叫一剧之本，所有人都在挑剧本，实际上就是这个很关键。其实好戏和差戏，对于演员来说，我说的这个演员是在一定水准之上的演员，一部差的戏可能让他更痛苦，这个过程很煎熬，因为他要把剧情、人物改造得合乎情理，写得不合适的地方他还要修改。

你在剧中和张丰毅演一对恋人，但你和他的年纪相距较大，你怎么看这一现象？觉得跟他演戏有没有压力？

张丰毅当时40岁，他在圈里是很有名的热爱运动的一个人，他自己锻炼得很好，肯定是比他这个年龄显得年轻很多。我记得我们第一场戏就很顺，他没有什么明星架子，很随和，演戏也挺真诚的，所以大家都水到渠成地把这部戏演完了。我没有感到压力，因为对手不给你这个感觉，所以我就没有。我个人也没怎么想过，当时初生牛犊吧，就不怕虎了。

你第一次跟我们广州军区合作拍戏，觉得我们广州军区的创作氛围怎样？

我印象最深刻的是这四个编剧，何继青、张波、赵琪、文新国，如果我没记错的话，他们都是打过仗从老山前线下来的。何继青在开机前，提到很多烈士陵园，很多墓碑，横看成岭、纵看也是，他站在那边，感觉就是千军万马，还是一个部队。他说这些很有感染力，军人那种肃穆，军人那种庄严，军人那种尊严，让我觉得肃然起敬。我觉得这部戏就是跟这些人创作分不开的，因为他们身在其中又敞开心扉去做这种事情，确实是值得我们尊重的。而且拍戏时我们几乎走遍了广州地区所有的军营，普宁、汕头、汕尾、珠海，所有有部队的地方我们好像都去了。当时每到一个部队都对我们这部戏很支持，我想没有他们，这部戏可能也是不成立的，也做不了那么好。

有什么特别难忘的、让你印象深刻的事吗？

拍戏到现在为止，让我回想每部戏，其实都挺认真的，但那部戏特别之处是它是部队戏，而且是这样一群演员在演。我可以告诉你一个事实，我们在普宁拍戏时，从宾馆到现场应该是半个小时，或是25分钟，我们女孩子都是坐车去的，但所有的男演员都是跑步去的。他们会比我们提前出发，然后一直跑到现场。因为广州很热吧，跑到现场时身上的汗已经变成盐了，在部队用凉水冲一下然后又去拍戏。我拍戏拍到现在为止，这样的事情可能还是没有碰到过。不是艰苦，就是互相很敬业，他们为这部戏付出了很多。

你觉得这部戏是你最敬业的一部戏？

不是说最敬业的，我觉得我每部戏都非常敬业，没有哪部戏比哪部戏差过，我用的劲都是一样的，100分，如果说哪部戏没有使劲那从来没有过。但是这部戏，它的团队那么的团结，那么的积极向上、那么的健康，这部戏是让我最难忘的，而不是说这部戏是唯一敬业的戏。

《和平年代》后你一直没演军人戏，直到2006年的《大院子女》，为什么那么多年不接军人戏？

因为军人戏也好、古装戏也好、言情戏也好，对我来说是无所谓的。只有这个角色打动我，这个导演找到我，双方认同才可以去演一部戏。在这么长的时间内，2006年才有一部《大院子女》找我。也不是没有戏找我，就是没有碰到而已。只是说我每天都喝粥，今天想吃饭了，正好有饭给我，所以我就去吃饭，没有说我一定想怎么样怎么样。因为戏属于你、适合你很重要。

时隔多年又塑造一个军人形象，你觉得跟你的第一个军人形象闻璐相比，演技有所提高和成熟吗？

这个就是刚才我说的第一个话题，就是我觉得演员是不分年龄的，有时候无知者无畏是很伟大的，也很精彩的。有时候你什么都知道了，反而寸步难行，这个没有可比性。我觉得这个问题这样回答，对我来说比较准确一点。

你在戏中跟刘小锋所演的章向平有一段很感人的爱情戏，你怎么看待那个年代的爱情？

每个年代的爱情都有它的特质，那个年代可能纯粹一些，但也有它的

复杂性。其实每个年代的爱情都是一样的，只不过它的规定情境不一样。怎么说呢，比如戏剧学院毕业那些孩子，一年级的时候老师会讲规定情境，二三十年代，规定情境是怎么怎么样，四五十年代怎么怎么样，文革时候怎么怎么样，八十年代怎么怎么样。其实人本身跟以前的人有多大的变化，我觉得不见得，所以那个年代的爱情跟现在好像没有什么不同。乔建新跟章向平，就是刘小锋演的那个角色，他们之间的爱情，我认为是非常非常纯粹的，我想现实生活中应该也是有的，但一定是不多的，所以它才会让人稀罕。

那你的爱情观又是怎样呢?

我的爱情观是，做人不管男女之间也好，朋友之间也好，真诚很重要，合适很重要。

最近你又接了一部军人戏《远远地爱着你》，演一个女军医，是对军人有感情吗？

因为这部戏的导演叫姚晓峰，他是圈内很有口碑的导演，我的一些朋友跟他合作过，都对他印象很好，我觉得导演好很重要。对手我也蛮欣赏的，他也蛮好的，我也蛮想跟他合作的。合作的对手、合作的导演，说句实话，都是一部戏很重要的因素。团队很重要，包括这部戏的灯光师都是以前我们合作过的，都是很不错的。

这个角色让你很有发挥的余地？

每一部戏你都得发挥，主要是剧本是否给你提供发挥的空间。所以不是说这把我演好些，那把我就凑合，不是这个概念。其实每一把都得演好，都得拼出来，每一把都得用心去做，这个很重要。跟以前的军人角色肯定有区别，因为年代不同了，那时我20岁，现在我30岁了，肯定不一样的。我刚开始拍，今天是第三天，所以我在慢慢找感觉，还可以吧，一切算正常吧。

你在戏里跟佟大为演姐弟恋，对姐弟恋你如何看？

感情其实每个人都会有，不管他是什么人，是军人也好，不是军人也好，只要是美好的大家都会接受，我是这样想的。姐弟恋无非就是人的感情一种吧，现在人因为时髦，把它分成什么恋什么恋，只要它是美好的，它就一定是受尊重的。

和平年代和战争年代的军人你都演过，你觉得战争年代的军人跟和平年代的军人有什么不同？

一个是打仗，一个是不打仗，我想这是最大的区别吧。和平时期有和平时期的任务，就像《和平年代》中说的。汶川地震他得参加，西边干旱他得参加，这是我对军人的理解。但军人因为他们是训练有素的人，所以当他站在这条路上，为你去做很多事情的时候，你不得不对他肃然起敬。一个是打江山，一个是守江山，哪一个都不能疏忽，奉献自己和抛头颅洒热血不是一件容易的事，没有可比性。只要是为人民服务的，我都很尊重。

哪一类军人你觉得更好塑造?

剧本写得好的角色更好塑造。剧本写得好，这个人物就栩栩如生，你按照他的台词去念，自然就打动人。剧本写的台词跟不是人说的一样，就很难演。我们是根据剧本来判的，不根据行业，不是说我演军人容易好，还是演售货员容易好，不是，是一个剧本本身。它从哪个角度去说人物，它从哪个角度去说现实，角度对了就一定能打动人，角度不对，你大量争取的事情，看起来就跟假的一样。

你演过那么多军人，觉得自己的人生观、价值观、世界观受到影响和波动吗?

比如说《和平年代》吧，它给了我作为一个演员在全国人民面前亮相的机会，噢，有这么一个女孩子，演戏可能有些人还蛮喜欢的。乔建新，比如她演完后，很多人会给我发帖子说很喜欢这个大姐的形象，可能这是一个演员的收获吧。我觉得应该每部戏都会有收获。人生观不是说一个角色能够影响得了的，是每一个阶段，你十几岁、20岁、30岁，每一个阶段都会有自己的人生观。人生观跟现实生活是接轨的，文革时期的人她的人生观就是那样子，我们现在的人可能就这样子。一个角色能影响一个人的人生观我目前还没有，我比较正常，是一个平常的人，没有这种大起大落或者怎么样，醍醐灌顶的事情我还没有发生过。

你是如何获得成功的？对我们官兵有何启示?

我凭我的血汗获得成功，如果说我现在是成功的话。当然我不承认我现在很成功，我只是觉得我还算一个运气比较好的演员，成功远远谈不上。运气好，我想跟我自己的努力有关系吧，一分耕耘一分收获嘛，一件事如果你想要成功的话，勤奋刻苦是需要的，不劳而获的成功可能性太小了。努力吧，别人喝咖啡的时间我在看书嘛，就像鲁迅说的，我就是这样。当然运气还要好，别人喝咖啡你看书，但运气不好，也不一定能成功。这个东西我想我还真说不了，我真不觉得我很成功，这是主要的。

我想我们的官兵一定会问，吴越是个很不错的演员，她有什么精神值得我们学习的？

我觉得我挺普通的，只不过我干的这个职业是演员。演员就是一个名利场，出名和有利一定是站在一起的。没有一个人说这个演员他很有钱，但是他没出名，这不太可能，但别的行当可能。演员因为是家喻户晓，我的工作整天在电视机前晃，所以知道的可能性大。因为我拍的也比较多，拍了十几年了，从大学毕业到现在。我觉得我是个挺普通的人，没有什么地方可值得大家学习的。

今后还会不会再演军人？

有合适的一定会。

对军旅作品有什么期待？

说句实话，我是一个非常少看电视的人。我房间是没有电视机的，因为我不爱看电视，新闻什么的我都是从网上或者其他渠道得来的。但现在那些戏我是知道的，因为我在这个圈子，看就没怎么看过，所以我没法说。但我想只要这个角色能打动观众，那就是我们所期待的，我们希望生产出来的。我不希望在全国的屏幕上很多东西都是假大空的，虽然是黄金一套，但是它不真实，不真实就一定不会打动观众。因为观众的选择权太多了，他可以去聊天、他可以去吃饭、他可以去做生意、他可以去上网、他可以在家教育孩子、他可以看电视，学生没有选择权他可以做作业，什么东西能让他停住，一定是真实、真诚的东西。所以军旅题材也好、言情剧也好、其他什么东西也好，如果导演用心，编剧用心，演员用心，那一定会打动观众，这就是我期待的。

以高洁之品谋事业

我热爱这个职业，因为它是我心灵的窗口。我们的口号是站在半山腰上看风景，我们不需要站在山顶上看，每一个人都不能现在就宣布说从此上不了山啦，人总是有自己的希望的。我在我这个有限空间里，我的光和亮，已经燃烧得非常足够了。我没有坚持，我很喜欢它。态度决定命运，我的态度可能就决定我是这样的人。

你的演艺之路很顺利，以全国第一考上上海戏剧学院，但当时你是想出国的，因为签证签不下来才去考上戏，这个转变过程是怎样的？

我喜欢做演员，喜欢演戏，从小就很喜欢，就这么简单。当时我爸爸不希望我做演员，他希望我出国留学，因为签证签不下来，那我只能做自己喜欢的。

他们不同意你去做演员，是否觉得演员有时会被说是“戏子”，因为你出生于书香门第？

那倒也没有，因为演员现在的社会地位还是挺高的，一个好演员会是值得尊重的演员，他们没有想那么多。但是我爸爸可能是不希望自己的孩子太抛头露面了，因为做演员总是要露锋芒的，他们可能希望自己的孩子过一个平平静静的生活比较好，演戏那是风口浪尖上的，我想是这样的，我没问过他们。反正他们当初不同意我做演员，觉得演员没有安全保障吧。演员谁能保证你每年都有戏拍啊？谁能保证你想怎么拍、拍怎么样的戏，他就给你拍怎么样的戏啊？这个工作太被动了，不像一般的工作，能有一个保障，能有一个安全感，演员这个职业没有安全感。

现在他们转变观念没有？

现在不转变也已经转变了，已经都这样了。他们不存在转变，他们一开始不同意，后来说你要考就考吧，考上了那就去念吧，也没有太那个。

你出自篆刻世家，初二就获得全国青少年篆刻第一名，这么有天赋有才华却没有继承父业，有什么遗憾没有？

我不是没有继承父业，我会刻的，只是现在还没有时间刻而已。我以后不拍戏了，如果空闲了我会刻的，没有说我就不继承了，我会继承的。因为人的精力有限，你做一件事肯定你的生活就围绕它了，而且是事业嘛。什么都要有，什么都沾上，有些人会做得到，但是我是个普通人，我做不了。我会继承父业的，我不会不继承的，我一定会有机会拿起刻刀的。

我最佩服你在演艺圈多年没有什么绯闻，而且你好像也不太参加什么时尚走秀活动，对吗？那么这是什么原因，是你家教严格还是你个人不愿意去？

对，没错。但我觉得没有那么严重，因为我没碰上，我没有乱搞男女关系我怎么去编啊。时尚走秀如果有合适的我会参加的，我没有说不参加。你如果看报纸你会发现，经常会有这些人那些人出现，我可能没有一脚踩进这个圈子里，我是在那个圈子的。就像说吴越你怎么没演古装戏，不是说我没演，而是我一脚就踩在言情片、现代戏里。我出道到现在，我几乎都是在拍现代戏，也不是说我不能拍古装戏。就是因为人和人之间所发生的一些东西，是跟你现在的条件有关联的。我也没有去结交这样的朋友，也没说我要参加，所以也就没有了。

你对演员这个职业怎么看？

如果你们了解这个职业，如果你跟了一个星期这个剧组的话，你会觉得非常苦。这个合约一签以后，人家想要你什么时候拍，你就要什么时候拍。你去看看一个白领她每天的工作时间有多长，你的工作时间有多长，演员的工作时间一天12个小时不算少了。在这12小时里，只要你合同签了，随时让你拍戏让你到哪里，你都必须要付出的。演员可以等现场，但现场绝对不能给你等演员的，所以就是说演员你冬天要去拍夏天戏，这么

大段词因为你是演员你必须得背得滚瓜烂熟。其实从普通人角度来看演员，演员可能很风光，但是从自己作为演员的角度看，演员是个非人的职业。他只是看到了一些风光的演员，他没有看到一些中档的演员，他没有看到一些底层的演员，他没有看到为了自己的事业去奋斗、去拼、去演、去熬的演员。因为我是演员所以我有发言权，演员这个职业真的是很辛苦的。他需要好体力，你没有好体力你做不好演员，尤其你演电视剧你演不了，你拼的是体力，每天要熬夜，在神志不清的情况下你还要神志非常清楚地说出你的台词，表达出你现在正在演的这个戏的意思。还要拼你的心，当你碰到一些不开心的事情，家里的、工作之外的，这件事发生了让你觉得不开心。但是导演喊“开始”的时候，你就必须进入规定情境，必须去说这个角色该说的话，必须用这个角色该用的眼神，这个角色该呼吸的呼吸，这是很难很难的。因为我们这个职业不是靠自己说话，我们是靠自己的情绪说话的。很多普通人每天大悲大喜都会受不了，都会崩溃，可是我们就是这样的职业，每天都这样。

但你好像很喜欢，乐此不疲？

对，对，所以人就是这样的。就像我的同学他们做的工作，我无法理解，他们却乐此不疲一样。每个人都是这样的，但是每个人生活都不容易，演员也是如此。他必须面对他工作的很多方方面面。

这是你如此热爱这个职业的原因？

我热爱这个职业的原因：因为它是我心灵的窗口，我可以通过这个窗口向外面看，也可以通过这个窗口告诉大家一些东西。比如说乔建新这个角色，我不管制作单位是有名还是没名，我不去管它，这部戏能不能让我红也不去管它。她去见章向平那一段，她这个层次的感情有些人可能没有经历过，那我经历一遍我让你看，告诉你生活中、在这个地球上可能会有这样一段感情，如果你觉得很美，我就值了，可能就是这样。这就是演员演戏对我有吸引力的地方，因为只要你不停地接戏，永远会有这些东西发生。

就是你可以演绎不同角色的人生？

对，我可以通过角色告诉一些想听我说话的人。我告诉他们这个角色她出身很低贱，但她的心不低贱。我通过那个角色告诉你们，生活中碰到困难没有什么了不起的，你只要乐乐呵呵过去就行。就像我演的《美丽人生》这部戏，我自己蛮喜欢的，我不管这部戏怎样。我演的每一部戏都有我想说的一句话，比如跟张国立演的《赶走你的忧郁》，我就想告诉大家，不坚强的人是多么的可怜，你要恢复自己，要让自己变得坚强起来。我也可以在里面表达一下，心里不健康是什么样子的，心里健康又是什么样子的。我觉得很有意思，我很喜欢，别的工作满足不了我的需求。

但是这个工作也会让你的心灵很挣扎、很纠结？

是的，这就是我们的乐趣，乐趣就在这里。

如果出不了戏怎么办？

我选剧本时就不会选择那些出不来戏的，一定是这个东西有可能发生，而且我有可能做好它，我才会选择这部戏。如果完全做不到，我肯定要说我演不了，我就不接了。一定会有不合适你的，不是你的强项你去演的话，你演得也没有别人好。每个人的强项是不一样的，有的人擅长演这个，有的人擅长演那个，而你一定要接一个自己不擅长的，那何必呢？

那你觉得你擅长的是哪些？

哎呀我讲不好，我只有看到剧本我才知道，我是一个靠直觉演戏的人，我看到这个剧本后，我觉得这个角色我能把握好她，我就接了，但你要去分析条条框框谈个一二三，我还真讲不出来。我只能讲我没有拒绝过的角色，打动我的我都不会拒绝。

你演了三十多部戏，只有《和平年代》和《夜·明》两部戏有影响，你怎么看这个现象，觉得这样演戏值吗？

首先我演戏没有太把影响当回事，因为你们是部队杂志，会觉得《和平年代》《夜·明》对你们影响很大，可是有的中学生会说，吴越姐你演的那部戏对我影响很大，所以你们看出来的并不代表人民群众看出来的。有的人说吴越你一部戏都没影响也有可能，这没办法去说，众口难调。我觉得我所能做的只是把我想做的东西做好，接不接受那我不能强迫你，我不能扳着你的眼睛非要看我演的戏，那我做不到。

但是有公论在那里，《夜·明》获奖了，《和平年代》评价很好？

那就他们运气好吧，这两部戏运气好，只能这么说，因为没有办法。你不随遇而安你又能怎么样，你肯定要随遇而安一点比较好，让自己好一点，尽量格式化，让自己生活在一个你所能控制的一个空间。我觉得一个人最可怕的是，当你去了一个地方你无法控制，那就失控了。人不能失控，我觉得人失控很可怕也很可悲。

能不能主动争取上一些好戏?

我们演员这个职业是非常被动的，我用你拍才可以，我不用你拍，我说我要上斯皮尔伯格的戏，上《阿凡达》，人家不用你，你自己说是没有用的。只有机会给你了，你才把这个手伸过去，一般的演员都会是这样做的。这个要合适才可以，要方方面面对才行，不是说我一开口就行的。如果我是皇上的话，我一开口你就听，那我肯定说，我逮谁跟谁说，我看上哪个导演我就跟他说，问题是我不是，我觉得这很没现实意义。演戏这个东西还是平等一点比较好，我靠拍马屁上这个角色，我在这工作的几个月里我都不舒服。还是大家平等一点比较好。

我发现你未能大红大紫的原因，也许跟你的性格有很大关系?

我们的口号是站在半山腰上看风景，我们不需要站在山顶上看，每一个人都不能现在就宣布说，你从此上不了山啦。因为我觉得人总是有希望的，但是不能以这个为目标。因为一个人一生其实只能做好一件事，如果你非要让自己十件事都占了头，那是不可能的，那不是人干的。就像你谈恋爱一样，你脚踏几只船，条条船都能很好，我不相信，一定会漏了馅的，做事情也是这样的。我现在已经看清楚很多东西，我心里告诉自己，我吴越因为喜欢演戏我才考戏剧学院，那我现在演到没有，我演到了，可能还有些机会我应该去争取，但是争取就有用吗？没用，对不对？我们演员这个职业真是成事在人谋事在天的，准备好的演员一大把。有人会说，吴越你怎么没有大红大紫？你好像也蛮有脑子的，演戏还算及格。对不起，跟我一样的人，到现在还没有红的多的是。你会觉得怎么那么不公平，但这个职业就这样，如果你接受不了，那你没办法做演员。

我觉得你有很好的机会，比如《和平年代》，而且父母也有些关系，但你却没有抓住它?

没有没有，父母的关系跟我不相干，我拍戏完全跟我父母没有任何关系。我觉得我还好吧，只要机会伸过手来我都努力。可能工作态度决定你的命运吧，态度跟个性差不多。生活态度是乐观的人碰到一些风浪，永远能看得开，这个还是很重要的。我的态度可能就决定我是这样的人，反正电视剧演员就是混一个脸熟吧，我想我应该没问题。

你在演艺圈的定位怎样？

我没有给自己定位，我不喜欢给自己定位，因为我觉得还有很多东西可能我没有碰到，碰到之后我也不知道我的能量会不会有。我不去定位，没什么可定位的，给你好的角色你就去拍吧，演好了就完。有人说这个戏演得那么好你没火，那就没火那怎么办？我给自己定什么位有什么用啊？我不去做这些事情，我也不去想，我下部戏演什么样的我也不去想。你给我10个本子我挑，5个本子我也挑，我总得挑一个，10个里面我挑一个最好的，5个本子里我挑一个最好的。因为我是一个职业演员，我不是用这个东西来表达我的理想和情怀，我还是需要工作，那么在工作之余有条件的话我表达一下情怀。我不愿总结，我觉得没有可总结的，因为还没有到总结的时候。

你一直在寻求突破，比如《美丽人生》中的赵萍萍，你觉得自己的演戏风格如何？

因为每个阶段都会有每个阶段的想法。比如说做演员，我20岁的时候都是演青春的、靓丽的纯洁少女，那么过了30了我再去这么演，首先我自己也觉得没意思。如果你真要这么去演，说句实话你也演不过十七八岁的小孩，她往那一站她就是，你还要去演，我觉得很没有意义。我觉得每个年龄得演每个年龄自己的角色，20岁你就演20岁，30岁你就演30岁，这样的话我可以跟我的角色一起成长。而且作为一个演员，你老演过去的、炒冷饭的角色，你也会觉得索然无味，所以你总是要去演一些你以前没有碰过的，但是这个角色还蛮适合你的，就像《美丽人生》那个赵萍萍。其实从我的荧幕形象来说，导演当时觉得吴越是不太合适的，但是我的性格里是有她这个影子的，我觉得我还是可以去把握她的，所以我接了这个角色。赵萍萍也不是很二百五，她是一个很皮实的人，她是一个很普通的人。就是说生活中因为我们有的人搞文字、有的人搞艺术、有的人搞音乐，总觉得跟生活还是有点距离的，搞艺术的人总会觉得跟普通老百姓想的、听的可能有点距离。但事实上我吴越有生活中的一面，我是非常老百姓的，我有这个普通人的心态，而且淋漓尽致，但是没有角色让我去表现。乔建新她是一个大院的偶像，闻璐是一个军长的女儿，她们就不是一个老百姓，而赵萍萍这个角色是一个老百姓，我心里面也有这样一个空间、有这样一个角落，所以我觉得我可以去见赵萍萍，我可以跟她握下手，我可以告诉一些人，吴越其实很皮实。而且我那个样子也不是很清高啊，什么书香门第、什么我很理性，其实我也有很普通很皮实的一面。皮实就是人家说的庄稼汉，他身体很皮实，不容易生病。皮实是脆弱的反义词，内心很坚强。《赶走你的忧郁》她并不是普通人，她是一个忧郁患者，她是一个很脆弱的人，她跟赵萍萍是反义词。

跟你合作拍戏的很多演员都大红大紫了，心里有想法吗？

我要这样想我会一头撞死的，因为我就没法活了。你作为一个演员你老去这样想的话，你还怎么工作啊，我是不会这么去想的，而且完全也不应该这么去想。我觉得做演员你就得做好这样的准备，你上去下来天经地义，所有在这个地球上做演员的人，没有一棵长青树，你找找谁能够像年轻的时候那么火，没有。但所有的人，为什么有些人能留下来，留下的只是他的作品还有他的人格魅力，但凡跟这些无关的都留不下来，此一时彼一时，就说的这个。我们说的看破红尘，其实这就是红尘。你说他跟我一起演戏，他比我好了，我就很妒忌，那我每天就会被妒忌淹死的，因为跟我在一起拍戏火的人太多了。但是你不可以这样做，而且这也并不代表我就不好吧，我觉得我也蛮好的。只不过我在我这个有限空间里，我的光和亮，已经燃烧得非常足够了，就可以了，你还要怎么样呢？

我觉得这是上进心的问题，演员红了可以有更多的机会接好戏，跟好演员、好导演合作？

这个上进心你无从谈起，就像我告诉你的，演员这个职业很被动，如果有一天你做了演员你就会知道，不是你想演的角色一定就是你的，因为全国人民都在想，这要靠运气的。而且这并不代表这个角色给你了，你就一定是最好的。事实证明大器晚成的人，她在年轻时得不到一个角色，但后面因为她的努力她得到了，你就说她年轻时不行吗？实际上是她没轮上而已。所以这个东西一定要平和一点，你要这么想的话你真的没法活，没法做演员。

这也是你不愿改变自己去适应这个演艺圈的原因？

其实我蛮适应演艺圈的，我没有不适应，只是说你所看到的没有吴越，但这些就是没有吴越，并不代表我不去适应它，对不对？很多职业都是有等级之分嘛，医院有医生、护士、护工，它都有每一级之分。你演员你在这一档，你就在这一档好了，你如果很努力你没有放弃，有一个机会你上去那就很好。那如果上不去那怎么办，那就不活了，那我觉得还是对自己宽容一点吧，不要让自己要求那么高。

这也就是你在这个圈子里一直坚持做下来的力量？

我觉得我没有坚持，我很喜欢它，我不需要坚持。遇到一个好角色我就来了，我觉得很开心。这个工作给我带来了很多快乐，有我所料的东西也有意外的东西。意外的东西就是有很多观众给你支持，“噢，他们这么在乎我。”我会觉得很温暖。所以我不需要坚持，我走得很开心。如果说吴越你别演戏了，你去卖报纸吧，可能卖报纸我需要坚持。演戏我不需要坚持，我觉得我乐此不疲。

对今后的发展有规划吗？

没有没有，一切随缘吧，我觉得。

随着年纪的增大，也许更难达到理想和目标？

那当然，谁都希望有一个家庭，这是肯定的，但这个东西是可遇不可求的，所以我不去多想，事业也是这样，我要向最好的导演那里去。想得太世故，就会放弃自己的才华。我这个人很现实，我不去想一些我做不到的事情。

你现在已经跟大导演康洪雷拍戏了？

对，我已经拍了康导的戏了，我已经演了康导的女一号了，我做到了，那就OK了。如果他觉得我很好，他自然会再发出邀请，这不就完了嘛。那这样的话，我来他的戏我也很开心啊。因为不是把主动权交给人家，本身就是人家的，演员本身就是人家觉得你合适才用你，不管你再大红大紫的演员一定也是逃不了这个命的，因为这个职业就是这样的。你最有名的人，比如他全球排名前5位的导演，那他要用谁他也得挑啊，一样的，演员是被挑的。相反你做制作人你要挑导演，导演在他这个角度上他也是被挑，谁都摆脱不了这个命运，不存在我想要就一定得到。

但是名气越大机会就越多?

对，这是对的，名气大会跟他的机会成正比，机会就会多，但是你在这个机会之下，上好的戏份还是得挑，摆脱不了这个命运的。

想过自己做一部戏吗?

没那么容易吧。我在一本杂志上看到《乱世佳人》这部电影，当时这个制作异常艰难啊，从头到尾换导演换演员。一部伟大的作品他成功的话，真的没那么容易，很轻轻松松就成功的太少了，天才才会那样，比如莫扎特，二十几岁就能写流传到现在的曲子，那是天才，一般人做不到。

有些人自己就做了一部戏?

对啊，那他有本事啊，不是说因为容易啊，这是要区别开来的。我们这个圈子里，今天我在跑龙套明天我一下火了，这太正常了，这根本不是什么稀罕事，这是正常事，哪个大腕没跑过龙套啊。这没有可比性。做一部戏首先剧本把它磨出来就很辛苦。那跟莫扎特没法比，莫扎特“啪”就写出来了，都是要付出血汗的，你什么都不付出你想得到成功，我说天才才可以，是人才都要付出的。我是说没那么容易，我不是说我不愿付出，因为这不是我擅长的，我不会去做我能力达不到的事情，我觉得我比较擅长演。去做导演？不行不行，这不是我能吃的饭。

以独特之思塑角色

偶像派还是演技派，无所谓，只要作品出来能说话就行。剧本写得好就好演，剧本写得支离破碎的就不好演。我不会因为你爱看不爱看我才去演，角色打动我我就会去。我肯定不想重复原来的人，踏着别人依葫芦画瓢那就没劲了。我愿意跟认真的演员合作，不认真的演员我不喜欢。

我感觉你一出道作品就很厚重，像《和平年代》等。其实你也有偶像面孔清新美丽，却没怎么见你演青春剧？

我演过青春剧，我20岁的时候，都算是青春剧啊，比如《北京深秋的故事》，我出道的第一部戏，那其实就是青春偶像剧，只是当时青春偶像剧人家总觉得分量低一点，没有把它往这方面划了，但事实上就是。

那好像就对应了之前那句话，你承认自己是偶像派？

我没有承认过，因为我不觉得我很漂亮，而且我也不觉得偶像派和演技派就怎么怎么样，我不太支持这样的概念。你是偶像派还是演技派，无所谓，只要你的作品出来能说话就行。奥黛丽·赫本你说她是偶像派还是实力派？你说她是实力派她却非常漂亮，她漂亮到现在的人还在怀念她。你说她是偶像派的，她奥斯卡两次拿奖，你怎么去说？我觉得这样说是行外的人说，如果你要问我的话我不会同意的。但是大家都这么说，我也没有什么可说，我不能跟每个人去这么说，但我自己是并不赞同的，我觉得这是很圈外的话。

你觉得偶像剧也是有很多内涵的？

没有，不是说偶像剧有很多内涵，是好的剧有它的内涵。只不过说这个东西不是这么分的，我觉得。

你演过《秘密图纸》中的反派，你觉得反面人物好演还是正面人物好演？

剧本写得好就好演，剧本写得支离破碎的就不好演。

你出道那么久却很少演反面人物，也是人家不找你吗？

对，目前还没有。

很多人愿意演反面人物，觉得更能彰显人性？

人性不是反面教材才有的，正面教材一定也会有。为什么网上流传很多脍炙人口的东西，因为他们都是正面人物，他们人性完全发扬光大，所以我不太同意这个观点。

那你觉得你的反面人物塑造得怎样，比如《秘密图纸》？

《秘密图纸》到现在我都没看过，我觉得我尽力了，我只能这样说。要打分还是给看的人打吧，有的人高有的人低，反正我认为我尽力了。这个戏拍得非常苦，在广东，最热的时候拍的，我跟广东有缘分，所以我对广东还是蛮有感情的。

你也出演过喜剧作品《炊事班的故事》，你觉得自己身上有喜剧因子吗？

有。

喜剧和悲剧哪个更打动人心？

好的角色它就会打动人心，不分这些，只要打动人心就可以。你说悲剧，比如嘉宝《瑞典女王》最后的镜头，现在大家都还在津津乐道。喜剧比如卓别林，很多人到现在都认为他是喜剧大师。莎士比亚拥有四大悲剧和四大喜剧，你说哪个更好哪个更坏？所以这个谈不了，只是说这个角色打动人才可以。

有的演员觉得悲剧比喜剧更好演？

那是他认为，我觉得不分的。喜剧确实难演，非常难演，但是好的角色都是很难演的，没有说喜剧好演的。如果说哪个人物，哪个角色深入人心了，那它一定是好的表演。比如说《花样年华》，张曼玉和梁朝伟演得很棒，他们这种演法其实很难。它是要把所有露在外面的东西全部抹掉，全放在里面，然后再一点一点地露出来。他们露出来的东西，是这个杯子里的水扑出来了，盖上手，然后这个水流出来一点点，只有这一点点拿出来亮相，这有多难。但是你要很做作，洒狗血，那就跟这个东西没有可比性，因为那是不及格的表演。

什么叫洒狗血？

怎么说呢？我们表演是这样的，体验和表现。就是有些人他体验到了十分，但他表现出一分，那是很有力量的。比如说你体验到了一分，你把他表现成十分，那这个十分和那个一分差几分，一个是很有力量的，一个是没有力量的。就像馒头一样是鲜的，但是它捏着捏着一小团，那是实打实的含金量。不分喜剧和悲剧，只分哪个角色的表演。喜剧和悲剧哪个难演哪个好演，我觉得没有办法分。喜剧是难演，好的角色都难演，不分喜剧和悲剧。洒狗血就是乱演，心里都没有感受到就瞎演。我的心里都没有伤心我就哭，我的心里都没有觉得乐我就笑，我认为这是洒狗血，这是不真诚的演员。心里没有的时候他说有，我给你表现出来是有的，但是其实他心里没有。对啊，这就跟演技有关系，这就是演戏的感觉。

你很少演古装戏，是因为你的长相很现代吗？

我也想问为什么，因为我没有碰到，不知道。古装戏好像以前也碰到过，因为时间什么的最后古装戏就很少。这个好像跟我长相没关系。武侠戏我也没怎么演。

你大量的戏在家庭伦理剧和都市情感剧里，不觉得角色雷同吗？你又想突破自己，觉得这样能突破吗？

我演的现代戏多，也不光是都市剧，还有军人啊、医生啊、教师啊，反正就是现代戏。我不觉得雷同啊，我现在想想我所有的戏没有一个是一样的，就像你，如果你是学校里面的老师，既然你是老师，你们都一样吗？一定不是。既然都是记者，你们一定都一样吗？一定不是，各有各的，行当就这么几种而已，对不对？我觉得我的角色没有雷同的，人物性格没有雷同的。如果演多了同种职业的人会有一些概念化，但是就是说要突破这些东西，不能让这个概念化，你概念化的话自己会很烦，演起来。家庭伦理剧她每个人物是不一样的，有些是快乐的有些是悲伤的。电视剧不就这几大类嘛，你说还有哪些别样的，不演这些那我演些什么呢？

你正在拍的《我的非常闺蜜》是一个都市情感剧，你演的是怎样一个角色？

她的职业是外企的、主管阶层的白领，如果她们属于阶层的话，应该还算是中产阶层吧。非常有钱，但是比上不足比下有余。她碰到一些感情上的事情，友谊上的事情，感情不外乎也就这几大类，但角度要看怎么样。他们现在给我找的这个角度如何，我也拭目以待，我也不知道。

你的书卷气很浓，演一个商战女强人，好不好找感觉?

我演的是人，只要这个人物她有些东西是我熟悉的，我就可以演，不存在这个。像我去演《中国往事》，那也是红楼出来的呀，对不对？因为演员总是演人嘛，这个人编剧写得好，就像你写文章一样的，那是不是跃然纸上？是不是栩栩如生？肯定有生动的东西才会打动人。你写得像喊口号一样的，人家肯定不会看。剧本也是从这个角度去挑嘛。

你跟康导合作怎么样?

挺好的，我觉得他是个很懂表演的导演。他会挖掘演员内心，跟他合作蛮好的，很愉快。

他是拍军事题材电视剧出名的?

所以你看你老要把它分类，其实不是的。军事题材既然这部戏能打动你，一定是这个人打动你，首先要会演人，再去说这是什么题材，这是最主要的。不管什么样的题材，你都是在演人，这是我作为一个演员的专业上的一个看法，所以我不会这么去分，是军营的还是不是军营的。我按人分，这个人能打动你就行。孙海英的《激情燃烧的岁月》为什么打动那么多人，很多人都说，“哎哟，真像我爸爸，那么倔，哎哟，真像我爸爸，怎么脾气那么硬。”他身上那些个性，他那个魅力散发出来就会打动别人，那这个东西就自足了，而不是因为他演的军人就自足了。军人的戏太多了，很多角色为什么没有被大家记住，就是因为他塑造得不丰富，这个形象不够生动，不像人，他像一个宣传画，像一张照片，他没有人味。人一定是有优点缺点的，有狭隘有宽容什么都有，而且可爱的那才是会打动观众的。

有评论说话剧《恋爱的犀牛》你那一版最好，你自己怎么看?

我觉得说最好其实不太公平，因为后面的都不错，但是因为我可能是第一个，所以我就先入为主了，而且我们那一版，它是有一个剪出来的一部DVD的，可能大家流传的就是我那一版，我占了点便宜吧。其实问我自己我也不知道，因为我从来没有坐在底下看过我自己的表演。演话剧我没有机会看，演电视剧你还能看自己的片子，话剧你永远在台上，你不知道自己底下是什么东西，演出来呈现出来是什么样子。

据说后面将明明这个角色演颠覆了，还是你的最透明最清纯？

因为她要重新再开始排练的话，比如我现在去演第二版的，我肯定不想重复原来的人，因为重复没有意思，我总是要演我自己的，所以这很正常。一定是要颠覆的，我觉得不颠覆有什么意思呢，踏着别人依葫芦画瓢那就没劲了。

你曾打电话给编剧，说她剧本写得真棒？

对对对，那本子写得很好的，它的很多台词写得像诗一样，我觉得很棒。

但是中间却有点看不懂，孟京辉的先锋话剧还是有些难懂？

你去看过吗？看过哪个版的？那就是最新的那一版，你觉得看不懂啊。他这个戏不算先锋吧，这个戏插科打诨的，很多笑话在里面，应该很容易看懂吧。因为它很通俗，没有说让你觉得他不知道干吗的感觉，而且台词非常的通俗我觉得。对，很感人，写得很像诗。孟京辉的是先锋话剧，但是先锋是什么东西，如果说它是走在人民群众前面的，那么先锋并不代表看不懂。有些人理解先锋好像就是离得大家很远，我不同意是因为我觉得它离得还蛮近的，他的东西好像还蛮好消化的。我确实觉得这个剧本写得还蛮好的，挺打动我的。它肯定是搞笑一些，因为戏剧肯定跟电影电视不同，可能它在舞台上，它的想象力可以更大一点。把明明绑起来你会觉得变态，但有些人喜欢，觉得好得不得了。因为你是军人出生，属于传统的，所以你有些接受不了，但是别人不会觉得。有的大学生觉得好得不得了，觉得孟京辉、廖一梅就是他们心目中的偶像。

你因电影《夜·明》获“华表奖最具潜力新人奖”，因电影《菊花茶》获“大学生电影节最受欢迎女演员奖”，电影让你得到的荣誉更多，但你却是电视剧多过电影，是没人找你还是你自己不愿去演?

噢，真是，你这么一总结，电视剧还真没有给我颁过什么奖。对，是的，电影没有人找我演。你想现在作为一个演员，你问他，当然电视剧拍得比电影多，大部分演员都在演电视剧。不是给钱多，是电视剧多啊。你会每天去看电影吗，我问你，但是你肯定会每天去看一下电视吧，就是这样子，它需求的东西多啊。就像你买金子需求量少啊，别墅总是买的人少啊。

如果在同等条件下，电影、电视剧和话剧，你更愿演哪一种?

只要好角色我都演，我不分，因为这些东西都是我喜欢的。

你好像说过“如果话剧达到三分之一的影视剧的收入，我就去演话剧了”?

这句话真是我说的，因为话剧没有电影电视剧那么艰苦，我们每天拿着茶杯去排练场，夏天有空调，冬天有暖气，很舒服。电视剧就不一样，每天超时间超量，冬天拍夏天戏，非常累，人的身体会受不了。话剧当然也累，但相对来说会舒服一点。对，能跟观众直接交流，那也是很好的，也是很让你觉得兴奋的。当你在台上演时，你看着台下一双眼睛，他给你一个反应，就像小孩子当他会说话，你会觉得很兴奋一样，因为他跟你交流了。当你跟观众直接能交流上，那种感觉还是挺愉快的。

这三种艺术形式你觉得有何相同和不同之处?

电视剧它是演员需要的本领，打个比喻，你带刀带枪，你得带很多家伙上场才能应付得过来。因为电视剧的量那么大，它不可能像电影一样某些个镜头。电影它是分镜头的，每个镜头导演是分好了的，电视剧它那么大的量，没有办法分。所以演员的量也得很多，才能随时出哪招就得拿哪招。电影它量少一点，就会精细一点。当然我说这些是有前提的，指好的电影好的电视剧，不在那些差的范围，那些不算。话剧讲的是三面墙的艺术，一面、二面、三面，第四面才是观众。现在先锋话剧会把舞台搭在中间，那么等于四面都空，但是它是直接跟观众交流的。电影电视剧和话剧的区别，我认识到的就是这样，但是不代表很专业，因为我谈不了，这太专业性了。

我老听你说“好的电影电视剧”，你觉得什么才叫好？

打动人，我觉得就是好。不管打动什么样的人，只要打动人它就是好。

打动人也是“仁者见仁、智者见智”的呀？

对，那就是看它针对的是什么样的市场，它就打动什么样的人，它如果打动这些人了它就是好。其实影视剧就是这样的，不管什么样的人看，只要它是部好戏它就会打动你。比如前一阵放《阿凡达》，很多人都被打动，你是知识分子也被打动，你是个农民也被打动，你是个卖票的也被打动，你是个跳舞的也被打动，这就是好电影，我觉得。

所有的受众人被打动就是好的？

因为它演的是人，它离人民群众不远。它是来源于生活，但是高于生活，高于生活是它体验出来的一些东西，好的东西它是来自于人民的，一些不好的东西，做作的、虚假的、不切实际的，它就不是来自于人民，它是来自于瞎编瞎造，那就打动不了人。其实艺术范畴都是这样的，它是一种形而上的东西，但如果它是的一定会打动你。一句话也是，一段音乐也是，一场好的舞蹈表演也是。好的东西不管你是什么样的知识水平，都能看得懂。

电影《菊花茶》你说她是你最纯情的一个角色，为什么？没有性爱就纯情吗？

对对对，她是我最纯情的一个角色。没有说没有性爱就纯情啊，你看过吗？它讲的是两个人结婚能不能上床做爱的这么一个故事。讲的是真诚、信任，做人要有信用，这些东西是打动人的，是有力量的。能不能让一个有信用、有力量的人去做一个普通人的事情，它讲的是这些东西。

我看过，但是我觉得很暧昧，男女间的情感很朦胧？

我不觉得暧昧，就是一个人爱上了一个女孩，这个女孩不能跟他同房，因为她身体不好，当他们两个人鼓起勇气迈出这一步，大家都想去帮助对方。讲的是这个，一点都不暧昧，非常简单这个故事。

《夜·明》中的陈粹芬是一个很伟大的女性，你怎么把历史上这个伟大的人物演得那么好？

我的水平高啊，哈哈。其实真的没什么，每一部戏我都是这么付出的，只是她的造化好，引起了你们的共鸣。其他角色我也付出了很多，有的比她付出还多，但是没有引起共鸣，那没办法，这跟题材方方面面都是有关系的，可能陈粹芬能打动一些人吧。

你去体验角色了吗?

我当然要体验角色，不体验我没法演的，我要看很多资料的。中山我没有去，不一定去走访，他们把关于她的历史资料给我看。现在我们能掌握到的资料我都要去看的，不看怎么演啊，那太不负责任了。你想我已经演了十几年戏了，我农村也去过了，部队也去过了，我那部戏的体验这部戏也是能用的。就是说已经有一些经验了，不存在每部戏都是要去体验了。而且我周围也有军人、有医生、有护士，那应该没有问题吧。

有的演员演人物是抓他的特点，演陈粹芬你也是这样的吗?

我不是这样，我只是一种感觉，这种感觉指导我去这样演。我没有那么理性，我这人很感性，我是靠直觉去做事情的。

跟导演启发、对手互动也有关系吧?

当然当然，你在拍戏的时候，对手、导演、创作团队跟你都是息息相关的，某一个部门跟你都是有关联的。

你凭感觉演戏会否觉得自己的感觉也有错呢?

当然会啦，你理解不到就会错啊，但还是要拼，为什么说演戏到最后，拼的是你的理解力，理解力是你的文化水平啊，这些资料你不掌握，你不用功，那肯定不行的。

有人说有文化的演员会走得远，所以你应该走得很远?

我不知道，我努力。

我看你对获奖都很淡然处之?

淡然是媒体对我淡然，他们没有不停地写吴越，他们没有重视那我还能怎么的啊，对不对？你说你来采访，你看我应该是活生生的例子吧，我根本没有时间，但我很积极配合。如果有媒体不像小报上想要绯闻的，都去谈角色，那我都会非常认真地配合，我很少拒绝，除非我时间不行。所以这个事情要怪别人，跟我没有关系。对啊，如果别的记者像你这样，那我就火了。

你选剧本有什么样的标准？最想扮演什么角色？

我选剧本就是刚才说的打动我，这个角色打动我，我就会去演。最想扮什么角色，没想过，因为我想了没有用。我一定要你给我了，我可以选了我才去想，我不做我做不到的事情。因为我想了他们不找我有什么用啊，我很现实，我一般只是在送到我面前的，可以供我挑选的我去选，我不去想要扮什么角色。

拿到一个剧本后，你如何进入角色的内心世界？

都不一样的。像陈粹芬，我是需要看她的资料，我才能找到一些我能懂的东西，我才能跟她去握手。有些是一看，这个人物就是属于我吴越演的，我就不会放弃了我就接住她。每一个角色她的进入方法都不一样，有的快有的慢，有的一下就找到了，有的可能找一个星期才找到。每个人物不一样的，每个角色有难有易吧。

那你又是如何脱离角色回到现实生活中来？

导演喊"停"我就出戏了。对，有的人会出不了，但我不会，我很容易出戏。因为对我来说，越难演我就离开得越快，因为她用完了她就没了，就离开了。

从中你收获了什么？

不一样的，有的角色得到了一种发泄，有的角色懂得了一种了解。比如陈粹芬，噢，这么伟大。我觉得我演这么伟大的人，我自己心里面说句实话也洗了一遍，那么宽容的一个人。角色肯定会对每个演员都有影响，但每个角色的影响都不一样。

会不会有一些不好的收获，比如演一个忧郁症患者自己也忧郁起来？

不会不会，我真不会，因为我用完了我就没了。这是我情感忧郁的部分，我今天一天工作12小时我用完了，我回到家我就没什么忧郁了，我全发泄完了。对啊，平时带一点忧郁是因为我要演这个角色，所以这两个月我必须要变成这样一个人。但是当导演喊"停"的时候，我不是那种离不开的人。对于角色也好、对于生活也好，我都不是那种死缠烂打的人，“停”了我就离开了。我不会说“哎哟，我还要回去”，我还死乞白赖的，这不可能，我不是这样性格的人。

你怎么平衡角色跟你个人之间的关系？

不需要平衡，我本身就不是那个人，导演喊“停”了我就在变了。如果你看过我一些戏的话，我坐在这里你会觉得我跟那部戏里面那个人不一样。对，所以你应该相信我说的是真的，我真的能离开，我没有问题。

你觉得你的性格对塑造角色有影响吗？

任何东西都是相对的，有好的有不好的。比如说我很直接，那么我在有些靠直接的角色上会很沾光。但有的时候她不能直接，她是靠耐力的，她不是全靠爆发力的，我可能就会稍微不沾光，会比别人差一点。反正就是有利有弊的吧。

你在采访中曾说演刑警是想补补自己的阳气？

对对对，我想补一下阳气，补一下自己的阳刚之气。因为那个角色是充满朝气的，阳气很旺的，那就会补一下我的阳气，因为有的时候，人家会觉得吴越好像老是演优柔寡断的角色。现在有的记者采访会有两类问题，有的会说，“哎呀，我看你演的角色都挺凶的，你在生活中是不是也很凶？”那就是他看了我很阳气的那些戏。有些人会说，“哎呀，你好像老演很命苦的人。”那就看了我阴气很足的那种戏。所以我觉得这样的问题只能证明我蛮成功的。

你跟香港、台湾演员都合作过，你觉得他们的表演方式跟内地演员有何不同？

我觉得好的表演全世界都一样。你既然能看懂国外的片子，你既然能被《阿凡达》感动，就说明这是一样的。艺术都是无界限的，更何况港台那范围太小了。对呀，只是工作方法不一样，但是表演本身我觉得没有太大不一样，现在大家都能看懂。如果说，“噢，他们这些东西我们看不懂，只有中国国产的我才能看懂”，那一定就不一样。但是都能看懂的话，那都是一样的，所有的交流语言都一样。现在大家都很像，没有那么大的区别。也不是为了艺术，因为现在拍片很现实，很多片子它就是针对一些市场。比如军人题材针对这个市场，言情剧针对那个市场，主旋律针对另一个市场，对不对？现在已经不分什么港台内地了，商业角度现在是主要的。

你跟很多著名演员合作过，像李雪健、高明、胡军、张丰毅等，会有压力吗？

不会，太不会了，好的演员更不会。因为好的演员他很会跟你交流，就像你采访演员一样的。你采访了那么多演员，当大家说得很开心的时候，你不会去想，“噢，这个人怎么怎么样？”演得不好当然要被骂，演得好还怎么会被骂呢？我没有被骂过，真的没有被骂过。演得不好被人说那很正常了，演得不好还不让人说，那哪行呢？

你从他们身上学到什么？

每个人都有发光的地方，只要这个演员很有名气，那就一定有他的道理。像张丰毅是很幽默的，他的“一根筋”非常可爱，真是让你觉得，“嗯，他很光芒四射”。李雪健是一到现场他就是这个角色，从头到脚都是。他现在因为身体的关系，拍戏收工他都是不出去的，整个人都是在这个角色里面。而且他如果觉得这个地方不对，他不妥协的，他真的是非常非常坚定地往前走。张国立极其随和，非常宽厚，人很厚道。孙淳挺可爱的，非常大男孩一样的，很率性的那种。我觉得每一个出来的人，真的是有他的道理，他绝对不是白白出来的。所以我为什么要帮同行说话，那些大红大紫的演员，他们一个一个真的都是有块料的，他们可不是一般人。他们能够经历这么多事情后，还能站在这里，那一定是有他的道理的。

那你怎么不能像他们这样？

因为我不是这块料，我没有他们那么好的运气，所以我就没有到嘛，这是很正常的。我不觉得我比他们强，你让我演小燕子，赵薇那个《还珠格格》，演到她这样的，台词能够那么生动地去演，我未必演得有她好。

你也跟滕文骥、康洪雷等很多知名导演合作过，觉得他们的人格魅力在哪里？

这些人真的是演员的良师益友。像滕文骥导演，我现在很多观念都是他帮助我建立的。因为当时我刚刚上这条路，我是一张白纸，就是他写什么就是什么。但是我很幸运，他教给我的东西都很正，像不要去抢别人的戏啊等等，他要你真诚地去交流，踏踏实实地跟别人交流，不要有那些臭毛病，就是说他教会了我很多。对他这个导演我是非常感谢的，他是我的恩师了，没有他的话也没有我的今天。好的导演跟好的演员都是一样的，他能成功一定有他的道理，他有他的那两把刷子，没有的话他坐不到这个位置的，也不可能在那么多演员里，那么有号召力了。

你最想跟哪些导演合作？

好的导演我都想合作，没有具体的。我不去想这些事，弄得你很纠结。

你愿意跟哪类演员合作？

我愿意跟认真的演员合作，不认真的演员我不喜欢，具体的我不去想。这些东西想也想不来，想不来的东西我都是不想的。

你在剧中与男演员投入地相爱会不会影响个人生活？

太不会了，我是一个导演喊“停”就能停的人，不会影响到别的什么，演戏只是演戏，我把它看得很纯粹。因为我把它看得比我的生活要高，所以它不会跟我的生活接轨，如果我把它看成是我生活的一部分，那它可能会跟我的生活接轨。这是我的职业，我已经习惯了。就像医生解剖尸体，我现在都不敢想象，但他们每天都这样，其实就是这么回事。有的人会，但我吴越不会。

这也是你一直没有绯闻的原因？

因为我太无趣了吧，一直没有绯闻，没有给大家炒作的东西，还有可能就是人缘还不错，大家不愿攻击我。喜欢我跟绯闻是两码事吧，喜欢我的人多了，喜欢我就得跟他好，那我不得累死。

你一步步走到今天，最想感谢的人是谁?

其实有两部戏对我影响很大，一部就是《北京深秋的故事》，滕文骥导演的，还有一部是《和平年代》。推荐我上《和平年代》这部戏的，是我的一个大姐李童。这两个人对我做演员来说，是影响很大的，我非常感谢他们，如果没有他们，确实是没有我的今天。

你觉得他们的精神力量是什么?

就是他们给了我机会。我觉得一个演员，机会真的非常重要，为什么说我能力达不到的事我不想去做，因为如果你跟这个机会没有关系的话，你去想是没有用的。他们两个人给了我机会，所以我现在很感谢他们。那当然了，师傅领进门，修行靠自身，没有人运气好到大家一直能陪伴你左右的，你总是要独立走路的，之后就是大家的合作了。他们把我领上路，从一个学生变成一个专业的演员，从此后大家知道有吴越这么一个演员存在，那他们的意义跟现在找我拍戏的人的意义，是不一样的。

担心有一天自己会掉下来吗?

一定会掉下来，怎么可能不掉下来，哪有一个演员能够长久地站在舞台上，这是百分之两百的事情。你想她老了，她词都背不了啦，不可能80多岁还能像小伙子、小姑娘一样去演，那是不可能的事情，但只要有你的作品在那里就可以了。只要我能够，我运气好，如果能有一部作品让大家记住的话，我作为一个演员我就值得了。因为我从来不相信在这上面有长青树，只有他的作品是长青树。所以你现在看莫扎特，现在看梵高，现在去看这些大师，他们的作品是记住了，但是你说毕加索活到现在他还能画出他顶峰时期那样的作品吗？也未必；莫扎特他活到现在他还能写出他才气横溢的时候的那些作品吗？也未必。艺术没有长青树的，只有高峰时期。

你现在有自己的作品了吗？

我现在没有，我差远了，我是默默无闻的艺术工作者。有没有无所谓了，问心无愧就可以了。但是你要问我这些东西、这个概念我是很有的。

你喜欢什么样的电视电影作品？

我什么都爱看，商业片也好艺术片也好，我都爱看，太多了，说不了，感觉说了这部对别的就不公平了，好的电影太多了。不是因为我觉得太多了，因为我就是这个职业，我的家一墙的都是碟，我如果不拍戏，最多时候我一天看七张片子，每天都在看很多爱不过来的电影。

网友说你认识自己是奥黛丽·赫本，拓宽领域则是凯瑟琳·赫本？

我没有说我自己像奥黛丽·赫本，我只是喜欢奥黛丽·赫本。凯瑟琳·赫本也是我很喜欢的一个演员，她们是两种戏路的演员，我都是喜欢的，都是很爱的。但是我跟她们差之千里，我觉得我跟她们没有任何任何的可比性，我只是作为她们的一个影迷。

奥黛丽·赫本是本色演员，而凯瑟琳·赫本是演技派？

没有没有，你看她的《等待黑夜》就绝对不是，她不是本色。其实什么叫本色？就像你去演记者，当镜头推向你，你还能这么自如地去演自己吗？不是的。镜头对着你后你还能自如，这真是需要演技的，需要天分的，这个不是那么简单的。那是行外话，我不同意，只是她们戏路不一样而已。因为奥黛丽·赫本她的成名作是《罗马假日》，凯瑟琳·赫本她年纪很大时，她还能演《金色池塘》，所以她们是不一样的。她们都非常优秀，她们没有可比性，不能拿她们两个人作比较。就像莫扎特和贝多芬你能去比较吗？他们都是经典的嘛，他们一个是交响、一个是宫廷音乐，没有可比性，我觉得，我不能这么去作比较。

那你觉得你的戏路是什么？

我也不知道，以前可能演内心的东西会比较好，但我现在发现我也蛮外向的，不知道自己是什么样子的。

下一步有什么计划安排？

还在看合适我的戏吧，我挑一部喜欢的拍。

以刚柔之力走人生

我是一个挺普通的人。我是有脾气的，但是我一定通情达理。不讲道理的人我很讨厌。一个人要有自己的信仰，如果没有内外支撑的话，会被打倒的。坚持该坚持的，妥协该妥协的。婚姻就是要合适，合适才能长久。我会记住这些一路走过来陪伴我的人，她们这种力量真的给了我很大的勇气。

生活中你是怎样的人？

生活中我是个普通人，喜怒哀乐所有人有的我都会有。我不是一个超凡脱俗的人，但我也不是一个低级趣味的人。我是一个挺普通的人，但我是两面性都会有的，有活泼的也有内向的。

我觉得你是柔中带刚的人？

如果要总结的话，最确切地，我是一个讲道理的人，因为这样的话，包容性比较大。就是说我是有脾气的人，我有很倔的地方，但是我一定通情达理，任何事情理来了我会让步的，我是这样一个人。

会不会也跟人吵架？

一定会。因为你是人嘛，你总有脾气，当人家对你不尊重的时候，你觉得不满意的时候，或者当你心情不好的时候，你一定会去做所有人都会做的事情，但是一定要讲理才行。

我看你博客，你说你喜欢躲在后面看人吵架，哈哈。

对对对，我只会跟陌生人吵架，大家都知道吴越、都看着我时，我是不敢的。因为我觉得我有这方面的障碍，因为我是一个公众人物，不管大家知道的多还是少，我不希望我原形毕露地暴露在大家面前。就好像我的家庭生活，我的私事，一览无余地让所有人都知道，我不喜欢这样。所有跟这个有关系的人、所有跟这个有关系的事，我一般都很坚持原则。所以我不会在熟人面前，比如我们都已经建交了，我们都是同事了，我跟你撕破脸皮。我这个人不会去做撕破脸皮的事情，我会退的。但是陌生人不一定的，因为你不知道我是谁，我肯定就原形毕露了。

跟陌生人就敢于吵架?

那当然，脾气来了谁能控制。吵就吵了，谁还知道你是吴越。但是跟熟人就很少。我从小住宿的经验告诉我，让我在认识的人里面去发威，我不太有这个胆量。住宿六年加上大学四年，十年的住宿我没有跟我的同学吵过一次架。大家明天还会继续见，我今天跟你翻了我不行的，这事我干不了。

工作中是否也会跟别人有冲突?

工作冲突很正常，大家对事不对人嘛。如果对人，那你肯定感到不高兴，但一般很少会碰到这样的事情。我觉得工作时大家对事不对人的话，应该是没有问题的，各抒己见很正常，你哪能一言堂啊。

有什么业余爱好?

我爱好挺杂的，我喜欢运动，也喜欢旅游、看书、听音乐、看电影、跟朋友逛街、吃饭，我都很爱的。骑马不会，我特别害怕骑马。

你如何调节演艺事业跟生活的矛盾?

不会产生矛盾，影响不了我的生活，因为这是我喜欢的。

喜欢跟什么样的人交朋友?

知书达礼的，不讲道理的人我很讨厌。

最大的心愿是什么?

最大的心愿是希望能接到一部我喜欢的戏吧，这是从演员的角度来说。如果从人的角度来说，我希望能够平平安安的，跟爸爸妈妈在一起。

自己也能够生活得幸福一点吧。

有没有最大的遗憾?

没有，目前没有。

最喜欢的人生格言呢?

站在半山腰上看风景。

你是一个孝女，你对孝道有怎样的理解?

爸爸说我只孝不顺，因为我对他们不顺从。我很牵挂他们，但是有的时候会顶嘴啊什么的。随着年纪越来越大，我会在这方面改的。

你心目中理想的爱情是怎样的?

彼此间是真诚的、合适的。只要符合这个就可以了。

你的感情曾经受过挫折，对此你有何感悟?

其实人都有缺点，不能说两个人分开了，都是人家的问题，自己一定有问题的。以后可能我会选一个比较合适我的人，不合适的话可能还是不行的。我没有后悔过当初的选择。

你觉得一个女人需要内外兼修吗?

要的要的，人都要这样，就是你内在外在真的是需要的，否则的话，在这个社会上你精神很空虚是不行的，没有定力真的是不行的。因为现在这个社会很残酷，也很现实，现实和残酷会打掉你一些精神的理想的东西，如果没有内外支撑的话，你会被打倒的，被打倒的滋味是很沮丧的。我觉得一个人要有自己的信仰，要有自己的理解，要有自己的审美，要有自己的观念，要有自己的态度，没有这些东西的话，真的活得很迷茫。

你怎样保持一个良好的心态?

我不需要保持，因为我一直有，我认为这是天经地义的，所以不需要保持。就像我在这个圈子里不需要坚持一样，我觉得很高兴的事为什么还要坚持啊。就像你要做“三好学生”一样，你要品学兼优才可以做到“三好学生”，你差一门都不行嘛，所以但凡对你有益的东西都要做。

你对婚姻有怎样的看法？

婚姻就是要合适，合适才能长久，不合适就长久不了。

对喜爱你的网友说几句话吧。

我会跟他们保持一定的联系，我会记住这些一路走来陪伴我的人。因为他们这种力量真的给了我很大的勇气，当我知道什么是坚持、什么是妥协的时候，我就坚持该坚持的，妥协该妥协的。因为他们让我知道，我不是很孤独，这个感觉很好，为了他们我会继续努力的。

王斑：在星辉斑斓里放歌

他具备偶像型的帅气身形，却坚定地走着实力派的演技路线；他被公认为现代军人的最佳演绎者，却志在于塑造各种不同类型的人物形象；他在话剧越来越不景气的今天，却乐此不疲地坚守这方舞台；他的同班同学几乎都大红大紫了，他却笑言只要自己优秀就可以了。

十余年的磨砺、十余年的积淀、十余年的沉潜，北京人艺青年演员王斑，承载了怎样非同一般的心路历程，又锻造着如何可见一斑的艺术人生？2008年10月2日下午，首都剧场化妆间，他对我侃侃而谈，神采飞扬，激情洋溢。自信和骄傲溢于言表，谦虚和宽厚蕴于其间。

既有着艺术家的潜质和品质，也有着思想者的才智和睿智，又有着文化人的学识和学养，更有着好男儿的高洁和高贵，我们有什么理由，不为他，击节而歌！又有什么理由不相信，不久的将来，王斑，一定会在星辉斑斓里放歌！

119

以骄傲的姿态去塑造军人

> 我认为中国军人，应该给国人一种骄傲感。男人骨子里都有军人情结。军人永远像阳光下的一片树荫，是那么亲切，是那么安全，给人一种养分的感觉。只要观众愿意看我的军人形象，我愿意一直演下去。在我心目中军人就是偶像。他们永远是一种脊梁、一个肩膀，他们能够担负、能够承担，能够忍受委屈。

据说《归途如虹》中的时涛，是你毛遂自荐的？

是毛遂自荐，原来选我演的是另外一个角色。因为我拍过《导弹旅长》，他们看过我演的《导弹旅长》后，觉得我应该演《归途如虹》里面的常凯平。看完剧本后，我发觉这个角色不适合我，我演得演时涛。但是，当时他们已定了另外一个演员。我就跟他们说，如果演就演时涛，别的不演了。我是这样的，有喜欢的角色肯定就不愿演别的角色，男一号应该是我。他们说得重新考虑，因为这是大翻盘，演员要重新搭配、重新结构。我说，好吧，你们考虑吧。当我将要签另外一部戏时，他们同意我来演时涛了。这中间我们还有一次沟通，沟通得特别好。谈到对时涛这个人物的理解。我认为中国军人，尤其是驻港部队军人，应该给国人一种骄傲感。因为电视剧中演中国军人骄傲感、自豪感的很少。正好又是一个特殊兵种，是驻港部队，是国家的一个门面。在那个特定时期，不仅仅只是一个纯粹的驻扎军队的概念，更重要的是中国国门的概念。面对记者要多些骄傲感、自豪感和中国军人的不屈不挠，或者说精神面貌更率真一些、理想化一些。他们采纳了我的意见，最后就是一次非常愉快的合作。

你觉得自己跟时涛有相似之处吗?

我喜欢的角色一定有我喜欢的影子在里面，但他不是我，我本身也不是个军人。演军人其实最难，难在心灵境界上，肢体表达上和气质上。演军人首先气质不行肯定就不行。

很多人认为你演时涛是本色出演?

每个演员都有他自己的局限性。在话剧舞台上，我可以扮演很多角色。比如《雷雨》中的大少爷周萍。在大家看来很懦弱、没有责任感、无法承担起责任的这么一个弱势年轻人。在话剧舞台上，我可以这样去表现。但在电视剧里，他们的手段更直接，其实相对更本色一些。我觉得，肯定我演过的很多角色，大家没有留意到。我演过很多小角色，这是我的乐趣。《归途如虹》因为在中央一套播出，还有现在的《绝密押运》，大家觉得这个平台，影响力比一般电视台播出的影响力大得多。但之前我拍过很多，比如《人虫》，小的那些小角色，我觉得演得都挺好；比如《人间四月天》中的张君劢，也挺好，但大家很快就淡忘了。一是因为不是主要角色，二是因为一个演员老在变化自己的形象，观众就没有一个特别直接的概念。我是近几年才发现的。因为我是一个戏剧演员，特愿意把我的人物能多方位创造，这是我的乐趣所在。但观众真正喜欢的是本色出演。

永远都是一张脸出现，或演一种类型一直演到底，大家就对他有印象。如果这是一种红的概念，我从心里来讲更愿意多塑造一些人物形象。同是军人，你像正在播的《绝密押运》和《归途如虹》中的军人显然是不一样的。人物性格，包括语言、台词的处理，感觉都是不一样的。《归途如虹》是英气十足、知识类型的少校，现在这个我演得则是更睿智、更英武的武警中队长。本质上有区别，两个作品放在一起看，是不一样的。像最早演的《导弹旅长》也不一样，前段时间播的《沧海英雄》也不一样的。我不太喜欢本色出演，其实本色出演相对是好演的。

你很排斥本色演出?

从心里讲是排斥的。之前我演了《京都疑云》，演了一个男宠，武则天的男宠，对于演了很多正面形象的我来说是很忌讳的。怕给观众留下坏印象。当时在播《归途如虹》的时候，我演的另外一部戏也同时在播，是谢飞导演的《豪门恩怨》，香港作家梁凤仪女士写的一部戏。我在里面演大少爷乔夕。这位少爷可以说坏得可以……但很多人却喜欢乔夕，又有很多人喜欢《归途如虹》，一正一反，基本是在播出的那段时间里“打架”。喜欢乔夕的觉得《归途如虹》不怎么样，看了乔夕的又觉得还是喜欢《归途如虹》。当然也有更多人两部戏都喜欢。2007年我第一次跟胡玫导演合作《浴血坚持》，让我演一个大叛徒，只要是塑造角色，我是从来不吝惜自毁形象的。我愿意创作不同的角色，这是自我的挑战，也是我的乐趣所在。

不喜欢把自己归于某一类?

特别不喜欢把自己归于哪一类。但我知道大家喜欢我演的军人戏，当然我本人也特爱演军人戏。男人骨子里都有军人情结，喜欢军人那身衣服，会让你气质不同。更重要的是那种仪式感，那种整齐划一的感觉，让你觉得军人很帅气阳光。《浴血坚持》我演那个大叛徒也好，还是《望族》里塑造的民族企业家杜清远也好，我更愿意找寻角色的丰满，不是单线条的，不被人理解的。他坏，也要让别人看到他坏的原由，为何会走到这一步。他好，被人称为时代的偶像，为何会成为偶像？我都要给他一个理由和动机在里面。演员拍戏会有自己的二度创作。会对剧情和台词做调整，尤其是戏剧演员对剧本的结构，包括桥段，包括故事的节奏，他都会有自己具体的理解和诠释……这是认真负责的态度。专业的演员更需要这样的态度，态度决定结果。我不敢说别人怎样，我自己是这个样子的。可能跟我所在的中戏表演系87班有关系，班里的同学们大多创作能力很强，都愿意把自己的角色不是简单化地完成，大家相互影响着。

《归途如虹》这么好的电视剧你并没有获奖？

你的问题也是我的问题。也许我还不够标准吧！我常说："当一个人自己觉得自己还是优秀的，就不会太在意眼前的得与失。"这跟一个人的心态有关。我就是这种心态。2006年我被评定为国家一级演员，2007年我又获得了话剧金狮奖，又能怎么样，你还要继续向前，继续努力。艺海无涯，艺无止境不是吗！有戏演就好，有自己喜欢的角色去塑造就更好了。这就是我眼中的幸运概念。从大学毕业到现在我都这样。合作过的人都知道我的水准不差我已经很满足了，我能做到的就是把戏演好。所以合作过的、志同道合的导演会第二次再找我合作，所谓的回头客比较多。这一点特别欣慰，或许他们更看重我的实力。比如我很尊敬的胡玫导演让我在《浴血坚持》里演叛徒，我并不是大腕儿，为何敢让我演，也许她看重的是一个演员塑造角色的能力本身吧。本色演员很多，但真正创作鲜活人物的演员并不多。慢慢地这个东西就凸现出来了，你像陈宝国、陈道明、姜文这些演员，包括李幼斌也好，这些比较成熟的男演员。我觉得生活的历练和积攒，让他们已经不满足于一般的那种表演状态了。所以在这个侧面上，才显得他们是出类拔萃的、更纯粹的。也许他们没有像娱乐明星那样的大红大紫，但他们的作品却让百姓津津乐道，家喻户晓。作为演员我觉得这就足够了。时隔多少年，现在还有一批喜欢《归途如虹》这部片子的观众、粉丝，他们都记住了时涛，记住了王斑的名字，还有比这更让一个演员开心的事吗！他们都能记住我演的角色，而不是说这是王斑。仅仅只记住我这个人没有意义，那样的话我无非是本色出演而已。如果我同时有三部片子在中央台放，大家还不了解我的话，那就是我个人的问题了，但好像还不是。比如说现在正在播出的那个《绝密押运》。观众又记住了邵笛。

之后你又接拍了《逐日英雄》等不少的军人戏?

是的！在这部戏中我饰演的是国民党的一位跛腿飞行员。很遗憾《逐日英雄》没有机会在中央台播出，所以很多观众也就没有机会特别关注这部戏。

但你为此却放弃了《幸福像花儿一样》?

对，比较起来我更愿意演绎英雄。和《幸福像花儿一样》相比《逐日英雄》的剧本显得更厚重一些。更有英雄的影子在里面。所以我选择了后者，哈哈……性格决定命运。但看过《逐日英雄》的观众也很喜欢这部戏啊，只不过没有《幸福像花儿一样》热播而已，演员的职业很被动，左右不了太多因素，更不能左右播出的平台。只有做好本职工作。

有的演员演了一个成功的军人角色后不敢再演军人，怕超不过?

哈哈我敢，而且一直在演！《绝密押运》又是军人。我愿意使自己塑造的军人形象带给大众的印象是更理想化的、更品格高贵的军人形象。所以拍摄中我对剧本作了很多处的修改和处理。只是想让观众感受到：军人——永远像阳光下的一片树荫，是那么亲切，是那么安全，给人一种养分的感觉，而不是垃圾。

现在觉得超过了吗?

如果观众记住了《绝密押运》中的邵笛，对于演员来说就是超越。毕竟《归途如虹》中的时涛让太多的观众记忆犹新。据说《绝密押运》收视率很高。

可这部剧播出前你很忐忑、担忧？

我每部戏都这样。因为每塑造一个角色，演员都会付出很多的心力，包括智慧上、体力上以及思辨上的。你要跟别人去探讨，首先你认为对的想法必须征得别人的认同，这样人家才能采纳你的方案。这个很费心的，这是很考验自己的过程，不然很容易会选择放弃。好在坚持最终是会胜利的。《归途如虹》也是如此。你想超越的话一定会忐忑，人不得不承认都有自己的局限性。但是我问了很多人，说邵笛跟时涛像不像，他们说不像，一点儿也不像。但两个军人我们都喜欢。

他们两人的机智勇敢、坚定执着却是相像的？

这是我喜欢的因素，我必须要加进去。因为我觉得“像”是什么，优秀的男人都有相像的地方，这是必须的。我认为你把优秀的男人放在一起，像比尔·盖茨和李嘉诚，他们都有相像的地方，到了一定阶段，他们都会去奉献社会。谁能做得到！所以他们叫大写的男人。他们都会把自己的利益放在一边，为国家、为社会做出了很多，他们一定是优秀的男人。你怎么才能优秀？无私、大公无私。女人喜欢男人一定是有幽默感的、诙谐的、有原则的男人。如果你们还是觉得时涛和邵笛有相像的地方，那就是我作为演员个人，我把一些我喜欢的、我认为男人优秀的因素加进去了。《绝密押运》这个中队长其实是一点幽默感也没有，而且他也不知道为什么要袒护一个兵袒护到那份上，这都是我不懂的。可剧本这样写了，要么照本宣科，要么重新创作。我选择后者，因为这是我的工作态度，也是对观众的负责。

你跟他们探讨完后的结果怎样？服从了？

如果不负责地服从了，你们也就看不到现在正在播出的这样的邵笛的人物性格了。整部戏就只能看到一个没有原则的，一味袒护“问题兵”的中队长了。你觉得在中央一台播的戏，大家是要赞扬一个“问题兵”吗？显然不是，它必须要有一个标准，代表党、代表军人品格为前提的标准。

不然老百姓会对屏幕上呈现的军人形象失望的。他为什么要去袒护“问题兵”？因为中队长看到的是这个士兵身上的优秀本质。袒护的绝不是他的缺点，他想表达的是我一次次地宽容你，是要让你懂得更好地去面对明天，不要再做更多的错事。没有原则的军人不是我们所要歌颂的。

时涛和邵笛两者的不同在哪里?

不同的，在于时涛更多的是骄傲感。我觉得中国军人虽然忍受了很多委屈，但骨子里那种骄傲是不能放弃的。当他面对香港记者林嘉仪的时候，对驻港军人有误会的时候，作为男人，作为军人，他说了几句话，轻轻地说了：“我是个军人，我是个中国军人。”我觉得这种力量根本不需要你去高喊出来。我自以为演得最好的大概就是说“香港你好”那四个字。我记得我跟导演在船上谈论了很长时间，我说我演得都不好，我想再试一种演法……导演说“可以、可以呀”。我想当时涛说“香港你好”时，此情此景下也许他不知该用什么去表达，实际上当人在面对一件大事件的时候，脑子通常会是空空的，我说我就想要这种脑子空空的感觉。“香港你好”不是顺理成章地说，那是问候，像儿子终于回到母亲怀抱那种感觉。你想那种声音应是什么呢？是亲切的、温暖的，是一种久久的、渴望的，瞬间化作四个字。你怎么去演？一定是不顺畅的，如果说得太顺畅了，那就是背诵台词了——“香港你好”，我记得我说的是——“香港……你好！”

是否时涛演得更得心应手一些？

哪个角色对我来说都不得心应手。也许这几年我的军人戏演多了，身上多了这种影子，其实生活中我不是这种性格。但我更愿意去关心别人，这有相同的地方。还有一点我比较重视别人的感受。可能邵笛身上重视别人的感受因素多些，而时涛就不会。他会坚持自己，更个性、更率真、更理想化。邵笛不是更理想化，他面对的就是两个字：责任。责任是什么呢？为了国家的押运，我身上背负的是责任。所以我加了很多，台词上根本没有。还有像“你这是命令吗？”我拍拍他，“建议、建议”，这都是加的。只想让人物身上多些亲和力。你想一个一味地袒护一个“问题兵”的首长，一个当官的，他会是什么形象？他一定是不招人喜欢的，甚至在士兵面前也没有威信可言。所以说这个人物我觉得是自己再创作的一个成功。《归途如虹》则是剧本赋予了很多。凡是优秀的剧本演员只需做到顺水推舟，换句话说创作时会轻松许多。从剧本的概念上谈邵笛反倒更难。就是这么一个戏，全局围绕一个“问题兵”的核心去说，而且我又是袒护“问题兵”的，你想想，袒护分寸把握不好，邵笛最终就是一个很讨厌的角色。所以二度创作很重要。

为何要去袒护他？

对啊，问题就在这，这也是我要问的问题。接到剧本我就问，为什么我要袒护他。我必须要有一个大的前提，就是不要轻易把一个人的瑕疵放大！所以很多场面上的戏，我每一场跟他的……比如他一直想进押运队，我没有当面允诺他，我要用我的智慧告诉他一个概念，军人一定是有原则的。我让他去找支队长，我在旁边等着，在厕所里抽烟等着他。又比如在车上对他一些做法不对的地方，我一定会说想当英雄啊？因为我要更凌驾于他才行，不凌驾于他的话，这个官简直就是一个大草包不是吗？

从时涛到邵笛，觉得自己的演技有突破吗？

对我来说每一次都是突破，我觉得超越我自己，本身就是一种突破。至于角色呢……我觉得很有意思，为什么我要接受你的采访？因为这么多年了，你还能记住《归途如虹》，我觉得这是一个集体创作的成功，也是时涛这个角色魅力的成功，也是我努力的一个成功。所以这么多年好像广东每一次还都在放这个戏，而且很多老百姓到现在支持率还是那么高。那我就在想那个时候，网络还不是那么发达，还不太流行投票、发短信对吗？不像现在一夜间全国人民都知道超男超女。可见宣传的力度很重要。但我觉得对于社会价值来说，《归途如虹》的价值已经存在了。因为他宣扬的是驻港部队，是一个主权问题。我说剧本中那些台词我觉得很幸福，可是在说《绝密押运》时我就得改、就得删，就得把这场戏给重新写一遍。当然这也是一种幸福，认真后感受到的幸福。

为什么？

这就是剧本赋予的，剧本就是一剧之本。《归途如虹》的时涛是军中的未来形象，写的是一种可以为自己的国家，宁愿忍受委屈，背负使命感的大感情，可邵笛呢，有局限性，在袒护一个“问题兵”，相比之下表达的是一个战友之间的小感情。《归途如虹》中时涛不是“问题兵”，是愿意打破陈规陋习的。有思想有责任的军中未来形象。而《绝密押运》是个不遵守纪律“问题兵”……我想观众更喜欢看《绝密押运》中的押运部分。

网上有评价说这部剧你最出彩？

感谢观众的厚爱！很愿意把一场戏变得好看一些，或者说更生动一些，不论剧情还是人物性格。比方说跟陶涛有一场戏，他犯了错误，我一直认为他不会有错误，我相信自己这个手下兵。当疙瘩终于解开来说，陶涛真的没犯错误的时候，我是这么演的……他以为等待着我要跟他拥抱。结果我没有，而是走过他，没有回头说了两个字：上车。想通过这样的处理表达信任是骨子里的，是下意识的，是高级的。

你觉得是剧本的问题？

在网上看到网友们说对剧本好像不太满意。但演员们都在努力改变，尽力而为！

你是一个很坚持原则的人？

如果觉得对的，是科学的，如果你愿意，那就一定要坚持。

《绝密押运》有何现实意义？

这个只能是观众自己去感受了。邵迪有句台词说：“反正我不是圣人，你是圣人哪，你能说视金钱如粪土？反正我是做不到。”我说的是大白话，老百姓爱听的。但是有一点，如果押运兵对眼前的钱心猿意马，那是肯定不行。这就是军人，也许有牢骚，但绝不会丧失原则。

你没有当兵的经历，如何把军人演像演活的？

我觉得演军人不是靠几个姿势和敬礼的标准就能完成的。比如《归途如虹》中我跟林嘉仪在雨里的一场戏，给她披上军大衣，很不经意地披上。我给她敬了个礼，意思是说中国军人的行为中这不算什么，应该的。于是我的那个敬礼是有语言的。不敢说演活了，只要观众愿意看我的军人形象，我愿意一直演下去。

你有军人情结吗？

会有，越演越有。只有在精神和思想的层面上越接近，你演的军人才会被人接受。不然军人会说你不像军人。

你的现代军人刻画得最好？

现在还不能下这个定论，因为我相信我还有很多作品可以跟观众见面。其实我演了很多军人，比方说《浴血坚持》。如果要播的话，你们就会看到我演的是红军时期，第四次反围剿时一个优秀的作战指挥官，他从对革命的信仰到最后背叛自己信仰。你看同是军人，他的个性、人生观、价值观是不一样的。军人形象还会有更多种，比如我演的《沧海英雄》就是一个缉私警，也是穿制服的，只不过他更像是一个小人物。好莱坞有很多优秀的演员，像汤姆·克鲁斯他可以演《壮志凌云》，还演了《生逢7月4日》，这样的演员我特别喜欢和欣赏。像阿尔·帕西诺，罗伯特·德尼罗，他们都在诠释不同的人物和角色。这些演员在国外是受人尊敬的，我觉得演员会有所不同吧。我不是纯粹的影视剧演员，我的专业是话剧，我可能更追求的是角色的转化。比如：我今天可以演《哈姆雷特》，明天我到南京去演《雷雨》，可能过两天我又演《日出》中的胡四，再演《北京人》中的曾文清，这是我的快乐！演员的快乐。

而你具有偶像型面孔?

对，但我没有故意夸张自己这一面。因为我刚毕业的时候，那时不流行偶像，我特别愿意把自己变成实力派。可是当我真正快向实力派靠近时，天哪，中国又流行偶像了。所以搭错车了。

这样可以走得更远?

希望如此。胡玫导演说我有一个帅气的外表，但又有踏实的表演功力。包括这一次浅利近太导演他也说祝福我，你应该前途无量的。所以我很感谢这些人对我的信任，但是我也没狂妄到那种份上。我只是觉得我应该踏踏实实，剧院给我一个角色，我就努力演好它，不重复。至少目前这几个角色我没有演重复，这就是我的快乐！如果我演什么都是这样，就没意义了。也许观众更喜欢我的时涛，如果我一直重复时涛的话，也就没意义了。我觉得一个演员是什么呢？他真的应是像万能胶似的，那样最好，哪儿都能粘连上。其实我的形象，漂亮是漂亮，但并不是很占便宜，因为我又不像金城武那样彻底偶像。有时候演戏跟自己长相有很大关系，有些人根本不要赋予他更多演技，他那一张脸就觉得好有个性，这个东西很微妙的。我觉得看一个演员，看他的成长过程吧，我愿意让观众看到我的成长过程。包括原来去我网站的人很少，现在越来越多，他们会恍然大悟：噢，这个是他演的，那个也是，慢慢当他们对上号的时候，这个队伍就越来越庞大了。我觉得我更喜欢这样。如果你让我一夜之间就成名了，我也许还承受不起呢！我大概是一个追求完美的人吧，所以对自己要求也就相对高一些。

你对军人有何评价？

前一段时间电视里我们常常看到：地震后的现场出现的那些人……那些军人，他们灰头土脸地出现在最危险的地方。我们都觉得他们是可爱的，因为他们不顾自己的安危和得失在无私地奉献。什么是偶像？除了长得好看，还有见义勇为那样的也是偶像啊。难道他们不是这个时代的偶像吗？如果让我对军人评价的话，在我心目中军人就是偶像，一直就是偶像的概念。他们才是应该被社会力捧、力推的偶像，他们有花季年龄，都是十几、二十几岁进了部队军营大院。他们的衣服，在阳光下也显得特别璀璨，他们走在一起整齐划一的时候，他们的姿势，都很健康。偶像不是仅仅只教人如何恋爱，还要身体力行教人如何奉献。军人做到了。所以令人尊敬。

对现代军人如何看？

军人肯定就是这样，没有战争时，也许他们不大被注意，但一旦有一些磕磕绊绊、有灾难的时候，永远能看到这些人的影子，这就是老百姓永远不能忘记的。他们永远是一种脊梁、一个肩膀，他们能够担负、能够承担，能够忍受委屈，我觉得这就是军人。你看我多喜欢《归途如虹》的那句话：当兵，当兵是干什么的，不受委屈你来军队干什么？这词写得都非常棒，很经典。

会和导演在艺术上有不同见解吗？

艺术创作态度上，跟交朋友是一样，不可能都是知音。生活中你也有聊得来、聊不来的人这很正常。跟谢飞导演和胡玫导演很多导演合作，都

让我长进不少，不是因为他们的名气，而是他们的艺术见解和艺术高度的给予，就像清泉一样滋润着我的心脾。

心目中军人形象是怎样的?

心目中的军人形象永远帅。还有一点，他们的肩膀能够承担、承受。我觉得一个男人也是，当他去承受时，他是美丽的，也是让人觉得高大的。这个肩膀和心里的承受，这点是很重要的。还有就是亲情，军人的感情不是小气，他一小气就是老百姓，他不自私，就是军人。我觉得部队官兵，因为是人民子弟兵吧，首先就是人民的儿子。孔子倡导孝悌。军人的孝悌体现在当国家有难的时候，能够勇敢地站出来；和平时期国家需要建设时也有这批士兵影子在；当地震洪水又能看到他们……这就是人民子弟兵。

如何理解战争年代的军人跟和平时期的军人?

把生死置于度外的军人，跟和平时期的军人，当然是不一样的，当你真的把脑袋拴在裤腰带上的时候，你觉得人的精神境界是什么样子？那是有信仰的一代人，他们才会把生死置之度外，那是能同甘共苦的一代人。现代军人在传承着这些优秀的作风，又有了新时代的个性张扬。完全的张扬是不行的，没有纪律管着，那不是军人。

你怎样看待英雄人物?

英雄一定不是外在形象的，是灵魂深处的，是有一个博大的心胸的。首先是一个大感情，抛却自私的层面，他是一个拥抱世界的一种大感情，这个人就伟大了。像甘地，他是英雄，你看他形象长得一点也不英雄，离老远看，以为那是一个乞丐呢，但他是个英雄。科学界也有，不一定非要刀光剑影才是英雄。你看“神七”上天，背负一个国家、一个历史的重任的时候，他也是英雄。他要克服多少自己身上的瑕疵，战胜多少自己身上的胆怯，才能完成这样一个任务。当他说感觉良好时，全中国人民都震惊了。英雄也会有七情六欲？那是必须的，不然的话，那不是英雄，那是神。现在英雄缺乏？对，所以这两年军人戏越来越多，都在呼唤英雄，大概跟这些有分不清的关系。现实中找不到，大家对文艺作品就有更多期待，不是吗？这也是电视作品的意义所在。

你是如何获得成功的?

首先，我不知道成功的概念是什么？我觉得演员成功的概念是更多人能记住你的作品，甚至不记住你这个人，都没关系。每个演员，每一行业，都在为社会作出自己应有的贡献。扫地的清洁工把城市打扫得更漂亮，演员用角色让观众情感能触动。此时能够分泌一种荷尔蒙。这种荷尔蒙是什么呢？是美丽的荷尔蒙，是对明天充满希冀的荷尔蒙，是人与人之间充满温情的荷尔蒙，是觉得人应该无私的荷尔蒙。

以后还会演军人吗?

我觉得演员是这样的，老百姓既然喜欢我演，我干吗不演呢？但我会越来越慎重。我特别向往一种水到渠成似的表演，不需要我跟别人去探究，只需要你去淋漓尽致地发挥就好了。不要再去切磋碰撞，再去说服别人，这是很辛苦的一件事情。所以选剧本，选创作班子，这就越来越重要了。但有没有选择的权利呢，就像《西游记》里提到的上八洞神仙、下八洞神仙，上八洞神仙是可以吃蟠桃，而孙悟空那种弼马温，肯定没有资格吃蟠桃。因此优秀的演员获得好戏的机会越来越多的原因，是他们更多的选择机会。

对军队作品有何期待?

多写一些像《归途如虹》这样的作品，《归途如虹》是那个时期的标杆，不是因为我参与，我看到那个剧本了，就认为它是一个标杆，因为他写了一个大写的感情，大写的人。

以自信的心态去塑造角色

有的人通过名利才能感受到自信，我觉得我是通过我的工作感受到自信。我根本无法左右别人怎么想我，我只需要做到无私和纯粹就够了。我是演员，我愿做万能胶，我什么都不排斥，我喜欢塑造角色。我很优秀，做好准备，社会迟早会需要我。演员就像打靶一样，想打十环，就得一发子弹一发子弹地练。

你16岁就考上了中戏，那么小就对自己有认识了?

不知道，但我有一个概念，跟性格有关：重在参与。还有一个原则：我参与了一定要把它参与得好，这是我性格里的东西。

你的形象、演技并不逊色于同班同学，可他们已走在你的前头？

我觉得我们是一个集体，作为中戏表演系87班，每一个都很优秀，但每个面临的机遇是不同的。你像胡军比小艺出来得晚，但他获得了影帝。相信我们班会有更多的人会被观众了解和接受，看到他们无限的潜力。也许2000年社会不需要我，也许2006年社会还不需要我，总有一天当社会需要我时，大家就会更爱接受我的作品了。你不觉得是这样吗？比如唐国强老师演《孔雀公主》时，曾被冠以奶油小生的称号，在那个年代他是不被接受的，但不能否认他是个优秀的演员啊。他的形象怎么了，他的形象没有错啊，只是那个时候不流行偶像剧罢了。而这个时代需要他了，他才有新的开始了。不是吗？

现在不需要你吗？

舞台上需要我。比方《归途如虹》需要我，我就出现。但是做好准备就好，做一个有准备的人就好。

没有一点心理不平衡？

没有，一点都没有。因为我上中戏时，也拿奖学金，我是个优秀的学生，我自己知道。我在人艺排了那么多戏，我的每一个角色没有重复，大家都给予肯定，我一样有自豪和骄傲感。我有什么不平衡呢？可能比我境遇差的演员更多，我觉得我已经很好了，没有什么！谁要是心理不平衡，就去看看残奥会，他的心里就平衡了。至少我们四肢还是健全的，这是多么幸福的事情啊！可是那些人，残奥会上人家四肢都不健全，还要去拼搏去拿奖牌，我们还有什么心里不平衡呢？

不找找原因？

不需要找原因，出名有很多种出名的办法，你看网上有很多红人，就看你需要哪一种出名的办法。我一直认为我脚踏实地去做好一件事，就ok了！你今天来采访我，就说明你是慕名而来的。

但你的名气不太火？

我愿意做那种，不是流行的、不是昙花一现的。因为我是职业演员、专业演员，这是我毕生要做的事情。我红与不红，我都得演。你红了，把一个角色演砸了，怎么办呢？

这种心态是与生俱来还是后天养成的？

我周围的朋友，包括业界的人，他们一直肯定和夸奖我的时间还是比较多的，所以我就没有什么不平衡。如果我真觉得自己不行，才会不平衡，才去琢磨琢磨我怎么出不来，才去想想弄点绯闻啥的。我压根儿就不喜欢那样，那怎么办呢？都是网上在炒我的私人感情，在炒我的生活，你看从我嘴里我说过什么吗？我不说人家还给写呢。所以我特别感谢我的舞台，你看舞台上所有写的新闻，没有一点参与到我的私人生活。可是老百姓也许不爱看，如果因为那样出名的话，我想宁可算了。

何冰没有绯闻也出名了？

他出名也是因为作品是吧？我为他高兴。那好，《归途如虹》大家也记住了我，而且到现在这部作品还在放。我已经很幸福了，我觉得。

胡导在《望族》中对你评价很高？

她是一位全国著名的导演，有那么多优秀的作品。因为《浴血坚持》和她有了首度的合作，胡导看到了我的潜质。有了《浴血坚持》，才有了《望族》的继续合作。她觉得我在《浴血坚持》中演得很好，说应该给这个年轻人多些机会展示自己。我真的很感谢胡导。

她觉得你和陈建斌很像，都有扎实的话剧功底？

我相信有储备的演员，是需要一个平台的。没有舞台演员怎么展现自己呢？都想红，但必须前提是你要做一个有准备的人。可能我和陈建斌不是一个类型的演员。但我想我们都是敬业的演员。

最近华谊签了你？

至少华谊不会随随便便签一个演员吧，可能华谊觉得也适合，所以就有了这个机缘。

对胡导如何评价？

很尊敬、很敬重，我欣赏的导演都是这样的。

他们的人格魅力是什么？

亲和，永远能在关键时刻画龙点睛。在我之上，能够引领我，教化我。演员不就需要这样么。

如此自信不会影响别人？

我的工作跟生活分得特别开，生活中我是一个特别随和的人，工作起来我是一个特别坚持原则的人。如果说我的对手知道我是为了工作，他的工作敬业态度也很专业的话，他一定不会把这当成问题的对吗？我跟胡导我们在一起也有呀，她一定不会认为王斑认真创作有问题呀。这就是大导演，不一样就在这儿。什么是大导演，除了专业还有胸怀，不一样，真的不一样。

最后的结果如何？

《绝密押运》播出时都看见了。这就是结果！

不怕得罪人？

我根本无法左右别人怎么想我，我只需要做到无私和纯粹就够了。

最想跟什么样的演员和导演合作？

专业的、有思想的演员。能够教导我、引导我、在我之上的、人品胸怀很广大的导演我都愿合作。

最喜欢演哪种类型的戏？

不太刻意要求，因为我是演员。

你好像没有什么喜剧作品？

其实无所谓，谁也不是万能的，你见过万能的演员吗？没有，这都是机会，很多东西是机会。比如我演《毛泽东三兄弟》，之前没演过这类角色，演也就演了。

有人觉得你演的毛泽东最像？

其实这体现了我专业演员的素质。我是个专业演员，这种呈现也是多年在舞台上磨炼出来的。有些角色有的演员演不了。

可是喜剧找你演的并不多？

都不存在，机会不到，其实我演过《人虫》。所以我的每部作品不一定每个观众都看到。

喜剧和悲剧你更喜欢演哪个？

我在舞台上什么都演过，我在舞台上的表演真的淋漓尽致。电视剧、电影的表演都是被剪辑过的，所以那是导演的艺术。严格意义来说，影视剧不是演员的艺术，是导演的艺术，而话剧、舞台剧是演员的艺术。大幕一拉开，从头到尾一气呵成，没有喊停、再来，没有重复只此一次，所以这才最考量演员的功力。可是电视剧我拍过最长一段戏，可能11分钟，演得很长很长，但也要通过剪辑。所以体现演员表演的，舞台剧还是更直接一些，电视剧都是被剪辑过的。

最钟情、最轻松的是哪个角色？

最钟情每一个角色。如果看过《人虫》，你就会觉得王斑这个演员努力去演了，哪一个角色我都是尽心去演的。性格和专业告诉我，我演哪一个其实都不轻松，我都要把它演得不一样一点，我都不想拘泥于剧本上提供的那点东西，如果真拘泥那点，我就好办了，就轻松了。

好人好塑造还是坏人好塑造？

塑造好都不容易，真的！对一个演员来说，好坏都是角色，那是我的一个创作，最终呈现出观众喜欢的，这个最重要。好坏我是不去分的，对我来说，他都是一个人，那是观众去分的。演好人演坏人都要为这个角色找一种他行为的逻辑，他为什么要这样做，这是一个演员的基本素质——塑造角色。

你很少演电影？

电影我毕业就演过，《不能没有爱》《有人偏偏爱上我》，全都是电影的男一号。我接触电影比接触电视还要早，我第一部作品就是《红楼梦》，我演薛蝌。

你更愿意演话剧、电视还是电影?

我是演员，我愿做万能胶，我什么都不排斥。我喜欢塑造角色，演员的工作就是塑造角色。你的工作是采访，我的工作是塑造角色。你们遇到的采访对象千奇百怪，我们也要遇到千奇百怪的角色，这就是我热爱的工作。

你似乎演话剧多过其他?

其实不是，这就是电视台播出的问题，比如《沧海英雄》，拍完了小两年还没播，播出后收视率很好，在下午播收视率还那么好；《逐日英雄》在地方台播；《大理公主》中央三台、八台都要播，节目都预告了也没播。并不是说这几年我一直在演话剧，话剧我跟影视是交叉拍的，这样看来我每年算是很高产了。

从哪部作品中看到了自己的成长?

每一部作品都是我成长的过程，我就说演员就像打靶一样，你想打十环，你就得一发子弹一发子弹地练，这都是我成长的过程。

工作目标是什么?

我没有什么目标，只要把我的每个工作完成好，这就够了。

最近在忙什么?

马上要拍一个电视剧，叫《鸽子哨》。不是军旅戏，背景是唐山大地震的一个戏，挺好看的一部伦理剧。我演男一号，他是一个兵团的宣传干事。

是什么支撑你一步步走到今天?

性格，一个人一个性格。没有什么对不对，我从来不去挑剔别人的性格。有的人自己生活自在，别人也有接受他的，有的人再好的性格别人也不接受。所以我不能去做一个完人。每个人的性格不能去替代，存在就是道理。我就是这样的性格，非常直、有原则。这么多年，有喜欢我的也有不喜欢我的，但是我自己心安理得这是最主要的。

以坚持的精神去塑造话剧

北京人艺在坚持，我自然也在坚持。坚持是痛并快乐着的过程。迎合大众口味这个比较容易，但坚持下来成为经典那就不容易。金狮奖在我心目中分量很重，因为它是专业的，不是被炒作的。话剧是充电过程，电视剧是放电，不充电这电是要放完的。人艺可不是一夜成星的地方，都是一步一个脚印踏踏实实走到现在。

话剧不太景气，你一直在坚持？

我在北京人艺，北京人艺在坚持，我是这剧院一员，我自然也在坚持。只要很多人走进首都剧场，愿意来看《哈姆雷特》，愿意来看《茶馆》，愿意来看《雷雨》，我们的坚持就奏效了。

如何跑下十年的龙套？

当你看到别人比你优秀的时候，你的心态就正常了。你根本看不到别人比你优秀，你根本就跑不下来十几年的龙套。现在还有几个人认为别人比自己好的，我就这样认为很多人都比我优秀。

去年拿了金狮奖？

当然，我拿了金狮奖很开心，但同时，我也觉得能在手里托起金狮奖，我还要继续努力，金狮奖在我心目中分量很重，因为它是专业的，不是被炒作的，含金量很高的。

对坚持如何理解？

坚持首先是痛并快乐着的过程，当然我说了，我一直坚持的原因是我在人艺虽然跑着龙套，但特别有意思的是，我一边在跑龙套，一边在电视剧中都是男一号，这种交织交替的过程很有意思。我在外面拍电视剧我是男一号，我回来在《茶馆》里我就是一群众，我心态一样很好。

为何不选择一直拍电视剧？

因为话剧在我心目中是充电过程，电视剧是放电，不充电这电是要放完的呀。

十年的话剧磨炼不算短？

这在人艺不为怪，有一帮演员还在跑龙套，这就是人艺的传统。人艺和其他剧院不同，是因为他有自己的传统。人艺可不是一夜成星的地方。你看话剧舞台上有几个是一夜成为巨星的？成腕的？没有，都是一步一个脚印踏踏实实走到现在。我从2000年开始有角色，一个角色、两个角色，直到现在。如果没有这些十年群众的积淀和积累，站在舞台中间，一束聚光灯照着你，你会吓得尿裤子的。那可不是面对镜头，而是对着那么多有生命的观众、带呼吸的观众。你能驾驭他们的思想、驾驭他们的情感，这是何等了得的一件大事，谁能做得到？你能演电视可能演不了话剧，拿了金鹰奖并不意味你可以演话剧。

最想感谢谁？

我感谢那些给我机会的人。就像邵笛一直不认为陶涛生下来就是不行的。所以这些在我成长过程中提供给我机会的人，我都要感谢！一个人是不是千里马，其实伯乐真的很重要。

你的伯乐是谁？朱琳老师吗？

挺多的。朱琳老师是前辈，是她说了一句夸我的话。生活中我接触到她的时间都很少。她夸我那天是开郭老曹的一个新书研讨会，他们让我作为青年代表发言，我就站起来说：作为人艺年轻人，让我发言，在这个场合，我受宠若惊。都是老前辈、老艺术家，我没有资格在这里发言，但既然让我说我就说，也是一种感慨吧。我们年轻人知道得太少，该学的太多，就这两句。朱琳老师说你太谦虚了，我来说吧，我觉得你演的《雷雨》里的周萍是人艺历史上最好的。我知道这是老艺术家对年轻演员的支持和肯定。我很感动！所以我会继续努力！

人艺的传统是什么？

塑造人物，秉承现实主义的创作风格。

是否会受此束缚？

事实上你看我这些作品受束缚吗？我演《归途如虹》就是人艺的人在演啊。

人艺演出的传统剧居多？

传统不好吗，传统也是需要继承和传承的。

你当人艺演员队长后，有什么心得？

没有什么特别的，就是一个传承的关系，一拨一拨的，长江后浪推前浪。一个单位就是要推陈出新，总是要有传承这么一个关系。老的艺术家退了，年轻的演员就要担当，这是承上启下的一个事情。会觉得多了一份责任吧，最主要的是付出。更多社会的工作要围绕着你进行，其实特别简单——为人民服务。

你怎样看待明星话剧？

它存在就有它的道理，就说明有一批观众需要这种形式，我从来不一棒子打死某种形式。就像戏曲，它不火，不见得很多人不需要它，它也有一批需要它的观众，所以它还没有走向死亡。都说戏曲穷途末路到极点了，为什么还在生存呢？说明还是需要，不需要也一定灭亡，话剧也是如此。

明星话剧现在很热？

你知道时尚它就是一时之尚，那为什么《茶馆》《雷雨》演到现在还在被演着，社会也需要。能够把它变成一个经典，太难了。迎合大众口味比较容易，但坚持下来成为经典那就不容易。《雷雨》演了那么多场，那么多人喜欢，而且还为之叫好，还有演出方邀请，国家大剧院到现在也邀请我们去演，原因何在？这些艺术品越来越被大众需要了，就像现在的手工产品。

没见你们来广州演？

北京首都剧场它是一个很好的演话剧的地方，你看人艺的人他不要麦克风。演员不用麦克风，其他剧场因为设计结构有很多不适合演话剧的地方，所以这也局限了人艺到处去巡回演出的可能。当然我们也到过四川、上海、深圳，国外也去过。像《雷雨》在台湾、新加坡、日本都演过，《北京人》也去过新加坡演。

传统话剧不太受现代人喜欢？

人分三六九等，知识层面和审美情趣也是分的。你喜欢《归途如虹》就有人不喜欢。有人喜欢《绝密押运》喜欢得要死，跟我说太好看了，我不能在中央台看了，我必须在网上把它看完，有的人说这戏很一般。众说纷纭，每一部戏都这样。这也是很好的事情，讨论嘛，就像歌剧有人喜欢有人就不喜欢，你能否认是歌剧本身存在的意义吗?

下台后有失落感吗?

那不会，生活中都在演戏，那怎么办，肯定不行。

以乐观的心情去塑造生活

生活中我是很乐观的，我愿尽我的力量去帮助别人关怀别人。爱好太多，艺多不压身。孝道没有什么标准，只要父母亲开心，这是最主要的。谁对儿子都负责吧。儿孙自有儿孙福，他会有自己的明天。没有配得上、配不上，一个愿打一个愿挨，两个人对上眼了，没办法缘分撕不开。互相理解、互相信任，欣赏很重要。

生活中你是怎样的人?

生活中我是很乐观的，我这种快乐也想影响别人。有品德的人? 那太大了，我愿尽我的力量去帮助别人、关怀别人。我就怕谈思想，男人都有共性，跟责任划等号，都有责任感，总想把一个事情做好。

你的外形很帅气?

我吃亏就吃亏在这，我这脸长得比较肤浅，谁见我都说：帅哥、帅哥，那怎么办? 那没办法! 我还挺感谢我爸妈的。

有什么样的爱好?

爱好太多，艺多不压身。不仅是演员，生活中干一般工作的人，他如果身上有很多才艺，他在这个群体里面也会显得很出色、很出众的，就像在一个工厂，这个人会拉手风琴，他比别人就多了一片天地。不会影响工作，我的口号就是“生产生活两不误”。对，生产是指我的工作。

喜欢跟什么样的人交朋友？

正直的人，负责任的人。

你开始做公益活动了？

我一直在参加。其实影迷也好记者也好，了解演员都只是一些点点滴滴，不可能全方位地了解。我其实很早就在做公益事业，包括免费帮别人去拍片，很多很多。但我没必要让全世界全国人民都知道，那只是一份心里的感受。

你是一个孝子，你对孝道如何看？

我在国家大剧院的一本杂志上也提到过这个问题，其实孝道就是每一个人孝顺的方向不一样。有些人因为工作关系，不能陪伴父母，而是用另外一种方式去找回这情感。我觉得每个人没有一蹴而就的，孝道没有个什么标准，只要父母亲开心，这是最主要的。

你对儿子很负责？

我觉得谁对儿子都负责吧。我只是个普通人，我对这种情感，孝敬父母、爱护孩子等等，这都是普通人应该做的，最基本的。这并不奇怪，是个最基本的一个标准。

你对儿子有怎样的期待？

没有，健康成长，这是最基本的。

不希望他接你的班？

这不存在接我的班的问题，我又不是什么功成名就的人，这只是个职业。这个职业很辛苦，大家看到的都是一些明星。我是一个演员，这是我一辈子要从事的一个事业。所以儿孙自有儿孙福吧，他会自己有自己的明天。

你现在也经常带着儿子上节目？

不存在不存在，都是机会。其实我很抵触上节目，只是节目需要。我希望我儿子能留下他这个年龄段最可爱的东西，过去就过去了。为了儿子的记忆，也为了我的儿子能跟他的父亲在一起，跟我有个互动的时间。平时拍戏多时间少，其实父母都一样。

你近期的影视剧作品并不多？

无所谓，话剧多。人的精力总是有限的，鱼和熊掌不能兼得。我还有家庭，单位还有一份事业。我不是漂的人，北漂或京漂，我是一个事业单位的正式演员，很多事做。体制内的人跟那些太自由的人不同的。

我很敬佩你跟曹颖十几年的爱情不变？

哎呀，比我们多的太多了。那些上了报纸的都是小部分，文艺圈没那么乱。不好的全给弄网上去了，而且还有捕风捉影的。十几年就敬佩了，更长久该叫什么呢，佩服吗哈哈。

你俩相爱的基础是什么？

欣赏、理解。

外面对你们有些失实报道？

相信我，只要我们亲口不说，我们那些个什么都不存在，那些都是他们乱写的。

曹颖名气大过你，有压力吗？

你觉得呢？我的性格，以及双方的信任，跟她的品德也有很大关系。这是两个人的事情。如果我有很大压力，就不会走到一起。我觉得欣赏很重要。你再有名气，我不欣赏；再有能力，我也不欣赏，那根本就没用。没有配得上、配不上，人嘛，一个愿打一个愿挨，连老百姓都知道。冤家路窄，两个人对上眼了，走到了一块，没办法，缘分撕不开。只是现在大家把钱看得重了，在这种乌云笼罩下，什么都变形了，像卡夫卡的《变形记》。如果回归人性上，这些问题都不是问题了，你说呢？

不想把你的贴吧弄火一些？

我拍一部戏全身心投入的程度，你想象不到。不是一个人随随便便就轻易地把莎士比亚在两个月的时间内拿下的，那太难了，他对我的压力太大了。我永远有一个原则，喜欢我的永远会来，不喜欢我的永远不会来，这个东西是有缘分的，我把贴吧弄得再火，我的作品不行，那没意义。那是虚假繁荣。

对喜欢你的网友说些什么？

就是把他们的喜欢化作我的努力，不断地带给他们惊喜，不断地带给他们好作品，我觉得这是最好的回答。

曹磊：磊落光明
展翅飞翔

他演技扎实，既能将《玉碎》中的汉奸李穿石刻画得入木三分，又能将《松花江上》的英雄彭兴华演绎得荡气回肠；他热爱舞台，既能在话剧中声情并茂地诠释人物的命运，又能在音乐剧中唱跳俱佳地展示角色的个性；他内外兼修，既有着舞蹈家优美的舞姿，更有着艺术家丰富的内蕴；他懂事孝顺，既可以自己打工挣学费考中戏，更能够立志每年春节都回家陪伴母亲；他有责任有担当，既是黑龙江贫困山区的小学校长，又是对爱情忠贞、对儿子负责的好丈夫、好父亲。

这个演员叫曹磊，从2000年拍第一部戏《非常公民》开始，已走过整整17年的艺术之旅。他对事业有怎样的思考，对生活有怎样的理解，对人生又有怎样的感悟呢？2011年8月13日上午，广东中山翠亨宾馆，他对我畅所欲言、倾情相告。那种家人般的亲切随和，那种思想者的深刻淡泊，那种奋进者的阳光挺拔，让我仿佛触到了战友间血染的兄弟情，听到了军营里嘹亮的军号声，看到了士兵们青春的正步走。

艰难困苦、玉汝于成；他山之石，可以攻玉；博观约取，厚积薄发。既然踏过荆棘，就一定能收获芳草鲜美；既然心性如兰，就一定会拥有清香四溢；既然立誓出发，就一定会带回星光灿烂。因为雨后春笋，总是拔节而起；因为青云之志，必是昂首阔步；因为磊落光明，定能展翅飞翔！

以英雄的气概塑造军人

英雄气概是骨子里透出的一种气质，是一种信任感、安全感。英雄的坚韧、正义感和责任感，是时刻必须具备的。军人是最可爱的人，在我心里是至高无上的。军人高大、挺拔、威武，向着阳光，永远让老百姓觉得安全可靠。

《松花江上》这部戏是怎么找上你演男一号的，你不是东北人，并没有他们那种粗犷豪放和强壮剽悍？

《松花江上》这部戏的责任编辑是中央电视台的于曼老师，我大学毕业后的第一个男一号《中国造》，就是于曼老师作责编，那部戏我演一个清华大学生，给于曼老师留下了比较深刻的印象、比较良好的感觉。接着第二部就是《青春正步走》，以石家庄步兵学院为题材，我演一个军校生，那是我第一部军旅戏。戏拍完后，我就跟于曼老师聊，我特别热爱军旅题材的戏。我发现我身上有很多跟军人相像的地方，我有军人情结，高中毕业想参军但没有入选，说是肺上的钙化点多了一个或是两个，我也不懂，可能是不想收我的借口吧，所以心里一直有遗憾。我觉得男孩一定要有一段当兵的历史，很光荣，跟朋友坐在一起喝酒聊天也是一个谈资，因为当过兵，所以很荣耀，但到现在我仍没有机会完成这个心愿。《青春正步走》这部戏让我近距离地感受到了军人的风采、军人的可爱，他们帮助别人，他们不怕吃苦，他们精神坚毅。2008年，《松花江上》是于曼老师主抓的一部央视大戏，其实也是演一个军人，只不过年代不一样，是一个东北军人。于曼老师就想起我，把我推荐给这部戏的编剧和制片人，说我知道中央戏剧学院有一个毕业生叫曹磊，他适合这个角色。因为彭兴华这个角色并不完全是东北大汉的形象，很粗犷，胡子拉碴的，他反而更需要一些儒雅的东西在他身上体现，有谋的一面也有勇的一面，谋和勇相结合的这样一种形象。我很感谢于曼老师，优秀的演员很多，作为演员来说，机遇很重要，我很荣幸能有机会出演彭兴华这个角色。当时还有一个很有意思的小插曲，在此之前我已经签了一部戏，有点像琼瑶戏的，也是男一号，写一个大家族情感纠葛的年代戏，剧本还可以，只是让我去演情感上很纠结的哭哭啼啼的角色，我不是特别愿意，不过在那个阶段这部戏还算可以。制片人来北京找我，我们聊得很通畅很开心，他说你愿意，我们就请你来担当男一号，我答应了。因为聊得很痛快，制片人也很爽快，好朋友都是没有问题的。没想到一答应回到家里，晚上一两点钟时，《松花江上》的制片人远方老师给我来了电话，他说曹磊啊，我是远方老师，《松花江上》的编剧和制片人，中央台的于曼推荐你来试一试我们这部戏的男一号，不知道你有没有兴趣。他大概讲了一下剧情，我们聊了将近一个小时。之后我一晚上没睡着觉，热血澎湃。这么一个热血沸腾、激情澎湃的军人，我要演。我跟远方老师说，明天我能不能去你的组里，跟你面对面地交流一下这部戏，有些情况我希望跟你了解一下。第二天下午我就到组里去，跟远方老师、制片人、导演坐在一起，聊了整整一个下午。远方老师一看到我，就说我比他想象中要年轻一些，因为彭兴华这个角色有年龄跨度的，要从二十一二岁演到将近60岁，从1937年的“九一八事变”开始，一直到建国，有很长的一个跨度。他说年轻时的戏我不担心，但到后期，抗日战争胜利到土改这段时间，彭兴华做了司令后你有没有信心？我肯定说有，毫无疑问，我必须得尝试，这对我是一个极大的挑战，而且这种挑战我目前是极其需要的，是突飞猛进长功的一个机会，我当然会义无反顾地说我可以。远方老师接着说这部戏会非常辛苦，40集戏你大概有1200多场戏，量是非常大的。举个例子，一部20集的男一号，有300多场戏就完全可以保证他的戏量和镜头量了，而这部剧40集有1200场戏，等于是4部戏的量，况且这部戏非常非常艰苦，在零下三四十度，佳木斯小兴安岭最冷的时候，要进到松花江冰窟窿里，镜头是没法给你作提升的，必须你自己下水拍。我真是没有任何的犹豫，我说远方老师你不用考虑吃苦的问题，对我来说30岁之前必须要吃苦，而且我现在就一定要找苦吃，苦没有问题。陈国军导演也觉得我的形象蛮吻合他心里这个彭兴华的形象。所以我也非常感谢陈国军导演能给我这个机会出演彭兴华这个角色。

据说陈国军导演一开始对你不太信任，怀疑你文雅的外形能硬朗起来吗？

因为我的外形，不了解我的人，一眼看上去会觉得我比较儒雅，不是很粗犷很豪放的那种类型，但是通过一下午的聊天交流，导演和制片人还是发现在我的身上有一些彭兴华的影子，只不过这种影子是需要培养的，因为我还没有看到剧本，再说我自己信心十足，觉得一定可以演好这个角色，就这样，彭兴华非常幸运地落在我的身上了。

在这种情况下你的压力大不大？你怎样缓解这种压力让自己发挥得更好？

我在剧组里和制片人、导演表完决心，觉得我一定可以演好这个角色，他们也很信任我，说如果我们请你来演，希望我们好好合作，出来后我上了自己的车，在车里大概静静坐了5分钟。其实我是在反问自己，觉得自己可不可以？想了许许多多我觉得一定可以，必须可以。作为一个男人，说出去的话必须做到。但是接下来拿到剧本一看，其实压力挺大的。说实话，当时编剧只是给你讲了大概剧情，还没有拿到正式的剧本。第三天剧本发给我后，我开始在家里潜心读这个剧本，越读压力越大，因为彭兴华这个角色写得太完美了，几乎是刀枪不入，很缜密，基本上是神的化身。越完美的东西你要把它立起来并表达出来，其实难度非常大。不用说老百姓，包括我自己在内，我看任何的电视剧或者电影作品，如果不接地气，我会觉得跟他是隔着一层皮的，他永远打入不到我的心里。彭兴华这个角色我剧本看完第一遍就有这种感觉，我觉得他太足智多谋了，什么事到了他这儿基本上都迎刃而解，如果不接地气，这种人最后是不可信的。不过我觉得，我应该再看看他，因为剧本看一遍肯定是不够的，再去研究他我一定可以从这个剧本里找到这个人物的突破点，最后我发现这个人物的突破点就在他的情感上。彭兴华一生的事业就是为了新中国一直在作努力，牺牲自己的家庭，牺牲自己的亲人，为了新中国的解放做了非常多的事情，但是对他自己的爱情他没有把握好，到最后都没有得到他最爱的人，这是他一生中最大的一个遗憾，这个遗憾可能是我的入手点，我可以走到彭兴华的心里，看他的内心世界是不是和他的外表一样坚强。后来我发现，其实彭兴华有非常脆弱的一面，也就是在戏里你会经常看到这个汉子为什么会一直在流泪，就是他会在某一个点上根本抑制不住自己的情感，要把自己最脆弱的东西释放出去。

说到戏中彭兴华的流泪，我觉得你的演法有点像琼瑶剧，其实你在《无国界行动》或《最熟悉的陌生人》中，轻轻拭一下眼泪，很含蓄，就已达到打动人心的目的。彭兴华的流泪是你自己设计的吗？

怎么说呢，可能需要设计，就是这个人物从他的起点开始走向一个落点，再走向一个更高的高点，再落下来，最后走向结尾，他是有一个过程的，这个过程编剧已经帮我们设计好了，但是他的设计可能是一个大体的框架，真正的血肉是需要演员在二度创作时添加进去的。这个血肉指的是什么呢？指的是细节，任何一个东西制胜的法宝一定是它的细节，而不是一个大的框架。所以我不太认同你刚才说的彭兴华是琼瑶剧的演法，不能一概而论，不能说哭、流眼泪就是琼瑶戏，彭兴华的哭法和所有琼瑶戏的哭法是截然不同的，即便可能眼泪流得相对比较多，但他也绝不是琼瑶剧的哭法，他是一个纯爷们，流泪是他此时此刻内心最最真实的感受的流露，我是这样理解的。因为对于我来说，我不可能每场戏设计好我流几滴眼泪，设计好我这滴眼泪应该怎么流，我不会设计这些。如果所有东西都在设计的话，我觉得这段戏一定是虚假的，因为生活中的人不可能设计，因为我不知道我接下来的一分钟会发生什么事情，而剧本是知道的，你如果把你知道的事情做出来的话，肯定是假的。如何做到跟生活中是一样的，那我就必须真实，我不会把我这场戏设计成我什么时候要说这句话，我什么时候去喝这杯水，我什么时候去掉这滴眼泪，我不会去设计这个。说到这儿要感谢我的师姐秦海璐，她是一个非常优秀的演员，非常聪明，她在每一场戏抓要点，让我学到很多很多的东西。所以我跟海璐搭戏的时候，很多戏我不用去演，一定是此时此刻最真实情感的流露，这种时候我不会刻意地觉得一个男人怎么总是在哭。男人为什么不可以哭呢？军人为什么不可以哭呢？这是没有道理的事。那好，我们就让他做到，不管他是军人也好男人也好，他都是一个活生生的人，作为人的话七情六欲一定是有的，何必去克制它呢？该流泪的时候就让他把泪流出来。我觉得从这一点可以看出彭兴华是接地气的，他是内心情感非常丰富的人，而不是一个神，我是这么来看的。

就是说，你当时演戏的时候是处在一个必须流泪的状态里？

我觉得只要你的情感达到这个地步了，眼泪是自然而然会下来的，而不是我觉得这个地方应该哭才哭。因为很多的戏，比方说大家看到有流泪的、有欢笑的或是有那种疯狂的举动的，其实有些东西并不是剧本提示的，剧本里并没有写此时此刻彭兴华泪流满面地在说话。就是说戏剧里这两个人物的矛盾冲突和情感走向到了这个点的时候，如果此时此刻你把最真实的情感释放出来，那是最可信的，我觉得这东西是我最宝贵的，而不是我刻意要做给谁看的。

你的泪水都是你自己流出来的？

那当然，必须的。我入行十多年，从拍《非常公民》到现在，我还真没有使用过眼药水、催泪棒什么的，从来不用。我记得王志文老师有一次跟我讲过一句话，他说，我只演我此时此刻我感受到的东西，如果此时此刻我没有感觉到我泪流满面，这个剧本即便写了此时此刻谁谁泪流满面地在说什么什么，那我一定不会流这滴眼泪，我只演我此时此刻我最真实的感受。为什么？因为我相信观众和演员虽然有一屏幕之隔，但是他们的心灵一定是相通的，观众在用心地看我，我同样用心地把我的情感传递给观众。如果此时此刻我在镜头前是别扭的、难过的、虚假的，观众一定会感受得到，一样会觉得别扭、难受和虚假，这是毫无疑问的。因为镜头不可能骗人，它是最真实的媒介，它会把一切情感传递给你的，对吧。所以我只演我感受到的东西，把它传递给大家，大家感受到了，我就成功了。

刚才你说到，以爱情来作为彭兴华是人而不是神的突破点，这是指他跟程馨桢的真爱得不到，而跟李梦桐又只是感情而非爱情？

我觉得爱情和感情是一个归属关系，爱情是感情的一种，因为感情里有爱情、有亲情、有友情，有手足情、有兄妹情、有朋友情，各种情都会有。那彭兴华和程馨桢之间，他们是爱情，而彭兴华和李梦桐之间，则是一种感恩之情，为什么这么说？因为彭兴华和程馨桢从小青梅竹马长大，两家人心里面都知道，他将来非她不娶，她非他不嫁。但《松花江上》毕竟是戏剧，要高于生活，于是编剧就做了一个桥段，让彭兴华假死。程馨桢以为彭兴华真死了，在墓前一头撞在墓碑上，可以理解为程馨桢也死了一次，所以重新再活过，嫁给林家谋。彭兴华回来发现自己最爱的人怀孕了，情感上很纠结也很痛苦，觉得既然你已经嫁人了，那就好好生活吧。爱情做到这种程度了，对他来说也没有办法了，因为之前没有把她带走，他没有勇气觉得自己可能保护不了这个女人，将来肯定给不了这个女人幸福，因为这一念之差永远失去了这个女人。李梦桐也是阴错阳差的，从小就一直在追彭兴华，他们也是发小，但彭兴华一直不喜欢她，把她当妹妹来看。那现在程馨桢已经嫁人了，何长水大哥觉得彭兴华也必须得成家了，不成家的话情感上没有归属。于是作了一个套，把彭兴华灌醉后，架到李梦桐的床上。第二天彭兴华起来还不知是怎么回事，拿起东西就走。李梦桐说你难道不知道我今天已经嫁给你了，这时他回头，才发现屋里贴着喜字，他才知道原来何长水大哥给他做了一个套，让他跟李梦桐结婚。彭兴华很善良，他也知道李梦桐对他的心思，既然所有人都知道李梦桐跟他过了洞房花烛夜了，他没有办法，只能跟这个女人在一起。在一起我觉得也不是爱情，只是用这种感恩之情慢慢形成一种责任，用这种责任去对待这个女人。

李梦桐的牺牲很惨烈，此时彭兴华会不会把对她的感恩之情转变为爱情，对他有了些许爱意?

这个时候不是转变，是心里仇恨的东西更多了一些，更增加了对日本人的仇恨，对土匪的仇恨，必须要给李梦桐报仇。这时候也不是流泪的时候，是应该拿起枪为她报仇的时候。因为日本人如此惨烈地杀害李梦桐，这时必须要去报仇。

这说明彭兴华对李梦桐的爱，不是刻骨铭心的?

这个问题不好回答，有时候我的情感相对会比较跳跃。也许当天拍了一场关于情感的戏，这场戏里我可能有所感悟，我就这样去处理了。他跟李梦桐自始至终不是爱情，更多的是兄妹情，他跟程馨桢才真的是刻骨铭心的爱情。他在心里把这两个女人分得非常非常清楚，李梦桐心里也非常清楚，但是当时可能有更重要的事情要做，彭兴华没有办法把这种情感慢慢地一点一点去捋。

你演绎的彭兴华，是一个很有英雄气概的人，说话斩钉截铁、举止大义凛然，看得人热血沸腾、激情澎湃？

英雄气概不是演的，是骨子里透出的一种气质，你才能传递给大家这种气场，让大家感受到这个男人靠得住，可以有信任感、有安全感。英雄气概在彭兴华的身上，我觉得最可贵的是信任感，让大家觉得可以信任他，这是最重要的。我不认同气概一说，首先他得让大家信服，他身上有这种气质，让大家认同这种气质，真正要做到这样的话，他自己是完成不了的，就是单凭他自己完全做不到。举个例子吧，焦晃老师是咱们国宝级的艺术家，他演皇上，他的气场，借你“气概”这个词，靠什么去演，还是靠文武百官这些大臣们来帮他演皇上。你自己穿一件龙袍孤零零地坐在那，旁边没有人，我不觉得你像皇上。但你就是穿了一身破烂的麻布衣服，只要下面跪着文武百官，你也同样是皇上。真正的皇上是让别人来衬你的，你要把事情做到这样，你才可让大家信服，你才能称得上是皇上。而不能自己把自己当皇上，让大家觉得你是皇上你才是真皇上。彭兴华的气概是他自己做到了让人信服，信服的时候旁边的人才觉得你做得对了，我们信任你，我们觉得你有安全感，这种气概才会形成。而不是他自己在那儿狂演气概，旁边没人附和他，这种气概是形不成的。所以这气场一定是互动的，是相互的。

彭兴华很有血性，但我觉得他为了李梦桐被调戏而去打人这一节，却暴露了他性格暴躁的缺点，处事不冷静？

血性不是缺点，正因为他有血性，他才可能做出他做的事情。戏里他做的很大一部分事情，都因为他是一个血性的男人，我们在戏里不叫血性，我们叫尿性，彭兴华是一个尿性的汉子。我觉得调戏李梦桐的这个人必须要打，杀了他都不过，只是编剧不让我杀。以彭兴华的性格，他这样去调戏一个女人，虽然我不爱她，但是已经嫁给我的女人，必须让这个女人知道有我

可以保护他。所以我一点不觉得这是他的缺点，必须得打，而且我跟导演说还必须狠打，不能轻描淡写地打。彭兴华要不不做事情，要做就得把这个事情做得像个样子，做大。

彭兴华的英雄气概和血性，也表现在他对待何长水的兄弟情和对待川口正雄的同学情上，该断则断，一点也不拖泥带水，似乎有点不讲人性？

他和何长水之间的兄弟情，你说的是后面这部分，其实之前两人生死兄弟情很重，编剧埋了一个伏笔，两人走了不同的路，一个共产党一个国民党，所以最后他们两个人会打起来，成为生死敌人。有一场在破庙里的戏，这两个人最后一次坐下来交心地谈话。何长水说，你跟我走，要不你就是共产党，大家再在战场上见面得互杀。彭兴华面对何长水时我是这样来处理的，立场首先是最重要的，我代表共产党的立场，我在立场上绝对不能让步，我一定要斩钉截铁地告诉何长水我的立场是什么，对吧，这是原则问题，原则是不能破掉的，当原则真的不能交融在一起时，那只能分开。走了以后我记得彭兴华有一滴眼泪掉下来，这滴眼泪是为兄弟情掉的，因为他说出来了，因为他没有办法。那个年代的人一定是有信仰的，陆彭在《亮剑》中演的日本人就挺好，他的川口正雄换一个角度去看，也是有信仰的，他们也是为了自己的国家什么事都做得出来，有很多为人不齿的做法，目的只有一个，就是为了国家。川口正雄也是编剧相对人性化地勾勒的一笔，就是他对彭兴华的同学情，当年在日本时，这是暗表的，彭兴华救过他一命，有救命之恩，所以他回到国内，虽然我在侵略中国，但对老同学得留一手。彭兴华对他则没有同学的概念，该杀必须杀，因为他在侵略我的国家。

你对自己塑造的彭兴华，满意度有多少？

到目前为止，我给自己打65到70分，还可以了，已经不低了。怎么说呢？其实人都在成长，我每一天都在发生变化，无论心智上、身体上还是整个思想上都会发生变化。《松花江上》是2008年底到2009年拍的，到现在两年了。如果这两年，让我重新再去拍一个彭兴华，我相信会比以前好很多。因为演戏真是一个遗憾的艺术，所以我拍所有戏的剧本我都会留着，当时拍摄时记下的点点滴滴的想法也留着。每部戏拍完后不管再重的剧本我都会拿回来，放在我的一个大柜子里。在家里时我会随时抽出来一本，看看这是几几年拍过的一部什么什么戏，然后随便打开一页，无一例外地这每一场戏或每一部戏都让我觉得，如果当时那样演会更好，这样演可能更精彩，都会有这种感受。

你觉得彭兴华的塑造还有哪些不足的地方？怎样去弥补？

因为电视剧的拍摄，不像话剧。话剧从头到尾一直是连续性很强、贯穿性很强的，演员在情感的把握上，顺着一条线一步步走得会非常流畅。而电视剧可能会切得很碎，比如《松花江上》，我从20岁演到60岁，有可能一开机就拍你60岁的戏，这种你是演不来的。你没有到60岁啊，让你去演60岁你永远是想象，你是不可能演到真正60岁的状态的，对不对。因为60岁得过了60年，你现在30岁你才过了30年，你那后30年你知道你怎么过的？你凭什么去做这30年？你只能靠你平时想象，你平时积累生活，你平时看到的书、看到的史料，通过这些客观的东西，帮你去积累主观上的这种信念感，包括在学校学到的每个人物年龄阶段的重心和技巧上的这些东西，综合起来你去塑造他，能做到三分像已经非常不容易了。所以彭兴华老年时候的很多戏，如果现在去演，我相信还能加点分。每一部戏留下的遗憾和问题我都会记录下来，在下一部戏里尽可能地去弥补它，当然弥补的话也是需要机缘的，因为不可能每部戏会碰到同样的问题，每部戏可能会有新的问题出现。问题堆得多的话，其实是触类旁通的，弄通一下，你会弄通很多问题。因此为什么说演员有一个好的形象、有一个好的声音，或者有一个好的平台，其实是不够的，最重要的是你要有一个非常非常认真的状态和悟性。悟性很重要，就是你能不能悟到人、角色、镜头、观众之间这种微妙的关系。灵气是必须要有的，我觉得一些大师一定要有灵性才可以做出这些事情。

其实我觉得你的老年戏演得也很好，那种沧桑、苍老的感觉演出来了？

那部戏还真不是演老了，是拍老了我十岁。先说自然条件，零下40多度。你看我脸上这些斑，那个雪反照过来紫外线长斑，比太阳直接这么晒要强很多。我不知道你有没有看过一张我冻伤的照片，整个脸都冻伤了，只留下一块一块的紫，所以不用演，就看自己那张脸，那脸上的皱纹，脸上的斑，不用化妆就老了十岁。《松花江上》拍完后，我在《最熟悉的陌生人》中演现代医生，《谁能相依》中的角色也是很年轻的，回北京做后期时，一进机房，看到大屏幕上的彭兴华，我就下意识说这老头是谁呀！

这说明你已经跟角色融为一体了？

那是肯定的，这部戏拍了五个月，半年了。第一个月过去后大家还在磨合，基本上人物的基调找到后，慢慢地彭兴华这个人物就融合到我身上。当然外界的很多条件也在帮我，比如恶劣的环境加深了我的皱纹，所以就沧桑起来。

你的很多细节，比如蹙眉、凝重的神情，也增进了你对彭兴华这个人物老年时的刻画？

细节不单是刻画人物，细节这两个字应该注入到你所有的领域里，你如果在所有的领域里意识到细节的重要性，就没有你做不好的事情，包括你的角色。一打开电视机，谁的戏好谁的戏不好，不就是站在那儿把词说完就完了，把这段话说顺了说清楚了就OK，大家都会有这种理解。演员其实没有什么。是这样吗？我觉得演员演的是人，为什么站在镜头前，就是要演人。老师教你时，首先说演员要学会在镜头前生活。生活这两个字太深奥了，囊括万千。我在生活里怎么样，镜头前就能怎么样，这是很难的一件事情。生活中充满了细节，为什么？因为是真实的，细节就代表真实。为什么美国好莱坞的电影《真实的谎言》，我们把电影看完后觉得整个这故事没有一点可信的地方，全是胡说八道，全是虚构的。但为什么我们在电影院里看这部电影时，觉得这部作品那么震撼那么可信，就因为人家就赢在了细节上，人家把每一个细节做得非常非常到位，你就会相信他是真的。

陈国军导演说你是国内演员中不多的内心戏精湛的一个，你怎么看待他这个评价？

我得感谢陈导对我这么高的评价，内心戏怎么说呢？不好演。我们在行里的话经常会说，这个演员演戏一点也不走心。走心的演员就是会演戏的演员，他知道只有心里真正感受到了，然后外化出来传递给观众，观众才觉得真实可信。不走心的演员全是面上的，表面上的技巧，也可能眼泪下得很快，但那眼泪流下来没有含金量，哭成那样却一点也不打动我，属于非常技术性的眼泪。也有的他不哭，一滴眼泪都见不着，但我就是那么揪心，我看着就是那么难受。这就区分了走心和不走心。情感戏不好演，对演员的要求比较高，你自己先要体会这份情感在你心里究竟是一种什么感受，自己能够感受到几分此时此刻这个角色的情感。你感受到了还不行，你还必须用你非常恰当的、适合此时此刻规定情境的方式把它外化出来，传递给观众。《松花江上》的感情戏之所以好，真是跟对手有很大的关系，因为戏一个人是演不了的，一定是相互给予、相互搭出来的戏。所以还得说到秦海璐，我觉得她真是很会演内心戏的一个演员，你看她那场怀孕的戏，我根本不用想象怎么跟她去演，只要坐在那儿静静地看着她的眼睛，看着她跟你说话，就一定会走到这两个人物的心里，眼泪啊根本不用去想，就会滴在桌子上了。

有媒体把你和李光洁、杜淳评为2010年的红色偶像？

这是网上的朋友和媒体的抬爱，说2010年的三大红色偶像是杜淳、李光洁和曹磊，我也看了这个报道，我很喜欢这个称谓，红色偶像，听起来非常非常有正义感，很阳光、很向上，也与时俱进，非常好的四个字。但我不会把它定位在我今后的一个走向上，不会今后只拍红色偶像剧，它只是我在这个阶段做了这样一件事情，大家给我抬爱有这么一个封号而已。我希望还有更多的封号落在我的身上。在我各个角色的领域里，都有比较好听的封号。实力派演员这个比较笼统，你比方说，如果有一天《鄂尔多斯风暴》播了，曹磊又多了一个“草原硬汉”的称号，我很开心。《杨柳青》中的方佩仁这个角色不是阴险卑鄙，他是被逼无奈。我喜欢《杨柳青》中方佩仁这样张力比较大的角色，就是前后反差拉得比较大。我喜欢演过程，我不喜欢演结果。如果我发现这个角色，过程非常有意思的话，我会潜心研究他的这个过程，我会把这个过程中非常重要的几个点，放大放大再放大，一定要让观众知道这个人是为什么转变的？怎么转变的？这个是我特别愿意做的一个事情。而我不愿意做的，就是这个人一上来就定

了格走，从头至尾都是这样子的，没什么变化，我觉得特别没有挑战性。

你有英雄情结吗?

每个男孩都有英雄情结，都想当英雄，毫无疑问的，包括我自己在内，我非常想成为一个英雄，成为万众瞩目的英雄，但同时我自己也很清楚，要做一个真正意义上的英雄很难，因为你要吃常人吃不了的苦，需要付出很多很多的代价。不过真的给你一个艺术作品让你去演英雄的话，你反而不能照着英雄去演，首先要演一个活生生的人，英雄也是人，先清楚这个人是怎样成长的，不能一上来就去演英雄。因为你不知道他是英雄，你得一点点把这个人先演活了，你才去看他这个人做的事情。为什么他去做这些事情，为什么事情出了他会用这种方式去解决，为什么他在面临抉择时选择的是这个而不是那个，结果一出来你才明白，他这么做为的是大家，舍弃的是小家，我们才能称之为英雄。

这部戏被评为《闯关东》后最好的一部东北题材的电视剧，你觉得它成功的原因在哪里？

成功的原因是它描写的是一个小人物做的一件大事情，而不是刻画一个耳熟能详的英雄形象，它是用小小的一个黑土地上的小人物，一个家族的兴衰史，从当年卖桦树河子地契引开的故事，用一点去折射出整个社会的一个状态，折射出人性的光辉，这是特别接地气的事情，接地气就跟老百姓的心是通的，只要相通的就一定能打动老百姓，这是它最成功的一点。彭兴华被日本人所救的那一笔勾得很漂亮，是我很喜欢的那一部分的戏，就是我被日本人塞到冰窟窿里，被一个日本人给救了，编剧想说明的是日本的老百姓很好，也有善良的老百姓，这也是这部戏的亮点之一，很具有人性。人性是不分国界的，日本有大军阀，独裁者，暴君，但也有非常善良的老百姓，所以任何时候都不能把人一棒子打死。

《青春正步走》是你的第一部军人戏，导演怎么找上你演胡杨的，看到了你身上的军人气质？

虽然当年当兵不要我，但往那一站，我还是有军人气质的吧，我比较挺拔。军人有军人的挺拔，舞蹈演员有舞蹈演员的挺拔，这是有区别的，你说的这个我认同。首先我像个军人是基本的外形条件，最重要的是胡杨这个角色也是非常有思想的、正直的、很善良的军校大学生，导演觉得我在整个气质上跟人物性格比较相像，所以让我去演。其实军人的气质只是一部分，因为军校生招进去前还不是军人。胡杨这个名字是一个寓意，他是希望自己像胡杨树一样的坚忍不拔，经得起风霜考验。

《无国界行动》中你演了一个缉毒科长邢浩，你对警察的忠诚和责任有怎样的认识？

邢浩是一个性格比较直率、沉不住气的青年刑警，比较感性，但是不可能所有的事情他都会感性，还是有他沉稳的部分，如果现在去演，我要把他沉稳的部分演清楚，这样更能突出他的感性，他也有安静的时候，所以现在所有的戏翻过来看，都会有遗憾的地方。警察跟军人很相像，穿上警服就有理直气壮的那种感觉。他们不怕死，奋斗在第一线，忠于职守、勇往直前，很值得敬佩。

《男儿本色》中的退伍兵韩东山，那种朴实憨厚的样子你演得很到位？

这是我第一次演农村题材的戏，很开心。我跟我中戏的老师交流时，他说你演什么像什么，我看了你那么多不同职业、不同类别的人，你演的每一个人我都会信，中戏老师的评价我很开心，他很关注我的戏。韩东山的朴实憨厚不能说没有这样的人，或者没有这样的退伍兵，各种各样的人都会存在，对于艺术作品来说，就是要提炼一些简单的、美好的东西传递给大家。

这一系列的军人和警察形象，对你的人生观、价值观、世界观有怎样的提升和影响？

让我的生活规律，让我做事情果断，让我在我的艺术追求上更懂得执着和坚持，让我在情感上更真挚一些。虽然现在是面具社会，大家走哪都带着面具，甚至回到家里都忘记摘掉面具。而军人一天到晚绷着脸，训练场上大家的表情是一样的，但这种一样，我认为是真挚的，这种真挚往往可以放在生活中，因为军人的眼神很干净、很真诚，把这种真挚放在生活里，最起码的一个好处是会让我们的心灵健康。

你有军人情结吗？

当然有啊，军人情结只要是个男孩都有。如果哥们一块喝酒，“我曾经当过兵”这句话吐出来，会让人很羡慕。我18岁高中毕业时想当兵，人家不要我，因为体检完后，招兵的人说这孩子不行，什么钙化点多，我当时也不知道什么叫钙化点。后来我就考了大学，考北京舞蹈学院，我从小练那么多年舞，也谈不上专业，我妈妈是专业的舞蹈演员，她会教我。

虽然没当上兵，但我力争按军人的要求来约束自己，并贯穿于平时的生活中。我生活很有规律，没有那些杂七杂八的应酬，对自己很严格，我希望自己的生活军事化。我母亲也希望我是军人，可惜没有满足老人的愿望。她希望我是文职军人，又是演员又是军人，她喜欢我穿军装，穿军装很帅，有一种神圣感。现在觉得还可以，因为做演员这个职业可以弥补我很多生活中的缺失，当不了军人，我可以演军人戏，我可以全身心地投入到军人的生活里，同样可以满足我。

军人情结对你一生有怎样的影响？

看到军人我心里的感觉都不一样，他们鼓励我，要像一个军人一样去生活，去要求自己，去帮助别人。军人是我心里最可爱的人，因为他们永远出现在最危险的地方，出现在最需要帮助的地方，就这一点，军人在我心里是至高无上的。

你心目中的军人形象是怎样的？

站在国门上，高大、挺拔、威武，向着阳光，永远让老百姓觉得安全可靠，有这些军人在，好好地去热爱生活吧。

你年纪轻轻就获得成功，你的成功经验对我们部队官兵有哪些启示？

成功分怎么看，我自认为论自己成功为时太早。何为成功？80岁了我也不会把成功挂在嘴上，说我现在已经成功了，我可能不会这么去说，因为成功是一个抽象的词语。不管成功和不成功，我觉得首先你要知道自己在做什么，知道自己该怎么工作、怎么学习，知道自己应该为这个社会起到什么作用。无论做什么、做到什么程度，只要尽力去做就行了。让自己的生活真实起来，让自己的生活健康起来，更多地帮助周边的人，让更多的人去认可自己，我觉得在某种意义上这就是成功了。而并不在于我非要拿什么奖，才是成功的一个概念！

今后还会演军人吗？

当然会，军人题材的戏我肯定首选。

你对军旅作品有怎样的期待？

那些老的，像《和平年代》《突出重围》是我觉得非常优秀的作品，到现在还没有一部真正表现现代军人的军旅作品能超过《和平年代》的。《激情燃烧的岁月》也算一部经典，但在情感上看没有《和平年代》对我的感触深刻。《和平年代》播时我还没上中戏，但军人情结从小就有，所以打开电视机只要是穿军装的都想看。张丰毅是青年一代男演员学习的榜样，他对自己身体的要求很严格，现在还在坚持锻炼，把自己的身体素质保持得那么好。

以坚韧的品格塑造自己

男孩一旦懂事，会特别懂事，自己长大了，不应该再靠家里，再给妈妈添那么多负担。认认真真出演自己接到的剧本和角色。对得起做这一行的职业操守和道德规范。演员的最高境界是看淡一切。演员最应该出现在自己的艺术作品里。

你曾经考上北京舞蹈学院，大二时却又退学去考中央戏剧学院，为什么？

舞蹈演员的前景我看得到，十年以后是什么样子，跳不动了就做编导，然后再做舞剧的导演，仅此而已。而戏剧一直是我比较喜欢的东西，我从小就爱看电影电视，也想自己没准也去演一个。所以我跟我姐经常在家里，你演谁我演谁地就这样编着去演。现在觉得有这个机会的话，就问中国最好的戏剧学院是哪个，说是中央戏剧学院，就心高气傲地直奔中戏，别的地方想都没想，要上就上最好的，要不就不上。

你没有任何关系和背景，觉得自己能考得上中戏吗？

我考了两次，1998年我就考了，但落榜了，因为我的文化课差7分。其实我是回民，在宁夏回族自治区考的，按政策回民加20分的，但自治区招生办疏忽了。如果加上20分的话，我就是邓超的同班同学了，应该在一个班的，当时我们一块参加考试的。当时考完试后出来，有一个考生就跟我说，曹磊，你今年肯定能上。我问为什么？他说你看老师看你的眼神可喜欢了，你在台上表演，我们在旁边看，考试的老师都笑着，可开心了，肯定你能上。哪有人辅导我，都是我自己按照中戏考试的要求去练习的，1998年我考的时候说了一段宁夏张保和的快板。

万一考不上怎么办，你已经没有退路了？

人的一生如果没有几次感情冲动去做的事，会更遗憾。一辈子必须要有意气用事的时候，否则将来老了的时候，想想我这辈子什么都是前思后想去做的话，特别没劲，所以就必须得脑袋一热，去做几件事情，挺好的。

从舞蹈学院退学后，你先到歌舞团去跳舞，自己挣上中戏的学费，这一切为何都要瞒着妈妈？

男孩懂事比较晚，一旦懂事了，会特别懂事，我觉得我就是。当有一天我觉得自己长大了，不应该再靠家里，不应该再给妈妈添那么多麻烦，添那么多负担，必须挑起这个担子，不能再靠家里上学了。所以我在歌舞团把四年的生活费都挣齐了，拿到中戏的录取通知书后，才告诉妈妈，妈妈以为我拿的是北京舞蹈学院的毕业通知书哩，很惊讶，但她不会骂我，只是觉得自己的孩子太有主意了。

你上中戏的学费全部都是你自己挣的？

从上大学开始，我每年都能拿到奖学金，我是北京市优秀毕业生，毕业后去成了国家院团，到现在自己在北京置办家业，都是自己做起来的，没用家里一分钱。我用两年的时间在歌舞团跳舞挣到了大学四年的学费，大一时我还骑一辆破自行车每天蹬蹬蹬的，大三下学期至大四上学期的时候就买了自己第一部小汽车，我们同学有的开了很好的车了，但很多也没车的。我这个车是用来创业的一个车，纯属代步工具吧，有这部小车很方便，比如说昌平有个广告，我就敢去接，路途上会节省很多时间，因为我要上课，不能耽误上课。

你在中戏的音乐剧专业是学校安排的还是你自己选的？

学校安排的，可能觉得我形体上占优势，声音条件凑合还有待于开发。音乐剧我觉得挺好的，是我满腔热情要去做的一件事情，在中国现在还没有音乐剧市场，我们这一批就成为音乐剧的奠基者。其实中国不缺音乐剧的人才，缺音乐剧的制作人，缺喜爱音乐剧的观众。日本的“四季”剧团的音乐剧比较好，当时我们在日本交流完后，他们希望我毕业后去演他们《狮子王》里的“猩”。我很欣赏他们的专业团队，但我对日本有些看法，所以心里一直比较矛盾。但又不得不从根上去佩服人家做事情的这种严谨的态度。考虑再三，他们把函发给我了，因为毕业了吧，他们说你现在不要着急答应我们，我们先请你过来几天，看过我们的戏后，再详细跟你介绍我们团里各方面的情况，你觉得OK就跟我们签约，觉得不行再回国。我觉得这是一个挺好的机会，签证都办好了准备去，没想到徐晓钟老师说要排一台话剧《雷雨》，纪念“梅花奖”三十周年，毫无疑问地签证一扔我就直奔话剧剧场。

日本的音乐剧氛围应该不如美国的好?

日本的音乐剧真的很棒，整个音、声、效都很震憾，演员的状态也很好，很认真、很努力、很尽情的那种，但2005年我去美国纽约看百老汇的音乐剧《芝加哥》，一下就觉得日本不存在了，它毕竟是在模仿，而美国的音乐剧则是文化。你像京剧，老外唱得再好、再像，但往那一站就不是那么回事。就像我在日本看音乐剧是一个感受，一看到美国的音乐剧，世界最顶级的地方，就知道音乐剧要从哪儿看起了。

你最终选择的单位是中国儿童艺术剧院，因为它成立了一个音乐剧中心?

徐晓钟老师在我剧院的选择上起了很大的推动力。他跟我说，中国儿艺目前是国内做音乐剧的实体，一直致力走出一条中国音乐剧的道路，作为你这样表演、唱、跳相对比较全面的演员来说，应该去这个地方，可能会有用武之地。当时儿艺成立了中国音乐剧中心，致力做中国的音乐剧。

儿童剧能是音乐剧吗？两者有差别的吧?

儿童剧跟音乐剧比较接近，因为儿童剧里也有唱跳的元素，因为总在说话儿童没有兴趣看，他们集中注意力的时间比较短。再说了，音乐剧本身的题材也是儿童剧，你像《美女与野兽》《狮子王》等音乐剧都是儿童题材的戏，只不过人家的理念好，不把儿童当儿童，我觉得这样非常好。

中国最早的儿童剧就是太把孩子当孩子了，这是中国特别弊端的问题，永远觉得我是你爸，我是大人你是小孩，大人说话小孩就该怎样怎样，这种东西规范太死了，特别抑制儿童的发展。现在的孩子已经不是这样了，他们很成熟，你完全可以跟他们去交流思想，而且有些地方你还不如孩子的思想纯洁，不如孩子的思想有新意，为什么不屈下身子跟孩子去学习呢？在戏剧上更是这种问题，你不能把他们当孩子去看，你排戏也好、你做东西也好，你不能说孩子懂什么。其实他们比你懂得多得多。

你对自己和中国音乐剧的前景怎么看？

我很喜欢音乐剧，目前没有像样的音乐剧，我的心里还是挺难受的。我从日本带回来的戏，所有的OK带，或者排练的资料，我都存在那。我觉得中国的音乐剧也不是完全没有办法去做，中国有市场，有很大的市场，但是没有专业的制作团队去做。其实最重要的还是因为一部音乐剧要做的话成本会很高，观众群少，中国的老百姓还不具备可以拿出一千块钱甚至更高的钱去看一部音乐剧，在美国看一台音乐剧大概一百美金，还不是很好的座位，折合人民币现在便宜了，700多块钱，让中国老百姓拿出700多块钱，走进剧场看一台戏的话，我觉得是有困难的。如果有一天能碰到这样的制作团队，我愿意尽自己一份力量。文硕老师孜孜不倦地去做音乐剧，挺让人敬佩的。他的几部音乐剧找过我，但我没有时间去。他有一部音乐剧拍成电影，请我去演男一号，我在戏上，也是有缘无份。

《松花江上》这么好的起点，但你好像并没有把握住它，一年多来没有更好的作品推给大家?

我非常非常勤奋，那只是外界的一种感受，对我自己来说，从2000年拍《非常公民》开始到现在，一部戏一部戏地接上来，我是十年如一日这样去做的。我沿着我自己这条艺术道路，做自己的事情。大家有认可我的也好，有不认可我的也好，只有一种可能，那就是我做得还不够，还没有做到。对于我来说，只需要认认真真地沿着自己的这条轨迹走下去，这样就够了。网上的朋友都说曹磊很低调，不愿意把平时自己的各方面报道出去。其实我也可以做到这个，很简单，我媒体有很多朋友，每部戏开拍时或怎么样，都可以张罗大家过来报道，看看曹磊在干什么，这件事不难，很容易就可以做到，但是我希望用自己的作品去说话。作为演员本身来说，现在出现了一个误区，演员最应该出现在哪儿？演员最应该出现在你的艺术作品里，在你的艺术作品里站得住脚，稳得住神，你才是一个大家。而不是平时没事就在人眼前晃，不在艺术作品里而是在人们眼前晃来晃去的，反正我不是特别认可这个。你打开电视机，什么时候看到王志文老师、陈道明老师没事就在电视的各种栏目里去抛头露面，去说我今儿怎么着了我明儿怎么着了，有吗？但是每打开一部好戏，每打开一部收视率极高的电视剧，我总能看到他们的身影，他们是在做东西，他们在出作品，这是我的榜样。我希望大家提起曹磊时，是曹磊的哪哪部戏怎么样，曹磊的《松花江上》、曹磊的《玉碎》非常棒，曹磊的《牧马人》特别棒，这是我最希望听到的。而不是电视上说："大家好，我今天怎样怎样，我今天吃了三个包子"，不是同一个概念。

对你目前在演艺圈的这种现状，有没有解决的办法？

唯一解决的办法就是，得到一个好的角色，得到好的剧本、好的平台、好的班底，得到全体人民对一部戏的认可。

你已经有了一部戏，就是《松花江上》？

《松花江上》是我的戏，但它没有达到让全体人民都认可的效果，因为老百姓的审美，就是中国人的审美其实很难把握，很难拿他的脉。在现场大家精雕细琢的一部戏，大家倾其所有去演的一部戏，可能将来电视台一播，老百姓不一定爱看，而我们觉得现场拍不下去了，觉得这戏怎么这里那里都不合理，可是将来一播老百姓特别爱看，这是时常会发生的事情。所以与其这样，那我们首先就要对得起自己的良心，对得起自己做这一行的职业操守和道德规范。就是我不可以那样去做事情，我要认认真真地去出演自己接到的剧本和角色。毕竟打开电视还是有老百姓认可的戏，还是有所有的人都竖大拇指的好戏，有知名度很高的戏，大家都知道的戏。所以我觉得还是自己没做到，去做就行了，很简单。而且我觉得做演员这行，进校时老师就跟我们说，必须耐得住所有，既然你奔着这个来的，你就要接受他给你的所有的一切，好的不好的，你都得放兜里。

你觉得自己现在在演艺圈的位置是怎样的？

要真的坐下来论演技，论对角色的把握，不觉得比真正在一线顶位的这些演员差多少。我觉得机遇也很重要，就是说同样一个角色，我可以同样演得很好，但可能这个时候还没有到我这。我的心态比较好，安安静静地、认认真真地做自己的事情，该着是你的谁也抢不去，该不着是你的，你就是削得再尖都得不到。所以我很满足我现在这种状况，满足是说满足

我现在的心态，满足我现在的生活状况。要说不满足的，我觉得还是剧本，我希望有更好的剧本能够到我这。因为市场化后，每部戏电视台要的人会很重，我就要谁谁谁来演这部戏，他可以卖片子卖得比较好。所以很精彩的剧本有时候不一定落在你身上，那现在我就要努力做到让剧本要有机会落到我身上。

你怎样做到让剧本有机会落到你身上?

肯定是要拍更多的优秀的作品让大家知道，我有实力去做这件事情，这样才可以得到更好的东西，我觉得就这样认真去做，没错。

有影迷问，现在演艺圈中有一种怪现象，以绯闻来作为扩大知名度、助推事业的加速器，你怎么看这一现象?

我不对他们作任何的评价，但我觉得，无论做哪行还是靠你的真本事站出来上位，而不要靠一些歪门邪道或是用一些偏方去上位。尤其是男人，还是靠你的真实力，靠你的作品，靠你在银幕上的形象去征服更多的人，让大家觉得你是可以的。而不是说知道有曹磊这个人，是因为他今天结了明天又离了。

其实你也是很有才华的演员，各方面都很优秀？

我是这样看的，30岁一过，也不能说明白很多事，就是觉得30岁以前，以为只要认真，就一定可以实现我的理想，可以实现我的抱负，但30岁一过我觉得不是了。如果30岁一过，我还没有意识到单凭认真不是就一定能成功的话，那你还没有成熟。现在我觉得认真只是一个起点，就说认真是最起码的，最基础的，必须得认真，因为人才太多了。周边所有的人都可以当你的老师，他一张嘴肯定有你要学的东西，毫无疑问的，连司机都是，最起码人家记路记得特别棒，走一遍就知道怎么拐，我肯定不知道。张译为什么“砰”地就上来，康洪雷的《士兵突击》，人家碰到了，再加上张译本身，平时我对他的了解，也是比较有思想的。每个人出来都有他的必然，不是说这个人命太好了，不知道怎么回事就出来了，不是这样的。因为大家都是人才，他出来他就是人才，但没出来的还有更多的人才，更多的比他们还有才的人还在地下憋着。作为我来说，已经有很多人跟我说，你的同学已经火了，一集报多少钱了，你现在怎么还这样？我说对啊，没关系。我现在就按照我的轨迹走。我在日本时，日本“四季”乐团的浅利近太跟我细聊过一次，他说，曹磊啊，我给我的演员讲过一句话，演员必须要看自己的表生活，我说，什么意思，我不懂。他说，你不要管大家，每个人都有一块自己的表，你的表走的是你自己的时间。我还是不太理解他的话，每个人都有自己的表，但这些表都是一样的，大家都走北京时间或者东京时间，都是一样的表，都是一样的时间，为什么要看自己的表。浅利近太说，我告诉你为什么要看自己的表，你看自己的表是跟自己去比，跟自己的纵向去比，我到底有没有成长。你如果去看别人的表，虽然时间是一样的，但你的心态已经变了。我仍然没有听懂，回来琢磨了半天还不是特别明白，直到我毕业的时候。我不知道你有没有这种感觉，就是我越长大，我越觉得其实我跟大家是一样的。而我小时候我觉得跟大家不一样，我这怎么着，我那怎么着。可是越长大你接触的人越多，你会越发现其实大家是一样的。一样了该怎么办？越一样越看自己才有可能跟别人不一样，越一样你越去看别人你越跟他一样。我不知道你能明白这个意思吗？我现在理解的就是，既然大家都一样，那我只做我的，我安安静静地做我的，有一天我把我做得让大家都去看我的时候，我知道我才成了。我什么时候不安心做我的，我去看别人的时候，我肯定成不了。我目前正是按照这个轨迹在做。

你对演员这个职业怎么看？

演员真是很神圣的一个职业，他可以把你生活中可能还没有发生的或即将发生的或已经发生过的事情换一种方式重新再展现给你，让你从重现、未现或是即将现这种方式里得到一些启示，这种启示是心灵上的。

你好像说过演员是一个可以让你干到老的职业？

干到老是因为他可以满足我的兴趣，我是一个兴趣极强的人，就是好奇心很强。做演员这个职业它可以满足我世界各地去跑的愿望。过去说读万卷书，我觉得现在要行万里路破万卷书，因为你必须踩出去你才可以破书，才知书上是什么东西，否则你看书那只是一种想象力。再一个，我一个人的力量是有限的，但很多优秀的编剧有很丰厚的人生经历，他们把他们的心血给我，让我去走近他们的生活，我很珍惜这个。我可以看到他们的内心世界是怎样的，他理解的人性是怎样的，他的价值观是怎样的，应该怎么去生活。我还可以通过我的感受，把这些东西传递给观众。现在大家对演员这个职业还是不怎么了解的，或是还不够理解，因为大家看到的都是光环的一面，都是演员在领奖台上，或是这演员犯了这么一个错误，成为茶余饭后大家的一个笑柄。大家一边在骂这个演员一边又靠他，因为如果不拍电视剧，大家肯定没事情做，大部分人还是在看电视剧，不管网上看也好，电视机前看也好。所以大家边看边夸边骂，很不理解演员。

你是说大家对演员的理解少？

记者也好，媒体也好，反正跟演艺圈有关系的，边缘的也好，中心的也好，能够理解演员的，我觉得还是少数。下辈子我不知道我还做不做演员，我只说目前对我来说，最适合我现在这个状态的职业，就是做演员。不是我认为演员是最好的职业，我不是这个概念。因为每个人有最适合他的东西，最适合他的对他来说是最好的，但不是对全体人民是最好的。名利在演员这个职业里，是体现得比较集中的，演员这个职业可以立竿见影地体现到名和利，但实际上这个名利带给演员自身的压力也是非常大，会失去生活空间，会失去所有的人生自由，会失去做自由人的很多乐趣。因为你的一举一动成为大家的谈资的话，你的生活就跟《最熟悉的陌生人》中那两个男女主人公一样，外面演得多恩爱，回到家一句话也没有，那该是多痛苦的事，只是为了大家才来维持这段婚姻。

你觉得演员的最高境界是什么？

就是看得很淡，要看淡一切。现在这个社会，那些扎堆般地把自己的孩子往北电、中戏送的，都是看得特别不淡的人。因为演艺圈是名利场，名利场就是有钱，能出名，让大家认识你。凡是有这种想法的人，就一定是把这些东西看得特别重的人。演员应该在这个喧杂的环境里把名利看得很淡，能真正地静下来，做自己应该做的事情。我真的不觉得演员必须每天在人前作个秀给大家看，真正的演员是撒在人堆里找不着的。我平时在人堆里，就把自己放在特别不起眼的一个角落里，我来看他们，他们是我的老师。因为我演谁呢？我不就在演他们吗？我靠谁来认可我，我靠他们呀。我在他们面前显摆什么呀，我把自己穿得绫罗绸缎，噢，哥们是演员，这是多傻的一件事，我从来不认为这是演员。就像你刚才问我的，看到身边的朋友“砰砰砰”很火，没有他们有名气，心里怎么想？我心里肯定有不平衡，对不对？为什么不平衡？因为我又不比他们差，我要演我肯定比他们演得好。我们来比戏，你拿一部戏我拿一部戏，我们找专家来比戏，看谁演得好，我完全可跟你这么做。看看谁真正在刻画人物，谁在卖帅。好，我有不平衡，这时我干什么，我去北京人艺，看这些老艺术家们，郑榕，你看老百姓有几个人知道郑榕的。蓝天野，于是之，你看老百姓有几个人知道于是之、蓝天野的。他们在舞台摸爬滚打了一辈子，这是老艺术家、老国宝，只有戏剧界的人才知道，这才是演员，在我心里，这是真正的艺术家。他们不是腕儿，腕儿、明星和艺术家，我毫不犹豫地去选择艺术家。我希望我将来是艺术家，我不是什么明星。我希望我能认认真真地把演员做到一个艺术家，像他们一样，非常卑微、非常谦虚，跟年轻演员一样，哈着腰握手。你会真的很感动，真正的艺术家才是这样的。麦子熟了一定是低着头的，只有什么都没有的，才会仰着头站着。我觉得就是这个道理。

你跟潘虹、斯琴高娃、蒋雯丽、孙海英等很多知名的演员合作过，你从他们身上学到些什么？

每个人都有特别发光的地方，太值得学习了。潘虹老师信佛，每天出发之前需要十分钟打坐，静心。每天早晨出发时我们三个演员坐一辆别克车，潘虹老师永远是第一个下去，然后坐在最后一排的座位上，这就是艺术家，太值得我们去学习了。有这样一个艺术家在前边给我们作榜样，我们责无旁贷地要认真谦虚地做人做戏。斯琴高娃老师在对戏上给我的印象很深刻，就是在开拍前我们先要对下词。潘虹老师没有对词的，她不是很机械地跟你把词对一遍，她跟你对词一定是真演的。但是斯琴高娃老师要对词，而且每对一遍都不一样，我就觉得她这种对戏其实在找自己。因为戏是对手搭出来的，我跟你演我才知道你是怎么反馈给我的，像踢球一样，你是这么演的踢到我这儿我该怎么接。所以每一次发现你踢给我的变化，我都要重新整理一下再给回你，而到拍的时候我一定是给你我最好的方式。所以斯琴高娃老师很值得学习，很敬业。蒋雯丽老师对剧本做的功课会非常足，她每次上来都说，这场戏要调整一下，这不太合适要调整一下，你会觉得她真的很认真，每一部戏她都不会随意地去拍。我跟孙海英老师的对手戏不是特别多，孙老师性格比较倔，思维很跳跃，就是他演戏没有什么规律可循，突然就给你“咔”地来一下，所以也挺好玩的，这样会让你即兴的东西很多，很练你的应变能力。

你最想跟哪种类型的演员合作?

大师级的、优秀的演员我都希望能跟他们合作。搭戏的演员也有很好的东西值得学，你跟越强的对手你会成长得越快，那是必须的，非常过瘾。比较弱的对手我也不会排斥他们。弱的演员也有他发光的地方。你不要以为没演过戏的演员不行，你看姜文的第一部戏就把刘晓庆给演傻了，那一上来一照面，刘晓庆就觉得那是大师啊。所以不能以强弱来看一个演员。姜文是我的榜样，必须的。

你跟张晓光、谷景云等很多优秀的导演合作过，你觉得他们对你的帮助有哪些?

张晓光、谷景云都是大学刚毕业就合作的导演，作为一个刚刚出道的学生，他们对我的帮助真的很大。你看张晓光导演的《玉碎》，中央台那么大的一个戏，他能启用我这样一个没演过什么戏的新人，去演这么重的一个角色，这种信任首先就非常非常感谢。对于我们年轻人来说，这种鼓励是最重要的。因为演员的心理防线很脆弱，有时候会不攻自破，而他们能够保护我们，把我们心里的这块砖一块一块地砌起来，每一块都很结实，每一块砖都奠定了一个人对我的帮助，我都会记着。

你最愿意跟哪些导演合作?

姜文导演，我喜欢节奏明快的，蓄意深刻的，表达方式幽默的。骂就骂了，我觉得值，其实他不骂人，越是这种有能力的鬼才导演，反而不骂人。《杨柳青》的林导可以啊，我觉得林导很会用镜头讲故事，很会刻画人物的内心。我以前跟香港导演合作得少，此次林导让我对香港导演有了一个全新的看法，他们对人物的内心刻画，比咱们内地的导演更细腻。虽然他跟我说话交流起来很费劲，但是你从他给你的镜头上，你就知道他特别擅长用镜头去讲故事，非常的细腻。而《杨柳青》中方佩仁这个角色，恰恰是内心特别丰富，需要这样去拍的。需要导演帮助我，把镜头给到我，我才能把情感传递给大家的，那我这次还真是碰到了，我也很感谢林导。

你有自己艺术上的偶像吗？

姜文老师，毫无疑问的，陈宝国老师，那是肯定的，他是我们剧院的，黄志忠老师也值得学习，都是艺术家。还有北京人艺的这些老艺术家们，都是我的老师。岳秀清、吴刚我们特别好，远征哥挺不错，因为大家都是做事很认真的人，在一起合得来。北京人艺首先有一个特别良好的传统，就是在北京他们有固定的观众，已经形成了在北京看话剧的气候。为什么我说音乐剧没有这个气候呢？我说的就是指观众群这个气候。不管北京人艺排一台什么戏，这些观众一定会买票去看，这是他们生活的一部分。为什么老百姓这么信任北京人艺，就是因为这些艺术家们对得起这些观众。你想北京人艺的腕很多，但他们出去拍戏如果和剧院的话剧相冲突，他们一定会选择话剧，给北京的老百姓演戏，我觉得这一点就已经挺令人尊敬的了。国外的斯皮尔伯格导演非常非常棒，《美国往事》《教父》中的罗伯特·德尼罗那是绝对的，很棒的演员，那是偶像，他的个人魅力在那儿，我非常非常欣赏他的戏，这两部特别经典。《玉碎》中的很多东西都是从《美国往事》中学习的，比如在很多角色的处理上啊。

你在戏中跟女演员如此投入地相爱，会不会影响自己的个人生活？

那不会，因为我即便跟女演员在戏里谈恋爱，用的也是我自己本身感受到的爱情，而不是我跟女演员碰撞到的爱情。你能理解吗？就是我自己经历过的，跟我的爱人在一起的那种爱情，那是我的感受。我是借这份感受来和你做这部戏而已，而不是说我们之间的情感会摘不开，不是说我必须跟你谈恋爱才能演感情戏，那是不可能的。

你一步步走到今天，最想感谢的人是谁？

感谢我妈妈。认真是她传递给我最宝贵、最基础的东西，有了这个我才能正正规规地一路走到今天，所以最感谢母亲教我认真做事情。其实只要你喜欢，你认真去做了，别的不要想太多，一定可以成。

你坚持下来的力量是什么？

坚持下来的力量就是我一定要做成，必须能吃苦，自强自立是能坚持的元素。为什么能坚持？我是个男人吧，男人必须要坚持，作为一个男人，我觉得要立起来，给你自己身边的人，妈妈、老师、那些看好你的朋友做个样子出来。

以扎实的演技塑造角色

> 无论什么题材的故事，一定要好看、要非常精彩。我不希望把自己定位，我希望尝试各种各样的角色。这种角色是反差大的、亦正亦邪的、让人信服的、靠得住的，把我内心的张力体现出来，形成我自己的风格。今后我的工作是保质。

《非常公民》是怎样选中你去演李忠的？他跳的一段军傩舞很是震撼人心。

那是放暑假的时候，日本的坂田老师给我们上爵士舞课，《非常公民》的导演宁浩正好在选演员，就看中我，决定让我来演李忠。其实那个剧本里没有写到我会跳舞，不是因为剧本里有跳舞的一段戏才找我演的，宁浩导演只是觉得这孩子气质等各方面比较适合演李忠。进了组后，蒋雯丽说我身边那么多人，我为什么就喜欢这个侍卫官，他总得有他的个人魅力，有一个点来打动我吧。这时宁导就说，你舞跳得那么好，为什么不来一段舞呢？因为当时溥仪被日本人软禁起来后，婉容一个人每天都很空虚，李忠如果给她跳一段舞，她会觉得容易打动她的心灵。这样一说，我就编了一段军傩舞，当时是现场现编的。不过我也查了一下资料，还真是有这么一段军傩舞，我就按照当时那种感觉去编。因为要跳段舞的话不能瞎跳，而且是给皇上看的，我得有一个来由。戏剧是有根源的，为什么要去跳这段舞？不是我这段时间想打动她就来跳段舞，得有个说词，所以你不能随随便便就跳段舞。在那个特定年代你能跳什么舞，这有讲究的，必须得翻史料去查，在那个年代有没有类似的舞蹈来跳，跳的话大概是个什么形态，按照这种元素自己再去编。

你在剧中跟蒋雯丽有感情戏，对于当时很年轻的你，可能还没有谈过恋爱，是不是有些尴尬？

是很尴尬，而且有一场戏，顾长卫正好抱着他们的儿子小禾禾来现场看，那场戏演的是雯丽姐怀孕了，想想都觉得怪怪的。《非常公民》是我的第一部戏，压力确实挺大，因为完全不明白镜头，完全不明白摄制组是什么概念，雯丽姐对我帮助很大。戏中的角色也正好弥补一些我表演上不够松弛的状况，因为李忠是个军人，本身需要比较板，要板板正正地站在那。

这属于你的本色表演吧？

肯定不是本色表演，我是带有一定心理希望去塑造这个角色的，可能触角打得不是那么开，不是那么自如。中戏教出的学生在刻画人物、在人物内心世界的展示上，我觉得还是有一定基础的。我说的生疏也只是因为一直在学校排话剧，而舞台上的表演和镜头前的表演是有区别的，所以我在走位上、在镜头前的生活还不是那么习惯。但我对人物情感的理解这种基础是必须有的，比如雪地里看到的李忠的那种眼神、那种情感还是有的。就是在那个时候我理解到李忠的内心世界，并把他的这种感受真实地展现出来。因为李忠最爱的女人就是婉容。

你对偶像剧怎么看？你好像没演过什么偶像剧？

迄今为止我还没有碰到一个可以称为偶像剧的，偶像剧我更希望能更多接触老百姓家长里短的生活，我想去尝试这种真正的人的生活。而现在的偶像剧比较风花雪月，很难看到能与现实生活结合起来，我对这种戏不感冒。它的节奏也接受不了，特别慢，我看完一集戏，下一集打开电视我还可以接着看，很奇怪。励志的这种戏还是挺好的，它是在塑造人物。其实每个观众的口味是不一样的，坐在电视机前我会把自己放在一个观众的角度去看。作为我自己来说，不是特别喜欢看这种青春偶像剧，但是赵宝刚老师的《奋斗》这种励志戏非常棒。其实说白了，我不喜欢看偶像剧是因为没有太好的、真正意义上的优秀的偶像剧，所以我就不去看偶像剧。现在中国特别奇缺像赵宝刚导演的《奋斗》《我的青春谁作主》这种戏，这是非常非常优秀的作品，我希望这种戏多拍，有机会我也希望能参演。这种励志剧刻画现在年轻人的状态，是好戏，而不是纸上谈兵的、风花雪月的那种偶像剧，大家看看就过去，什么都剩不下。

你觉得自己身上有喜剧因子吗？想演喜剧吗？

我觉得我身上的喜剧因子时有时无。喜剧很难演，没有达到一定的功力或者是没有具备一定的元素的话，我是不太敢轻易地碰喜剧，因为真正的幽默其实是件很难的事，它需要你的智慧、需要你的文化才可以幽默起来。当然我希望有一天我可以尝试喜剧，我喜欢的喜剧形式是像宁浩导演的《疯狂的石头》《赛车》这种黑色幽默的东西，这是一种智慧上的幽默，我更倾向于这种形式。这种喜剧也区别于赵本山的《乡村爱情》，他们有他们当地的地域文化在那儿，二人转本身也是一个很搞笑的东西。而我不属于那个地域生长起来的，如果尝试这种喜剧方式可能会更别扭一些，所以不到一定程度的话，我是不会轻易地去演喜剧。

就是说如果有喜剧剧本找你的话，你也不去演？

我现在拿到的都是一些轻喜剧，比如你看到的《跟你没完》啊，《求天作美》啊，等等，都是些轻喜剧的元素，都是小电影，我会轻轻去碰一下、感受一下，知道我哪些方面欠缺我可以去弥补，将来真的有一部比较好的喜剧作品的话，还是蛮期待能够尝试一下的。

赵本山的《乡村爱情》不是喜剧作品吗?

不能说它不是喜剧作品，喜剧其实细分起来也有很多种类，东北地方戏二人转如果拍成电影也是一种喜剧种类，还有很多现在的情景剧，比如《武林外传》，类似这种的也是一种情景喜剧，也能满足大家娱乐的需求。但是在我看来真正的喜剧，应该是美国的《老友记》，它可能会更加接近一些真正意义上的这种喜剧元素。

你认为的喜剧元素有哪些?

喜剧元素都是相通的，都是生活中一些不经意的巧合和一些非常巧妙的细节碰撞出来的有笑点的地方。但如果把这些细节集中起来去做一个东西的话，是需要有很丰富的阅历、很丰富的智慧才可以做到的。

就是说功底要深厚?

功底一定要很深厚。赵老师的东北二人转已经有很多年的积淀了，功力很深厚了。作为二人转这种本土文化、本土特色的东西来说，已经很深厚了，已经没有问题了。

周星驰那种喜剧也是本土的?

星爷的喜剧是属于他自我无厘头的，他自己发明的一种喜剧方式，我觉得也很成功，像他的《大话西游》《喜剧之王》都属于星派喜剧的，我觉得也非常非常棒。

你喜欢这种喜剧?

凡是优秀的喜剧剧种我都喜欢，但我自己不一定适合去演，目前适合我的可能是黑色幽默，像《疯狂的石头》，类似这种的，有一天我希望去尝试这种喜剧。其实宁浩导演做的喜剧我是比较看好的，我非常欣赏这种喜剧方式，是用智慧、用一种讲故事的手段来把整个人性，以幽默的方式剖析给大家，让大家笑过之后，有沉淀下来的东西。

喜剧和悲剧哪个更打动人心?

喜剧和悲剧做好了一样可以打动人心，都是一样的效果。但更高明的艺术是让大家笑着哭，不过要做到这样也很难。悲剧和喜剧，不管是任何剧种，正剧、反剧、悲剧、喜剧，包括无厘头的，要做好了同样可以打动人心。

你好像说过这样一句话，“喜剧最大的意义在于在悲怆中让人笑，在笑声中让人悲怆”？

这个就是我刚才说的，把戏剧做到一个巅峰的状态，它能在一个规定的情境里把大家的情感推到一个极致。再讲得浪漫一点，人的心房分两个，左右心室，一个管快乐，一个管悲伤，如果快乐非常非常激烈，非常高度快乐的话，会吵醒悲伤的，悲伤就会一块加入到快乐里，这种夹杂的情感是最顶级的一种情感方式，如果能把戏剧做到这种方式，能够唤醒人，我觉得是很过瘾的一件事。

你从来没有演过古装戏，是什么原因？

其实也是这个原因，有人建议我说，你身体的协调性好，学套路很快，各方面的肌体能力完全可以拍古装戏。但是到现在为止，我真没觉得哪部古装戏会打动我。

古龙、金庸的武侠小说没有打动你吗？

古龙、金庸的小说我看得多，所以拍成电视剧更不是我心里想的那样。除了古龙的一部《楚留香》，唯独让我觉得是电视剧里的人物和作者小说里的人物可以在我心中相吻合，别的在我心中，可能小说的想象力会很大，拍出来一旦面对面的接触，就比较会有失落感。

有武侠片找过你出演吗？

有，古龙的《浣花洗剑录》，里面的沈浪。因为我很喜欢那部小说，就推掉了。怎么说呢，我不想破坏他在我心里的这种形象。如果我真正喜欢的东西，我觉得我能够完全驾驭它了我才会去做，如果我发现我现在没有这个能力，我是不会轻易地去碰它的。我觉得这不怪，我就是不想去演，有一天我想去演才去。就像我玩魔术一样，现在只玩硬币不玩扑克牌。

其实我觉得你完全可以出演，你的内心戏那么好?

古装戏按照我本身的情感去演的话，反正我自己的概念是，我看古装戏没有一部古装戏让我觉得，他们在里面哭我也想哭的，他们在那笑我也想笑的，就是没有一部让我觉得我能看进去的，可能是我的问题，我不知道，我就不太爱演古装戏，反正到目前为止是这样，不过人会变的。

《玉碎》中的李穿石是你第一次演反派，你的形象看起来很正，导演是怎么找上你去演这个角色的?

这是因为导演张晓光，他是我在拍这部戏的整个过程中，非常感谢的一个导演。这部戏首先破了一个脸谱化，就是汉奸不是非得长个汉奸样才可以去演，长得比较正也可以去演。丁海峰的戏其实也挺破他的，丁海峰以前演的武松的形象也很正，在这部戏里他却演一个天津的小痞子，黑帮的老大，不过到最后还是一个热血的中国人。我呢，一个日本留学回来的热血青年被一步一步推到汉奸的位置上。导演是看了我的《非常公民》才定我的。因为我刚毕业，这是当时中央台非常非常重视的一部大戏。王刚老师、我、丁海峰，这个戏这三个男人是个三角形，支撑着这部戏，一部戏如果搭人物架构的话，三角形最结实。每次聊起这部戏，导演说我最担心的就是曹磊，因为这三角形的架，他一动基本这部戏就会很松散、不结实。所以李穿石这一笔是非常非常重要的一笔，当时导演想找一个新人，找了很多人，李光洁也找过，光洁一看这个人后面那么坏，他不想演坏人。我过去后，导演将这个角色大概给我讲了一下，我一听反差非常大，很有张力的一个角色，我说我希望尝试这个角色，然后就把我《非常公民》的盘给他看，导演一看，觉得没准很正的孩子可以演，就是不知最后能不能把李穿石翻过来，挺冒险的，到现在来说还挺冒险的。我进组时张晓光导演看人，是西洋人仰着用下巴看人的那样，我进去后他这样看着我，我估计悬了，然而扭头一出来就定了，很快。

《玉碎》中李穿石在洗玉家陈述自己经历的一段台词非常打动人，有影迷问你这段台词准备了多长时间？

我每拿到一个剧本，有一个习惯，我会非常仔细地看三遍。第一遍看全剧讲的是什么故事，第二遍我要看出来这里面我在干什么，就是我演的这个角色在干什么。第三遍我要把我演的角色的整个脉络拎出来，我要找到几个点，就是这个人物这一生最重要的几个点，把这几个点拎出来。你说的这场戏，就是我第三遍拎出来的一个点。我看剧本的第三遍就是要把这些重场戏，就是非常重要的戏，改变这个人物命运的戏，拿出来。那这场戏从这一刻开始，我无论每天拍戏或干什么，这场戏就像背景音乐一样，一直在我的后脑勺挂着。因为我没有太多阅历，跟王刚和丁海峰这些老师们比起来我没有更多的阅历，没有那么多的文化底蕴，那么我就要从生活中去学，要比他们花更多时间去充实自己。如果我说话有精彩的句子，或有一个精彩的瞬间符合这个戏的话，我会即刻把它摘进去。这个习惯是我刚开始拍戏时就非常刻意养成的，因为没办法，你很快会忘了那场戏是怎么样的，一定要给自己养成这种习惯。所以说李穿石的那段台词，如果说准备的话，可能我拿到剧本时，那场戏就已经在我的脑海里不停地准备。对于圈外的人和观众来说，准备一场戏只是把这场戏的台词背下来就可以了，如果想着只是背台词那一页纸，那20分钟我就可以去拍，没必要背这个词。真正的戏不是背的，而是你感受的。把这场戏放在心里，每天去想一遍，每天去感受，包括每天拍摄时你对这个人物越来越了解、越来越深入，才知道这场戏此时此刻用什么状态去说。

王刚对你评价很高，认为“现在的年轻人能把李穿石演得如此到位确实难得”，你怎么看待他这一评价？

首先我特别感谢王刚老师，这部戏里我们有很多叫板的地方，我从他身上学到不少东西。王刚老师喜欢戏曲，每天哼两段，非常棒，所以他的戏很有节奏，全是带着锣鼓点上场的，包括说的台词，这个锣鼓点如果划得好，如果你整个人融进去，会让整部戏看起来很干净，非常非常漂亮。后面有场戏不知你有没有印象，我把他闺女洗玉抢家里来了，然后王刚老师来带他的闺女，他知道我不会轻易地让他把闺女带走，就拿着恒养斋玉器的三个本说，你只要把我闺女放回去，恒养斋所有的玉器精品你随便挑。我一看王老师这样，就说，你要带走她，你干嘛不找你闺女，而来找我。既然说不通，那就看这个，王刚老师“啪”地叫板，那三个本一下就拍到我胳膊这儿。正好我这儿有个门，这个板一定要叫回来，因为跟王刚老师这种老戏骨演戏，一定要用心，否则基本被他吃掉了。我手旁正好有个门，王刚老师“啪”地把本搁这儿，你自己随便挑吧，等于叫板，把球踢过来，我把门“砰”地扭一下，再把板叫回来。这就是现场现学，王刚老师给了我很多类似的这种东西，就是我从他身上学会了节奏，这对我演戏很有帮助。拍完戏下来后我跟他经常去碰这些，总结跟他合作时的经验。王刚老师就觉得我比较真、比较用心，比较喜欢我这种孩子。

你塑造的李穿石并不是天生的坏人，他有一个转变的过程，比较令人信服，这是剧本赋予你的还是加入了你的个人理解？

首先我是这么理解坏人的，没有天生的坏人，当然现在大家都泛泛而说，反一号，男一号，其实我不是特别认同这种说法。即便这个人物在这部戏里起的作用是给大家添了很多的乱，制造了很多的戏剧矛盾，但我绝对不会把任何一个角色当作坏人去演。没有谁生下来就想去杀人放火，就想做坏事的，没有，他一定有他根上的原因。一旦拿到这种角色，我只找他的根。李穿石的根在哪，他就爱这个女孩。我可以什么都不要，你给我这个女孩，我可以为他做一切事情。但你们就是不给我这个女孩，我怎么办？那我只能强大我自己，我证明给这个女孩看我可以得到你。你们不是说我小白脸吗？你们不是说我什么都不是吗？我又没有职业又没有工作，你们是大户人家。所以我要做一个真正强大的人，我让你们看看我李穿石是有本事的，但这样就踏上了一条不归路，那也是因为爱情他才做的这些事，他坏是有根据的。当时我跟导演也说，李穿石是什么坏事都可以做，但有一点，他对这个女孩必须是真心的，之后李穿石死也是因为这个女孩。原剧本好像是被日本人打死的，我说不行，这个人物一定要结束在这个女人身上，因为他的这步路是从这个女人开始的，一定要让这个女人去结束他，这才是一个人完整的人性。人的命运就是这样的，你因这个女人开始，你就要在这个女人身上结束，你这个人才完整。而且到最后，很多年以后，《玉碎》里所有的男人都死了，只剩下丁海峰的小儿子，只留下这么一根和一帮女眷。而且有赵如圭的墓碑，大女婿的墓碑，谁的墓碑都有，唯独没有李穿石的，因为他是大汉奸，中央台不让有墓碑。我说不可以，虽然墓碑只是一个形式，但必须要有一个点。我说导演你记不记得当初拍到中间我要叛变的时候，赵如圭给了我一块玉，就是挂在胸上的这块玉。他们说我，你不行，洗玉一定不能嫁给我。我想我得强大自己，我把这块玉拿到手上，我说导演能不能给我拍个特写，就是我有一滴眼泪一定要滴在玉上。为什么要这滴眼泪？导演问。我说我想为最后一集作铺垫。导演说你为什么要铺垫？我说你看啊，咱中国有句老话，叫滴水穿石，我叫李穿石，中央台不是不给我立墓碑吗？没关系，你在这儿给我点一下，我自己做坏人之前，我要穿石，有一滴眼泪滴在这块玉上，表示我的决心，我一捏，就去找日本人，从此以后我做了汉奸，这是我设计的。拍完，到最后，我被洗玉打死了，洗玉疯了，她自己拿着我这块玉，到父亲的墓碑，洗玉也必须要有一滴眼泪滴在这块石头上，这叫点我，因为她这辈子也毁在这个男人手里。我说这穿石必须要有，导演说我这太电影了。我说咱们这虽不是电影，是电视剧，大家都不记得之前我来穿石的一场戏，但是我们自己要把这个人物合理了，将来成为精品大家挨个去看，我相信会有人意识到这一点。最后是这么拍的，自己看完也挺好的。其实也是巧合，我一直在想，这个人物到底怎么来打这个点，最后被洗玉一枪打死，最后一定要勾一笔。我觉得一部戏跟写文章是一样的，你这个人物的开始和结尾一定要呼应一下，才可能给人一种完整的感觉，不能虎头蛇尾的，之前怎么勾的最后就得怎么收，否则你就不要勾这一笔。

正面人物和反面人物你都演过，像《熟悉的陌生人》中你演了一个沉稳内敛的好医生关新，你觉得反面人物好演还是正面人物好演？你更想演反面人物还是正面人物？

正面人物好演，比较简单，不复杂，他可能做一些积极的事，但总做不成，大部分剧本都是这样写正面角色的。他有很大的抱负，为了实现这个抱负经历了很多磨难。这些磨难我也说过，中国写戏不能写得太偏，也不能写得太过，真正碰到人性大家都会收，因为人性的底线如果这样，他怎么这么想，他是正面人物，他不能这么想，就不行，其实恰恰相反，你只有先这么想了，你才知道怎么做是对的。但中国就是不让你这么想，那大家没办法。所以好演可能是正面的好演，但真想过瘾，还是反差大的过瘾。说心里话李穿石是我毕业后最过瘾的一部戏，后面所有人都跟我叫板，最后一家子全毁在我的手里，那真的挺过瘾的。

那说明你演得像啊？

我今年上半年拍完的《杨柳青》正在冲击明年央视的开年大戏，我演的方佩仁也是一个反差很大、很纠结的一个人物。所以《杨柳青》拍完后又有一部戏找我，也是比较纠结的，我就跟经纪人说推掉吧，我的精力有限，太心累了。祝英杰、杨柳青和李穿石，这种反差越大的角色，演起来太累了，太辛苦了，生活本身已经够辛苦了，没必要再在戏里这么辛苦。我不知你有没有感觉到，我特别直，我只跟你说现在我感受得到的，不管对错，我不会想到我现在这句话说出来是对还是错的，只要我现在感受得到，我就把它传递给你，而且我相信你感受得好的你会接纳，感受得不好的就把它抛掉，这个是不归我管的，我是这样的。那拍戏也是一样的，我在戏里面做一件好事情，我会很开心，我会真的很开心，我在戏里做一件不好的事情我也会很难受，真的让我心里感到他怎么会这样去做，方佩仁就是这样的人物。

这样说好像你不入戏一样?

问题是方佩仁也觉得他做的是坏事。我觉得我演的这几个坏人，李穿石、祝英杰、方佩仁，他们都知道自己做的是一件不好的事情，他自己是完全有概念的。如果他知道我把这些人杀了是应该的，这是不可能的事。他只能找N个理由来说服自己，你必须只能这么做，这种只能是非常重要的让他走上这条路的一个元素，就是他很被动，他没办法。祝英杰也好、李穿石也好，包括最后这个方佩仁也好，他是没办法的，他被各个方面的生活逼到这个路上，只能一门心思地往前走。他心里痛苦吗？他比谁都痛苦，他比谁都知道他不应该这么去做，但是他没办法，真正的悲哀就在这儿，人物真正打动人的地方也在这儿。而不在于他做了多少坏事，他做了多少好事最后变坏了，在于做坏事时他自己也不想。所以李穿石也好、祝英杰也好，我其实不是特别恨他们，我觉得他们可怜，根结就在这儿，因为他没办法，他不得不这么去做。而我想要传递给你这种感受，就必须得不停地放大这种没办法，我要让你们真实地感受到我为什么没办法，我为什么要去做这件事情，你们才能理解到他原来是这样才去做的这件事。我虽然理解他，但是他还是做错了，我觉得是这样，而不在于他这人太坏了，怎么能坏成这样，如果这样理解我觉得挺失败的，就是不能这样概念化一个坏人。

这不是演得很过瘾吗?

但是很累，心里边非常非常累，他心里承受的东西太多了，如果想把这种东西外化给观众，你就真的得有那么多的东西才可以打动观众。像我现在，年纪越大，经历得越多，在戏里又要把在生活中感受到的东西传递出去，所以就会更累，这种戏一年演一部差不多了，不能接太多了。接下来这部《香城》就很轻松，办学校，跟我生活中比较吻合。虽然拍摄中有这样那样的问题，但在角色上我挺轻松的，不用多想，上来就走，挺本色地去演就很好，不用再琢磨这个人物在这个时候会怎样，就是说不会有太多的顾虑。

看来演坏人真是不容易？

心智，我觉得最考验的还是心智，没有心智站在王刚老师和丁海峰的面前，心里是没底的，这种底很重要。这个底来自哪？来自你对这个角色的理解，你之前生活的阅历，你的文化程度。你跟他们站在一起，一张嘴一照面，大家都知道你几斤几两。所以这个时候我只能面上跟大家开开玩笑，回来就赶紧充实自己，不能掉下去，看书、看资料或者说再去挖掘剧本。我觉得剧本每一天都会有变化，我今天看这场戏，我是这样想的，明天打开这场戏看，我可能还会有新的想法，这个很宝贵，这么多年来我一直在养成这个习惯。

你选剧本有什么标准？

首先故事要好看。一个剧本说白了就是给大家在讲故事，电视剧也好，电影也好，小说也好，其实就是给大家讲一个故事。不管怎么样，这个故事先要打动我，无论什么题材的故事，一定要好看、要非常精彩。这个故事以什么来定精彩？那就是我特别想知道后面怎么样，我可以一气呵成把它看完，我觉得这就是好故事，这是很重要的标准。不在乎年代戏、都市情感剧，什么的，各种题材都可以出好故事。

你演了那么多部戏，最喜欢哪一部？

每一部戏都是我认真拍下来的，每部戏都有我很喜欢的地方，也有我不喜欢的地方。所以每一部戏都是我喜欢的。

你选角色有什么标准？

剧本首先要有好故事，我选角色希望在故事里我起到一个非常重要的作用，这是必须的，对于我来说，我希望我演的这部戏的角色是有张力的，让人信任的，靠得住的，类似于彭兴华这样的。

觉得自己最适合演哪种类型的角色？

亦正亦邪的。这种角色我有一些心得，怎么拿捏，怎么找他们的变化，现在对我来说比较熟悉。

哪些角色你印象最深刻？

彭兴华、李穿石印象深刻。其实每一个角色都注入了我的心血，每一个印象都深刻。因为我接剧本挺慎重的，就是说拿到这个角色我去演的话，我一定注入我全部的心血，所以每一个角色对我来说都是很深刻的角色，是我一步一步把他立起来的。立起来的这个过程中，我知道我都付出了什么东西，所以我都是印象深刻的。演得不怎么的，相反印象更深刻。因为大家说这个角色演得好，那我觉得我的努力还可以。如果大家觉得这个角色演得不好，这个角色一般，那我觉得更要注重这方面，更要琢磨这到底是怎么一回事。

每拿到一个剧本你是如何让角色立起来的？

每拿到一个剧本，我先把自己跳出来，我一定不会先进去看。你别看我是拍戏的，我看电影我一定是站在观众的角度看，我一定不会找穿帮啊、找机位、找镜头啊，等等。第一遍看电影时我一定是看故事，我把自己完全放在一个观众的角度，我去看你怎么给我讲故事，我才可能享受到这部电影带来的乐趣，才能享受到导演想给我什么。看剧本也是这样的，我先把自己跳出来，把自己作为一个最普通的观众去看这部剧，觉得这个人挺好玩的，这个故事挺有意思的，我一定是这么去看。我先把剧本这么看一遍，然后合上想一想，这个故事好看吗？好看。我经常跟自己聊天。好看，那我们再看一遍。这个时候我就来看这个角色是怎么说话的，他是怎么一个性格，在整部戏里跟每个人物的关系怎样，起到怎样的作用，这个故事是怎么来搭构这些东西，怎么来架构这部戏的，这是第二遍。第三遍我来看自己，我在这部戏里起什么作用，我能让这人物发生怎样的变化，我有没有可能让他的作用发挥得更充分一些，更有彩一些，在什么地方我觉得不够，在什么地方我觉得过了，我都去调整他，跟编剧去碰去弄。在我的概念里没有背台词这一说，如果觉得哪部戏里的词太多了，我觉得这个演员太业余了。

你又是怎样脱离角色回到正常生活中来的？

我只能第一时间拿到剧本我可以跳出来，后面只要跳进去再要跳出来好难，一直到拍完我才可能出来，可能到播了的话出来都有些困难。因为是这样子的，比如说彭兴华，我开始看这个剧本我跳得很外，我觉得东北抗联这个故事讲得都滥了，从“九一八”到建国这段历史大家都知道，从这个角度看，这部剧还是落入了一个大的框架里，一个俗套的东西里，但他里面有很多人性的小的发光点在点缀着。那第一遍看完后，觉得是蛮好看的故事，彭兴华这个人物和他的这几段感情挺好看的。但这个人物太完美了不是件好事，不能写得太完美了。我跟编剧说，一个角色写得跟个神一样，完全就不可信了，不可信了他做事就完全是无意义的。所以我就找彭兴华的弱点，找他的软肋，然后从这扎进去，我才可以走到这个人的心里面，否则的话我进不去，他一身盔甲。

就是说爱情是他的软肋？

爱情，我只能从这入手，看他情感上的缺陷，他在爱情上是敢爱不敢做的人。

从你刚才的叙述中，似乎你抽离角色很难？

从主观跳客观确实挺难，每次我的戏播后我来看，很难做到我是一个普通观众，去看别人的戏。我觉得这是两个层面的意思，我不可能每天都生活在角色里，导演一喊“停”我还是曹磊这是肯定的。我刚才说的是整个这段时间我的一个大的状态，而不是这个瞬间是什么的，就是一碰到剧本，一看监视器，一看到电视里播的这个戏，我跳不出来，而不是导演一喊“停”我还在戏里，这不会。我明白你说的，有些演员导演一喊“开始”立即是戏里人物，一喊“停”就回归自己，既能跳进又能跳出，这个很简单，每个演员都可以做到的。我刚才说的是更深一层意义上的，无可非议我这段时间，每天24小时我基本有14个小时在拍戏，这14个小时至少有7、8个小时，我是在镜头前和这个人物融合在一起的，对吧，这个时间很长了，所以我在生活中不自觉地就跟戏中的角色吻合。比如彭兴华拍了一些时间后，家人打电话来我脾气就显得很暴躁，而且我回家后跟他们说话呼来喝去的，家人都说不太适应，你怎么这么跟我说话。就会有这种情况，因为我已习惯了戏中的呼来喝去。

你对自己塑造角色有怎样的定位？

说白了，我不希望把自己定位，我也不希望别人把我定位，因为我希望尝试各种各样很好的角色。但是这个圈子客观上又要求必须定位，比如大家习惯上，如果要找一个感觉上有些坏小子样的，就找邓超，如果要找一个演反派人物的，吴秀波，如果找一个很正直的爷们形象的，李幼斌，都是按这种套路来定的，每个人都要有自己的定位。但其实我觉得作为演员自己来说，他不希望有这种定位，如果你类型化了，所有这种类似的戏都来找你，你自己想突破都很难，没法突破你就只有重复，不断地重复你自己，一旦重复到你自己都没有兴趣演的话，那就麻烦了。为什么说改型很难，就是先定位后，再改型就会很麻烦。转型转得很好，完美转型也可以，但转型转不好，就大部分都没有了。

觉得形成自己的演绎风格没有？网友觉得你的演法有点像陈道明？

陈道明老师的风格我觉得我跟他不一样，当然《玉碎》中有些造型，网友们会觉得有点像他，在某一个瞬间的感觉也可能会像他，因为陈道明老师大家很熟，他演戏的风格化很强，完全是陈氏演法那种。所以看到我的瞬间会觉得我可能是他的演法。但我自己觉得不是，我有我自己的风格，我的风格就像刚才跟你说的，亦正亦邪的这种，就是有一种张力。我希望有一天，有一部好的戏能把我真正内心的这种张力体现出来，这样就会形成我自己的一种风格。

话剧、音乐剧、电影、电视剧你觉得有怎样的区别？你更喜欢哪种艺术形式？

我最喜欢的艺术形式是音乐剧，其次是话剧。电影和电视剧这二者，我一定最喜欢电影，我的终极梦想就是要去演电影，凡是好的电影我一定想去演。话剧和音乐剧的区别在于，音乐剧更丰富一些。而作为我的自身条件来说，我可以达到演音乐剧演员的标准。话剧演员的形体、声乐可能要相对弱一些，它的表现形式只是语言，所以称之为话剧。音乐剧是音、响、声、道具全部都合在一起，它是一个综合的艺术，我觉得我更适合这种综合的艺术。电视剧现在已经像快餐文化了，大家每天都在抢进度，因为剧组一天租的房间会很贵，每天制片人会觉得花很多钱，要赶紧拍。不像过去拍一个《西游记》要三年，等于上了一个学似的，现在不可能了，现在半年拍一部40集的戏都觉得长。你要让观众认识你的话，你就必须去拍电视剧，没办法，所以我只能先拍电视剧。电影我觉得目前来说，比较好的导演是冯小刚、姜文老师。我觉得我们学校出一个姜文，鬼才加认真，本身就很有才气，又特别地刻苦认真。你看《让子弹飞》，能挑出破绽吗？反正我是挑不出破绽。我觉得他每一个镜头、每一句台词、每一个人物、每一件事情雕琢得没法再雕琢了，才会拿出来给大家看，完全经得起任何推敲。得这么做戏我觉得中国的电影才会棒。所以电影是一个搞艺术的地方，我们今天一天就拍这一个镜头，我们可以反复地去琢磨一场戏，反复地去看人物，反复地去琢磨一句话。而电视剧是不可能的，一天我十页纸，好家伙架上机器来来来，恨不得连走戏的时间都没有，你之前要玩不准备，上去就演什么都不是，很多快餐就这样拍了。所以电视剧跟电影的区别，一个是快餐，一个是大餐，调都不一样。目前中国是这么一个客观的形势，电影是需要市场的，是需要票房的，要用票房来说话的。中国老百姓有看京戏的习惯，必须得是熟悉的角演的，才去看你的戏，因为他们很熟悉这段历史，习惯闭着眼睛听戏。比如《四郎探母》，他们知道四郎是怎么回事回来探母的，就听那个唱段不用听他的词，我知道那是谁唱的，就够了。他听的是这个韵，养成的习惯也是，不认识的人我不愿意看。

你为何要将音乐剧、话剧、电影、电视剧这样排名？

这是我自己的喜爱，因为舞台剧和影视的区别显而易见，话剧是长功的。我在人民网说过，排话剧你得在台上演，导演在下面，它是不分镜头的，从头到尾，整个人物是贯穿的，对演员来说会很过瘾，因为你的情绪很连贯。不像电视剧一上来就拍，40集的，先拍大结局，再拍之前十几岁的，它会很跳跃，这是一个区别。再一个话剧导演在下面说，嘿，这个挺好的，这个对了，那你才是刚开始，而电视剧导演说“对”时已经结束了，等于这个镜头过去了，你没有办法再重复这个对的。话剧导演说“对”时你才刚开始，你就会不停地重复这个“对”的，就会长在你身上。所以最好的状态就是一年拍一部戏，最后再上舞台演台话剧或音乐剧，因为那是非常神圣的地方，在我的心里。如果有好的音乐剧或话剧的剧本，我肯定会接，它是在给我长功，对我是一种充实，我觉得这是不能用钱来衡量的。

你对自己今后有怎样的规划？

我希望今后在工作上能更多地保质，要保质的话就必须要去量，就是你不能拍大量的戏。我希望将来每年拍两部戏，两部非常非常精致的戏，剩下的半年去充实自己，在世界各地走一走。因为拍戏是往外掏的，你必须要拿出时间休息，去充实自己，真正地去开拓一下眼界，或者让自己有更多的经历和尝试，对角色对演戏都有帮助。我喜欢旅游，终极梦想是环球游。

以担当的精神塑造生活

生活中我是简单的人、内秀的人，情感很丰富。我的个性不在生活中，在作品里。我自己要做到尽量明亮，温暖。孝道不能等。如果这辈子我只爱过一个人非常棒。婚姻是相敬如宾相互理解。男人的责任是说到做到。影迷是力量的源泉。

生活中你是怎样的人?

生活中我是很简单的人，就是不要有太多的想法，做自己喜欢做的事情，就这么简单。

你觉得自己有怎样的个性?

人必须有个性，但我的个性不在生活中，而是在自己的作品里，如果觉得我作品没个性，那是我必须深思的一件事情，如果说我生活中没有个性，那我很开心。因为我知道我有个性，但是我的个性不是在生活中用的，个性这种东西得到一定程度用才有效。就是你到了一定的程度后，大家已经认可了你的个性，你再拿出你的个性来才有效。如果换一个角度看个性，我认为一个好演员，在一堆人中很容易就把他挑出来，他就很有个性，对不对。为什么我说生活中我不希望自己有个性，因为演员这个职业一定要把自己放在人堆里，不要找出来，要放在一个角落里。你把自己放在一个最不起眼的角落里，你要学会去观察生活，你去观察周围的人，你要从他们身上得到你想要的元素，你才可以塑造出有个性的人。如果你在生活中展示你的个性的话，其实你把真正的个性已经抛掉了。

你有什么业余爱好?

我很热爱生活，业余爱好比较多。像骑马、游泳、跑步、登山都是我非常喜欢的运动项目，现在还增加了魔术、武术、瑜珈、太极拳。我现在像老年人，每天听半导体收音机的新闻，有时间就打太极拳，北京有一个老师傅教我，瑜珈是我自己发明的瑜珈。养生就是饮食要健康，我在饮食上会相对比较在意，我喜欢吃部队的馒头，真好吃，没有乱七八糟的面粉，纯小麦的，而且比较小，不就菜可以吃好几个，嚼起来是甜的。秘制茶就是买的一些果茶啊，枸杞啊我自己搭配着用的，我钢琴弹得还可以，我在家里经常会倒一杯大红酒，这么大这么高的杯子，放在钢琴上，比较小资，然后练一个小时琴。

喜欢跟什么样的人交朋友?

简单的、单纯的、干净的、清爽的人交朋友，我不能说我不复杂，但我希望能跟简单的人在一起，让我更简单一些。

你博客说，“愿意把朋友看作生活中明亮、温暖、不刺眼的光辉”?

明亮温暖每个人都有，每个人都有他非常明亮、非常温暖、非常善良的一面，但每个人也有他很阴暗的一面。所以我首先要把我做到尽量明亮，温暖，我要把你的明亮温暖勾出来。其实明亮温暖是很舒服、很健康的一种感觉，我们为什么不健康快乐地去做呢?大家勾心斗角地坐在一起，我说一句话你得琢磨很久，有什么意思。我也有异性朋友，可以坐下来喝杯红酒掏掏心窝子聊的，同性朋友也有。

你为何出任黑龙江贫困山区远方小学的校长?

《松花江上》的编剧叫远方，他是名誉校长，所以学校叫远方小学。这是因为当时拍《松花江上》时，当地老百姓知道我喜欢吃贴饼子，他们经常贴些饼子送过来给我吃，然后大家就坐在那聊天，了解到很多小孩子到学龄了，但一个字都不认识，为什么不认识字?因为农村资源整合。资源一整合后，这一片村子，如果这个村子比较大，学龄儿童比较多，就在这建一个学校，周边所有的孩子全部到这里来上学。近的还可以，离得远的那得翻山越岭十七八公里才可到这里来上学，7点钟早读三四点钟就得起床，穿过深林老林往外送，所以出于安全考虑还是不上了。我去拍戏的这个村子里的孩子，完全离学校太远了。正好当地资助拍戏的哥哥也是挺好的一个人，聊起来办学校的这个事情，我说这帮孩子得上学啊，他说我可以帮助做这件事，这样才有的远方小学。这位哥哥自己有一片山庄，我说你这个山庄能不能借给我，租金你该收就收，其实也挺简单的，就做了这么一个学校。然后校舍课桌课椅弄完后，第一拨招了8个孩子。

你这校长不是挂职的，是现任的?

不是挂职的，是现任的。怎么说呢?那边还有一个我委任的教务处主任，他帮我全权处理学校的事情，大的决策他会给我打电话，会及时给我传递学校各方面的情况，目前学校的工作正在按部就班地进行，相比以前要好。学校的老师也是我在佳木斯师范学院挨个挑的。我也想委托一个人帮我去做学校的校长，但目前没有特别让我放心的人选，因为这不是一件特别简单的事情，也不是轻而易举的事。既然学校已有8个孩子，我觉得就要负责任。其实我心里也挺内疚的，因为一拍戏我根本没有时间去看他们，这是我现在的一个心病。也不是我不放心别人的管理，是我觉得我可以做好这个事情。我特别遗憾，本来这个暑假我约了杜雨露老师和夏雨一起去学校看望孩子们的，但因为拍这部《香城》，走不开。

你是一个孝子，你对孝道如何看？

不能等。之前我有一个挺错误的理念，就是等我怎么着怎么着我才来报答我的母亲。其实母亲要你什么呀，大学毕业后我才有这个感觉。要你钱呀，人家不缺钱，人家有国家养着。人家要的就是你陪她，她要多看到我，但我又做不到。所以听到别人说我孝顺，我就“咯噔”一下，我从来不觉得我孝顺，真的。真正的孝顺是给母亲最需要的，她年纪大了，最需要看到儿女在身边。母亲心里一定是这样想的，但她觉得儿子应该在外面闯世界，所以就牺牲自己的爱去成全儿子。如果说不希望儿子在身边，那是假的。现在我已经把妈妈接到北京了，但跟我不住在一起，一碗汤的距离，就这碗汤做熟了端过去一定是热的，我觉得这个距离比较科学。

母亲对你的演艺事业有怎样的要求？

我的戏她天天看，不看戏就看儿子，我妈特别可爱。她首先会看到你拍这戏受伤了，问我你为什么瘦了，然后说做演员绝不能太瘦，瘦不是美的。她也会觉得这部戏拍得很好，这个戏她挺喜欢，一般都是鼓励我的。

你有怎样的爱情观？

如果我老了，能说出我这辈子就爱过这么一个人，我觉得特别特别棒。为什么呢？我觉得这是综合的一句话，包含得太多了。因为喜新厌旧是人的本性，一定是看到新鲜的会更喜欢。你从一至终的话，说明你不断地翻新自己，才可以达到从一而终，如果不翻新自己肯定爱情就会黄。

你对幸福婚姻有怎样的理解？

就是两个人在一起要相敬如宾，要相互理解。最重要的就是理解。在我最需要的时候，哪怕一个电话就够了。婚姻和谈恋爱是一样的。中国有一句老话，叫成家立业，先成家再立业，所以我结婚一点都不早。其实规律是很重要的一个词，就是说我们应该按照人正常的规律去做，不要去尝试改变规律。大自然也一样，大自然是什么样的规律，我们就要顺着这个规律去走，我们可以利用这个规律，但绝不能改变这个规律。

你觉得男人的责任是什么？

说到要做到。对母亲你要做到儿子应该做的事情，对家庭你要做到你在家里的承担，不管在任何一个地方，你担负这个角色你就要对他负责任。我要养好我这个儿子，我要负责教育好他，我要他将来成为一个栋梁之材。

你跟你的影迷亲如一家，为什么跟他们之间的交流如此亲切、随意？

我在我的博客里很少写道我今天吃了几个包子，今天吃了什么咸菜，今天拍了什么，我很少说这个。我只有在我拍摄过程中真的有感受，这场戏或这段时间给我的积累到这儿了，我必须得写篇东西了，才有你看到的《戏棋》。这些博文都是我这段时间最最真实的感受，而且这个感受是经过提炼的。一般我不会轻易去写东西，就是日常博客我也不会这样去写，就是提炼的这些东西。像你说的，第一遍看不懂，可能琢磨不透我到底想说什么，而一旦被人看懂了是件特别开心的事。自己写的东西如果在影迷的留言中，看出他懂你的话，我会把他视作小知已，我一定要对得起他们。所以我和我的影迷之间的沟通，是一种心灵上的沟通，我们的心灵是相通的，我拍得很累很苦的时候，上网看到他们的留言，知道他们真的懂我，我和他们在心灵上会走得很近。

你现在名气还不算大，如果以后名气大了，还会跟他们有这么好的沟通吗？

这是力量的源泉，如果一个人把力量的源泉放弃掉，我觉得这个人挺傻的，而且这种源泉对于我来说，不单单是在赞美我，但是我也绝对不排斥贬义的，当然他们也不是贬义的，我相信他们不会贬我。他们对我的爱是广义的，这种爱是一种力量，我会让它传递下去。不单单是传递给我，我会鼓励大家，谁心里有事都可以拿到面上来聊，让大家都去帮你，让这种美好在我们这个地盘上传起来，谁不开心到这儿都会开心，会释放出很多东西，这是我最终想做的事情。

你喜欢什么样的影迷？

我喜欢真正安安静静看我的作品的影迷，就是能够真正懂我的、能够理解我的、能够传递给我力量、能够让我在某一个失落的瞬间，能清醒地认清自己。因为我不可能对自己做到很客观，所以我需要这些好朋友们来看到一个客观的曹磊是什么样子，这个对我来说很重要。为什么我跟我的影迷互动很亲切，因为他们不是全部在赞扬我，他们看到我的问题也会及时地提出来。

你想对他们说些什么？

首先我特别感谢这几年，从《松花江上》播到现在一年多，加上之前的老影迷，风风雨雨跟我走过，能点点滴滴陪伴着我，我要感谢他们给我的鼓励，我能做的就是认真地拍出更多更好的作品，回馈给他们。

后　记
你们是一盏明亮的灯

党柳灵

在我从小立下的志向中，从来没有想到过要去做一个记者，而且是一个专门采访演员明星的娱乐记者。

第一次听到“记者”这个词，还是在军校女生宿舍的恳谈会上。那是熄灯以后，查房的队干部走了，宿舍的大姐大率先开了头：“如果不读军校，大家会去干什么？”

同宿舍的战友们争先恐后地说了起来，轮到我时，我本想说，“我从小就想当作家，高考志愿是大学中文系，阴差阳错来到了军校。”但想了想，还是把这句话咽了回去。

见我许久不吱声，大姐大帮我说了，“党柳灵肯定是当记者，她在校报上发表了那么多文章。”

这是我第一次听说记者这个词，当时，我连记者是做什么的，都还不知道。

多年后，我在一则报纸的新闻中看到，为鼓励中青年记者的成长，决定以中国杰出的新闻记者范长江之名，设立“范长江新闻奖”，并将11月8日，范长江创建“中国青年记者协会”的日子，确定为“中国记者节”。

我终于知道，原来记者是从事采访报道的新闻人员，是客观事实的传播者，是真善美的颂扬者。面对社会，记者要勇于担当道义；面对人民，记者要彰显赤子情怀。这是新闻记者的责任与使命，也是新闻的力量与价值。

我对记者油然起敬，心生钦佩，多么高尚的职业，为人民鼓与呼，为社会奉与献。如果说作家手中的笔，只是用来抒发个人情感的，那么记者手中的笔，却是用来书写普罗大众的。

而我真正跟记者这个职业结缘，却是在看了演员刘小锋主演的电视剧《越走越好》之后，他将男主人公刘英凯的忍辱负重、沉着坚毅、宽厚善良，演得丝丝入扣、引人入胜、催人泪下。然而这么优秀的演员，我却不认识。于是我决定用手中的笔，为那些演技精湛、洁身自好、低调内敛的演员“摇笔呐喊”，加油鼓劲。

正好原广州军区、现南部战区政治部宣传部有一本《南疆影视》杂志，这是全军唯一一本介绍军队影视动态、展现军队影视成果、面向军区基层官兵的杂志。我有着16年的兵龄，对军队感情深厚，特别喜欢看军人的电影电视剧，自然对采访军人演员，或演过军人戏的演员，欢喜不已。

2008年6月，我以原广州军区《南疆影视》杂志特约记者的身份，开始了采访演员的生涯。迄今为止，已采访了孙淳、吴秀波、张国强、陈思诚、颜丹晨、何晟铭、胡亚捷、郭广平、王斑、曹磊、吴越、王强、姜峰、陈数、辛柏青、王志飞、王宝强、刘小锋、郭金、郭晓冬、袁立、任程伟等二十多个演员。

能采访到这么多实力雄厚、才华出众、德艺双馨的优秀演员，得益于《南疆影视》这本姓“军”的杂志。很多的演员，无论是否演过军人戏，对军人都有一种敬仰和向往，对军队杂志都有一种信任和尊重。只要有时间，大都愿意坐在我的对面，与我畅谈演艺的感悟和思考。并不因为我是名不见经传的小记者，军队杂志受众面不是很广泛，而婉拒我的采访，当然，这种情况也存在。

最初做演员的访谈，我不知该如何下笔才好，这不同于写一首诗、一篇散文、一部短篇小说，可以信笔由缰、文思泉涌、妙笔生花，想怎么写就怎么写。2008年8月4日，我在上海希尔顿大饭店采访演员吴秀波时，无意间提到了这个问题。吴秀波微笑着说道：“最好的访谈，就是把演员说的话，一字一句真实地记录下来。”这句话如醍醐灌顶，惊醒梦中人。从此，我的演员访谈录就采取一问一答式，深入透彻、客观全面地记录下演员的艺术人生和生活情感。

在我踏上演员访谈这条路时，曾有朋友告诫我，影视圈并非清流，有很多潜规则，跟这些挥金如土、追名逐利的演员有什么好聊的。开始我也有些怀疑，可是当我和这些演员面对面地坐下来，就被他们的知识和文化、哲理和思索、精神和追求深深地吸引。他们不仅跟我谈莎士比亚、莫奈、阿炳和小泽征尔，而且谈理想、情操、信仰和共产主义，这不得不让我惊讶、感叹和敬佩，原来演艺圈中，也有很多骨格清奇、知识丰富、思想深刻的好演员。

他们精神高尚，对军人充满着崇敬和热爱。孙淳说他有军人的魂，军队的魂魄就是保卫疆土，时刻准备。张国强则对所有穿军装的军人，油然而生一种敬仰和钦佩。陈思诚特别尊重军人，希望能拍出一两部真正好的军事作品奉献给军人。颜丹晨觉得军人有担当、有责任、很勇敢，永远在最危险的地方冲在第一线。何晟铭有军人情结，从小就想参军。郭广平本身就是军人，想以立体、复杂、真实的军人角色，来表达对军人的崇敬。胡亚捷觉得军人是无上伟大、无上光荣。军人是王斑的偶像，永远像阳光下的一片树荫，给他亲切、安全的感觉。军人的肃穆、庄严和尊严，让吴越肃然起敬。军人是最可爱的人，在曹磊心里是至高无上的。

他们心性淡泊，对职业充满着喜爱和敬畏。孙淳觉得演戏最适合他，他是个优秀的演员。张国强认为戏是演出来的，不是说出来的。陈思诚觉得演员工作的本质是拿出一部又一部好的作品。颜丹晨觉得演员跟其他职业没有什么不一样，她做一个演员就挺好的。何晟铭感慨演员是非常高尚的职业，不是什么人都能做的。王斑说有的人通过名利感受到自信，他是通过工作感受到自信。吴越说她热爱演员这个职业的原因，是因为这是她心灵的窗口，而非名和利。郭广平直言不要把演艺圈当作名利场，要当作艺术品去做。曹磊认为演员的最高境界是看淡一切，演员最应该出现在自己的艺术作品里。

他们生活幸福，对家庭充满着责任和担当。孙淳说他在演员这个专业上干得好，就是对父母最大的孝顺。陈思诚尽全力让父母体验他们以前没有条件体验的东西。张国强每年春节回去都要给爸妈磕头。颜丹晨觉得对父母的孝顺是她的本分，婚姻也好爱情也好，必须她爱了才行，无论多高、多帅、多有钱、多大产业。胡亚捷认为培养下一代很重要，这是他事业的一部分。何晟铭觉得对父母的陪伴才是最长久的告白。曹磊认为孝道不能等，一辈子就爱过这么一个人，他觉得特别棒。王斑说爱情婚姻没有什么配得上配不上，一个愿打一个愿挨。吴越希望能够平平安安的，跟爸爸妈妈在一起。郭广平喜欢陪妻子逛街，跟儿子像朋友一样相处。

与其说我是在采访和宣传一个演员，不如说我是在聆听和捧读一本好书。这本书，是如此的厚重，即使身处光怪陆离、名红利禄的演艺圈，精神依然富足，心灵依然丰沛。这本书，是如此的高贵，即使身上光环闪烁、众星捧月，依然苦练演技、依然当好演员。这本书，是如此的深情，即使身边美人如云、衣香丽影，依然热爱家庭、依然深爱儿女。

更加令人感动的是，这些星光熠熠、名声显赫、万人景仰的演员，却没有高高在上、颐指气使、冷漠傲慢的架势，而是平易近人、谦和有礼、亲切体贴。我刚到采访地点，郭广平就走下台阶，提起我的包。采访时，陈思诚专门给我点了一杯橙汁。采访后，孙淳亲自将我送到电梯口。采访的过程中，张国强一直尊称我“大姐”。而颜丹晨一见面就叫我“姐姐”。曹磊指着桌上新鲜的水果，说“这是买给你的”。我的录音笔突然坏了，胡亚捷耐心地等了我一个小时。

访谈录写完，我都要发给演员审阅。王斑收到后，回我短信：今晚我就看完，明天上午给你答复。为了信守这个承诺，他晚上一直修改稿件到凌晨5点多，9点又起床去拍戏。并给我打了两个电话，告诉我已把修改稿发给我。

王斑还给我留言道：很慎重地看了又看，本着对自己和作品负责的态度，重新修改了一下，千万不要误解是对你辛苦和才华的不尊重，只是当时录音记录下的表达太匆忙，不够准确，你知道晚上我演出，心思不能沉下来应答你提出的问题，现在看着你的题目不妨重新作答。毕竟是军人的杂志，我很慎重对待。想说改过的文字是我的想法和认识。文章发过去请查收，谢谢你的理解和尊重，希望我们成为可以沟通的朋友。

郭广平收到访谈录后，给我打来电话：党姐，采访稿的文字我帮你顺顺，因为是我讲的，有的语句重复。量这么大，可能还需要几天时间。不久，他给我发来短信：已经全部完成，晚上发给你，还在单位。晚上收到他发来的修改稿，上面用红笔认认真真地划线、批注、圈字。杂志发表前请他发来几张照片作封面，他居然花了一晚上，连续发来十几张照片。

为什么我的眼里常含泪水，因为我对这些演员爱得深沉啊。他们对记者的尊重，他们对访谈的重视，他们对访谈录的认真和负责，常常让我无语凝噎、心绪难平。如果不是德才兼备、如果不是学养深厚、如果不是豁达友善，一个工作繁忙、地位尊崇、星光闪亮的演员，怎会做到如此的令人难忘、令人怀念、令人向往。

所以在每篇访谈录的开头，我总是用激扬的文字、优美的语句、动情的笔墨，写下对他们的赞美和鼓励。不是拔高他们，而是实至名归；不是美化他们，而是实事求是，不是过誉他们，而是实话实说。

对于这些有演技、有担当、有品德的优秀演员，我愿意一直用我手中的笔，架起一座桥梁，不仅希望更多的读者和观众认识并了解他们，更希望这些读者和观众，被他们深刻而富于哲理、细腻而富于情感、生动而富于情趣的言谈，所打动、所沉思、所感怀、所激励。

由于《南疆影视》杂志的篇幅所限，只能摘要发表这些演员的部分访谈，所以采访他们时，我就说道，以后我要出一本书，将他们所有的访谈全部收录进去。因为他们说得是如此精彩，像一颗颗精美的珠子串连成文，实在不想有遗珠之痛。2017年的7月，我终于信守了我的承诺。

非常感谢南方日报出版社帮我完成了心愿，而且将这本书作为建军90周年的献礼。

这本书收录了经典电视剧《人间正道是沧桑》《士兵突击》《归途如虹》《便衣警察》《决战南京》《松花江上》《桐柏英雄》《和平年代》的主演孙淳、张国强、陈思诚、王斑、胡亚捷、郭广平、曹磊、何晟铭、吴越还有颜丹晨等十个演员的访谈。作为一本国内少有的军旅题材演员访谈录，相信他们的讲述，一定会将大家带回到追剧看的那段激情燃烧的岁月。

非常感谢原广州军区、现南部战区政治部宣传部《南疆影视》杂志社给我授权出书，能作为你们的特约记者，去采访德艺双馨的演员，是我的光荣和幸福！

非常感谢孙淳老师为我作序，非常感谢演员们给我的授权书，能够采访到你们，真好！

我于你们，只是人生中的一个匆匆过客，你们于我，却是生命中的一盏明亮的灯，用智慧点燃！用才华照亮！用人格闪耀！

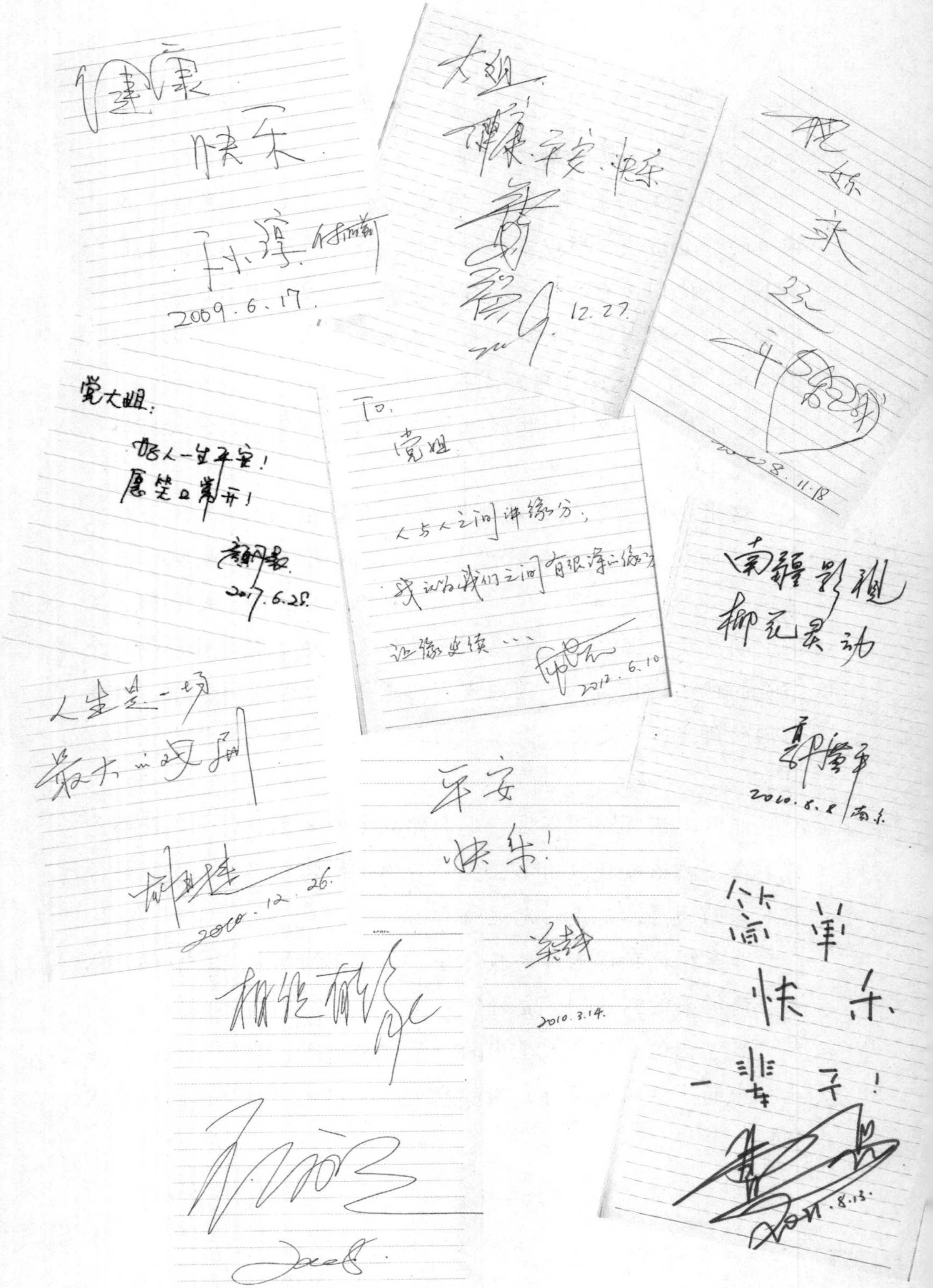
健康
快乐
2009.6.17
大姐
健康平安快乐
12.27
祝你
快乐
2008.11.18
党大姐：
祝人一生平安！
愿笑口常开！
2017.6.28
To，
党姐
人与人之间讲缘分，
我认为我们之间有很深的缘分
让缘延续……
2012.6.10
人生是一场
最大的戏剧
2010.12.26
平安
快乐！
2010.3.14
2010.8.8
简单
快乐
一辈子！
2011.8.13